袁行霈精选集

袁行霈 ◎ 著

人民日报出版社

北 京

图书在版编目（CIP）数据

袁行霈精选集 / 袁行霈著 . — 北京：人民日报出版社，2024.4
ISBN 978-7-5115-8254-6

Ⅰ . ①袁… Ⅱ . ①袁… Ⅲ . ①社会科学－文集 Ⅳ . ① C53

中国国家版本馆 CIP 数据核字（2024）第 066129 号

书　　名：袁行霈精选集
　　　　　YUAN XINGPEI JINGXUAN JI
作　　者：袁行霈

出 版 人：刘华新
策 划 人：欧阳辉
责任编辑：谢广灼
装帧设计：新成博创
　　　　　XIN CHENG BO CHUANG

出版发行：人民日报出版社
社　　址：北京金台西路 2 号
邮政编码：100733
发行热线：（010）65369509　65369527　65369846　65363528
邮购热线：（010）65369530　65363527
编辑热线：（010）65369521
网　　址：www.peopledailypress.com
经　　销：新华书店
印　　刷：北京盛通印刷股份有限公司
法律顾问：北京科宇律师事务所　（010）83622312

开　　本：710mm×1000mm　1/16
字　　数：204 千字
印　　张：19.75
版次印次：2024 年 4 月第 1 版　2024 年 4 月第 1 次印刷

书　　号：ISBN 978-7-5115-8254-6
定　　价：78.00 元

学问的气象

作诗讲究气象。诗之有气象如山峦之有云烟，江海之有波涛，夺魂摄魄或在于此。气象以雄浑飘逸为上，如"气蒸云梦泽，波撼岳阳城"，"落日照大旗，马鸣风萧萧"，"俱怀逸兴壮思飞，欲上青天揽明月"，皆以其超凡的气象而传诵千古。

做学问也讲究气象。学问的气象，如释迦之说法，霁月之在天，庄严恢宏，清远雅正。不强服人而人自服，毋庸标榜而下自成蹊。

中国近现代的学者中，不乏具有大家气象的人物。归纳他们的特点大概有以下这些。

学术的格局和视野开阔，左右逢源，游刃有余，处处显示出总揽全局的能力。这倒不在研究题目的大小，题目大的如梁启超先生的《中国近三百年学术史》，题目小的如陈寅恪先生的《柳如是别传》，气象都不凡。在他们的手里，资料的采用和组织灵活而有规矩，出神而又入化，犹如魔方的组合，而不像积木的堆垛。他们治学的道路平正通达，思维的逻辑清通简畅，如书法之笔笔中锋、万毫齐发、力透纸背。写到这里不禁想起宋代词人张孝祥的《念奴娇·过洞庭》，其下阕有曰："尽挹西江，细斟北斗，万象为宾客。"这气象何等恢宏！如果借用来形容学问，"尽挹西江"可以说是把有关的资料全部搜集起来，"细斟北斗"可以说是把有关的材料细细地加以辨析，"万象为宾客"可以说是把相关学科都用来为自己的研究服务。学问能到这一步，也就不是常人所能及的了。

有气象的学问必有开山之功，开拓新领域，建立新学科，发凡起例，为后人树立典范。陈寅恪先生所撰《王静安先生遗书序》中说："自昔大师巨子，其关系于民族盛衰、学术兴废者，不仅在能承续先哲将坠之业，为其托命之人，而尤在能开拓学术之区宇，补前修所未逮。故其著作可以转移一时之风气，而示来者以轨则也。"对王国维先生的开创之功，陈寅恪先生讲了三点：取地下之实物与纸上之遗文互相释证，取异族之故书与吾国之旧籍互相补正，取外来之观念与故有之材料互相参证。王国维先生的这三点已经被治文史的学者奉为圭臬了。此外，如陈垣先生的《元典章校补释例》、王力先生的《汉语史稿》，其发凡起例之功也都是学界公认的。

中国历来是道德学问并重，学问的气象实有赖于道德的高尚。为人正直、诚实、刚强，方能不随波逐流，而勇于坚持真理。如果又能虚怀若谷，富有宽容精神，气象就更加不同了。读余嘉锡先生的《四库提要辨证》，十分佩服其淹博与精审。余先生积毕生之力，指出纪晓岚多处疏漏舛误，但在《序录》中却有这样一段话："然而纪氏之为提要也难，而余之为辨证也易，何者？无期限之促迫，无考成之顾忌故也。且纪氏于其所未读，不能置之不言，而余则惟吾之所趋避。譬之射然，纪氏控弦引满，下云中之飞鸟，余则树之鹄而后放矢耳。易地以处，纪氏必优于作辨证，而余之不能为提要决也。"这段话在宽容中透出恢宏的气象，对后进晚辈爱护提携不遗余力，也是大家气象的表现。偶读《中华书局收藏现代名人书信手迹》，收有蔡元培先生手迹六件，其中四件是介绍别人出版著作的，而且有三件讲到版税问题。其措辞如：某君"寒士，版税实缓不济急"；"如贵书局能与预订发行"，使某君"不必再分心于经济问题，则深为感荷"；"寒士打算，殊为可悯"；等等。我一边看着他的手迹一边想象他的心肠，感动之余更增加了几分钦佩。

平时读书有感，多少窥见一点学问的气象，心向往之，聊作这篇札记，借以自勉。

横通与纵通

章学诚《文史通义·横通》说:"通人"有两种,一种人学问四冲八达,皆可达于大道,这是博雅君子之通。另一种人,如贩书的老贾、藏书的旧家、勇于刻书的好事者,他们的学问虽不能达于大道,但因接近名流,习闻名论,也有博雅君子不及之处,这叫"横通"。他说:"横通之人可少乎?不可少也。用其所通之横,以佐君子之纵也。"但横通毕竟是"道听途说,根底浅陋",不能和博雅君子相提并论。

章氏之论,颇有可以给我们启发的地方。这些,我不想细说了。我感兴趣的,是他所使用的"横通"二字,想借这个题目另做新解,谈谈文学史研究的方法问题。

研究文学史也有两种方法。一种是就文学论文学,着重研究文学史上各种现象、体裁、流派的产生、发展和衰落;研究一个个时代和作家的成就,及其承上的作用和启下的影响;力求将上下三千年文学发展的来龙去脉整理清楚。这种研究方法，可称之为"纵通"。另一种方法建立在这样的认识之上：任何时代文学的发展都不是孤立的，它同哲学、宗教、艺术乃至科学技术的水平和状况有不可分割的联系。为了如实、完整而深刻地了解文学发展的历史，总结文学发展的规律，力求将文学与哲学等其他学科结合起来进行研究，并努力从它们的关联上，从它们之间互相影响、互相渗透的关系上，寻求带有规律性的东西。这种研究方法，姑称之为"横通"。

"纵通"与"横通"是相辅相成的，各有各的长处，今天所缺的是后者。我们迫切需要开它几条旁午错出之路，使文学史与哲学史、宗教史、政治史、经济史、艺术史、科技史携起手来，共同前进！

不妨就我个人耳目之所及，举几个大家习知的例子，来说明"横通"的必要。

宗教和文学的关系十分密切，不研究宗教史就不能完全弄清楚文学史。譬如，不研究先秦时代的原始巫术和宗教，就不能深刻理解《诗经》《楚辞》；不研究两汉时期带有宗教意味的五行谶纬观念，对两汉文学就总有点隔膜；不研究魏晋以后的道教和佛教，文学史上许多复杂的现象就得不到完满的解释。李白的求仙，王维的崇佛，唐代的古文运动，明代的神魔小说，都要结合宗教史才能进行深入的研究。

艺术史和文学史是近邻。一个时期，在绘画、雕塑、书法、音乐中表现出来的美学观念和美学理想，在文学作品中可以找到印证；反过来也是一样。晋宋时期，以王羲之、王献之父子为代表的书法，那种洒脱超逸的风格，同陶诗的萧散闲澹，《世说新语》的玄远冷隽，总让人觉得有某种内在的相似之处。我国的山水诗和山水画在南朝都已出现了，但当时的山水诗多是结合人的行旅、游宦来写的，山水画也是以人物为主，山水作为背景。到了唐代，以自然景物为主体的山水诗大量出现，同时以山水为主、人物作陪衬的山水画也产生了。从这里是不是可以找出一点艺术发展的规律呢？至于音乐史同词曲史的密切关系，更是显而易见，不必赘叙了。

作为历史科学一部分的文物考古，可以为文学史提供实物资料，帮助我们了解古代的社会生活和风俗习惯，也是文学史研究者不可忽视的一个领域。1960 年在广东韶关发现的张九龄墓志铭，记载他生年"六十有三"，可以纠正两《唐书》卒年六十八岁之误。《唐故文安郡文安县尉太原王府君墓志铭并序》提供了盛唐诗人、《登鹳雀楼》的作者王之涣的第一手资料。广东博物馆所存画有唐僧师徒取经图的元代瓷枕，告诉我们早在元代唐僧师徒的形象就已经基本定型了。

天文历算、地理博物等科学技术的发展史，同文学史也有关系。屈原生年的推算，就离不开天文学的知识。李白出生地点的考证，又属于历史地理的范围。张衡是文学家，又是科学家。《水经注》是地理著作，又是优美的散文作品。《诗经》《离骚》

中的草木鸟兽之名，《天问》《天对》中关于天文地理的问答，都说明文学史和科技史本有不解之缘。《山海经》是中国古代神话的宝库，又记载了许多地理学、生物学、矿物学和医药学的知识。不借助科技史的研究成果，就很难得到对这部书全面深刻的认识。而造纸术和印刷术的发展对文学的推动作用，更是再明显不过了。

恩格斯在《社会主义从空想到科学的发展》一文中说过："把自然界分解为各个部分，把自然界的各种过程和事物分成一定的门类，对有机体的内部按其各种各样的解剖形态进行研究，这是最近四百年来在认识自然界方面获得巨大进展的基本条件。但是，这种做法也给我们留下了一种习惯：把自然界的事物和过程孤立起来，撇开广泛的总的联系去进行考察……这种考察事物的方法被培根和洛克从自然科学中移到哲学中以后，就造成了最近几个世纪所特有的局限性，即形而上学的思维方式。"孤立地研究文学史，不是也会产生恩格斯所提到的那种形而上学的弊病吗？理想的方法，是将"纵通"与"横通"结合起来，从更广阔的背景上观察和研究文学发展的历史。这样一定会有许多新的发现，甚至开拓出一些新的学科领域，像章学诚所说的：四冲八达，无往而不至。

诗　国

中国真不愧是一个诗国。中国诗歌的历史源远流长，如果从《诗经》算起，也有三千多年了。从那时以来，出现了许许多多优秀的诗人和优秀的作品，诗歌的传统从来没有中断过。

在中国，诗歌同社会生活密切地结合在一起。古代祭神要唱诗，送别要吟诗，青年男女恋爱要赠诗，在诸侯盟会的仪式上还要赋诗。"不学诗，无以言"，这句话只有在中国这样的诗国才会被大家承认。在中国，连科举考试也要考作诗，自从唐代实行以诗赋取士之后，士人几乎没有不读诗不作诗的。以上这些，都说明诗歌在中国享有特殊的地位。

然而，我要说的不是这些。我想指出，在中国的各种文学体裁中，诗歌是最有影响力的一种，散文、小说、戏剧都有诗化的倾向。夸大一点说，中国文学简直就是诗化的文学！

散文的诗化开始得最早。对偶是汉语所特有的一种表现技巧，它造成形式的整齐和结构的对称，表现为一种建筑的美，早已成为诗歌中惯用的艺术手法了。散文的句子是散行的，本无须乎对偶，但因受了诗歌艺术的影响，也加进一些对偶句，这就是散文的骈文化。散文骈化从汉代开始，经过建安，到南朝已十分盛行。齐永明年间，周颙发现汉语有平上去入四种声调，著《四声切韵》。同时，沈约等人将四声的知识运用到诗歌创作中去，指出作诗要避免八种声韵方面的毛病，开始讲究平仄。声韵的技巧和对偶的技巧相结合，形成一种叫"永明体"的新的诗歌形式。在这个过程中，散文也加快了骈化的速度，除对偶外，又采用了声韵方面的技巧，形成不同于散文的骈文。在诗歌空前繁荣的唐代，散文的骈化十分盛行，不但叙事、抒情用骈文，议论也用骈文，就连诏令、奏议、书启等应用文，也都用骈文。中唐时期，韩愈、柳宗元发起古文运动，提倡文体和文学语言的革新，一度恢复了散文的地位，开创了新的文风，但到晚唐，骈文又重新抬头。北宋中叶，经过欧阳修、曾巩、王安石、苏轼等人的努力，才确立了韩柳古文的正统地位。然而，韩柳和他们之后的古文家并未完全排斥诗歌的技巧，不少文章写得节奏鲜明，音调铿锵，具有诗意。例如韩愈的《进学解》、柳宗元的《永州八记》、欧阳修的《醉翁亭记》、苏轼的《喜雨亭记》，都是诗意盎然的散文佳作。可见，散文的诗化，虽因骈文的兴起而大盛，却并没有因为古文的复兴而停止。诗歌对散文的影响一直是存在着的。

中国小说向诗歌靠拢，正好是在诗歌高度繁荣的唐代。唐代以前，小说只是粗陈故事梗概的"街谈巷语"，还不能算是成熟的文学创作。正是在唐代诗歌发展的高潮中，小说汲取了新的营养，成长为具有鲜明人物形象和完整故事情节的传奇。唐传奇那种秀异的意绪、瑰奇的想象、华赡的词采、清新的风格，是从哪里来的？我看，借自诗歌艺术的实在不少。唐传奇的许多作者本身就是诗人，他们以诗人的眼光观察生活，用小说的形式抒写诗情。《长恨歌传》原是配合着《长恨歌》而写成的；《李娃传》《莺莺传》《霍小玉传》《柳毅传》，哪一篇不洋溢着浓郁的诗意？唐传奇不就是诗化的小说吗？

宋元以后的白话通俗小说，也同诗歌有密不可分的关系。宋代"说话"分四家，其中小说、说经、合生三家都是有说有唱，那些唱词就是诗。所以有的话本叫"诗话"，如《大唐三藏取经诗话》。"说话"中讲史这一家虽然只说不唱，但是像元人刊行的《武王伐纣平话》等讲史话本中，也穿插了许多诗。至于文人创作的小说，如《红楼梦》，借助诗歌艺术的地方也是不胜枚举的。总之，即使像小说这样以故事为主干的文学体裁，也不能不融入诗歌的艺术技巧，来丰富其表现力。

中国的戏剧和诗歌的关系尤其密切。中国戏剧本来就起源于民间歌舞。有人认为屈原的《九歌》，是中国古代原始的歌舞剧。唐代诗歌和音乐的高度成就，为戏剧的诞生准备了充分的条件。宋金的鼓子词和诸宫调等说唱文学，直接导致了元杂剧的产生。在组成中国戏剧的各种因素中，唱词占有十分重要的地位。

中国的戏剧乃是戏曲，离开曲子，还有戏剧存在吗？关汉卿、王实甫、白朴、马致远、高明、汤显祖、洪昇、孔尚任等大剧作家，哪一位不是才华横溢的诗人？《窦娥冤》《西厢记》《梧桐雨》《汉宫秋》《琵琶记》《牡丹亭》《长生殿》《桃花扇》等著名的剧作，哪一部不是华美的诗篇？

当然，诗歌对其他文学体裁的影响和渗透，并不总是那么强烈的。不同的文学体裁各有不同的特点和功能，如果诗化的程度太深，以致掩盖了它本来的特点和功能，也未必是一件好事。但不管怎么说，中国的散文、小说和戏剧的诗化，是确实存在的现象。由此至少可以引出这样一个结论：不同的文学体裁并不是各自孤立地发展，在一个时代会有一种占据主导地位的体裁，对其他体裁发生影响和渗透。我想，这是一个时代的文学具有共同的艺术风格的原因之一。

文学的质与量

一个时代没有一定数量的作品，不足以充分显示其文学的繁荣；一个作家没有一定数量的作品，也难以充分显示其才情的充沛。多产的时代和多产的作家，常常是文学史家感兴趣的。这说明文学的"量"有其不容忽视的作用。

譬如，唐诗的繁荣首先就表现在诗人和诗歌作品数量的众多。仅据《全唐诗》所录，唐代大约三百年间，涌现的诗人有两千两百多位，作品达四万八千九百余首，作品的数量是唐以前一千六七百年遗留下来的诗歌总数的几倍。宋词和元曲的繁荣也是如此。《全宋词》录词人一千三百三十余家，词作一万九千九百余首。元代杂剧作家有姓名可考的共八十余人，见于书面记载的杂剧作品五百余种。仅仅是这些数字本身就说明了文学发展的盛况。就一个作家而论，李白如果没有那九百多首诗流传至今，还成其为李白吗？杜甫如果没有留下一千四百多首诗，还成其为杜甫吗？陆游的诗作现存九千三百多首，自谓"六十年间万首诗"，这遥遥领先的数字本身就给人以难忘的印象。而关汉卿这位戏剧大师，其地位的确立，也是同他写的杂剧多达六十多种分不开的。

然而数量的多寡并不标志水平的高低和成就的大小。明清两代由于印刷术的普及，许多文人都为自己刻印了诗集，如果单算诗的数量，远远超过唐代，可是明诗、清诗的成就显然无法与唐诗相提并论。文学史上也没有哪一个人是单纯靠多产而成为大作家的。乾隆当了六十年皇帝，他写的诗仅《御制诗》所收就有四万一千八百首，论数量大概是古代的冠军了。但这些诗大都是苍白的、缺少生命力的，所以没有哪一部文学史把他当成诗人提上一笔。相反的，以一部小说、一出戏、一首诗或几首诗而确立了杰出乃至伟大地位的作家，却不在少数。请看下面的统计：

张若虚　存诗二首，以《春江花月夜》一诗著称。

王之涣　存诗六首。

白　朴　存杂剧两种：《梧桐雨》和《墙头马上》。

高　明　写南戏二种，存一种：《琵琶记》。

吴承恩　写长篇小说一部：《西游记》。

曹雪芹　写长篇小说一部：《红楼梦》。

由此可见，重要的还是作品的质量，至于数量的多寡倒是其次的。

古代有的作家生前所写的作品并不算少，只是流传至今的已寥寥无几，这当然是他们的不幸。然而，从另一个角度来看，又未尝不是他们的幸运。与其让那些平庸之作混杂于杰作之中，降低了平均的水准，甚至成为作者的羞耻，还不如任凭历史淘之汰之，让它们烟消云散为好。譬如王之涣，他的诗在当时"传乎乐章，布在人口"，数量似乎是相当多的。可是绝大多数已经亡佚，我们今天所能见到的只有六首绝句了。这固然是他的损失，却又不一定不是好事。因为这六首绝句都是脍炙人口的佳作，所以读者总以为他的作品全像这六首一样精彩，这就在无形中提高了他的地位。如果他的诗全部留下来，当然不可能每一首都达到《登鹳雀楼》或《凉州词》的水平，瑕瑜互见，反而会失去几分对他的兴趣和尊敬。白居易的情况和王之涣恰恰相反，他的作品保存得很完整。据他在会昌五年所写的《白氏集后记》，他生前让人将自己的文集抄了五部，分别藏在庐山东林寺、苏州南禅寺、东都胜善寺，以及侄儿龟郎家、外孙谈阁童家，所以他的三千八百四十篇作品基本上没有散失。这可以说是白居易的幸运。但也正因为有这种幸运，诸如《食后》《闲眠》之类的诗作，也一同流传下来，这些诗并不能提高白居易的声誉。如果白居易当初舍得割爱，而又能对自己有一个客观的评价，仅仅把那些确实优秀的作品保留下来，他的声誉也许会更好一些。王之涣和白居易的例子说明，作品数量多或者保存得多未必是什么好事。量和质相比，毕竟质是更为重要的。

这个道理，德国伟大的文学家歌德也曾讲过。1828 年 3 月
11 日，他向爱克曼说："看一个人是否富于创造力，不能只凭他
的作品或事业的数量。在文学领域里，有些诗人被认为富于创造
力，因为诗集一卷接着一卷地出版。但是依我的看法，这种人应
该被看作最无创造力的，因为他们写出来的诗既无生命，又无持
久性。反之，哥尔斯密写的诗很少，在数量上不值得一提，但我
还是要说他是最富于创造力的，正是因为他的少量诗有内在的生
命，而且还会持久。"（《歌德谈话录》）作家总是希望自己的作品
持久，而欲持久就必须提高质量。十部粗制滥造的平庸之作，抵
不上一部精心构撰的杰作。多而精是最上一等，求其次是少而
精。至于多而粗，无论对读者或对作者自己都是不负责任的。

时代、作家和文学的繁荣

衡量一个时代文学的成就，常常以其代表作家的水准作为标志。说到战国时代，不能不提屈原的名字；盛唐总是和李白、杜甫连在一起；南宋诗坛离不开陆游、辛弃疾；元代戏曲离不开关汉卿、王实甫；清代小说离不开蒲松龄、曹雪芹。一个时代如果没有一两位才华出众的大作家，在文学史上是很难占有突出地位的。

大作家是时代的产儿。恩格斯在谈到文艺复兴时有这样一段话："这是一次人类从来没有经历过的最伟大的、进步的变革，是一个需要巨人而且产生了巨人——在思维能力、热情和性格方面，在多才多艺和学识渊博方面的巨人的时代。"[1]是的，在笔和剑并用的文艺复兴时代，就会有但丁、莎士比亚；在理性的光芒照耀着的启蒙时代，就会有伏尔泰、狄德罗和卢梭。我国的屈

---

[1]《马克思恩格斯选集》第三卷，人民出版社1972年版，第445页。

原、李白、杜甫、关汉卿、曹雪芹，在他们各自的时代里，也都是出类拔萃的人物。

然而，大作家的出现往往不是孤立的。在他的同时，或稍前，或稍后，总有一批才华横溢的作家围绕着他，宛若群星之与北斗，相互辉映着，布成灿烂的星空。

建安文学在历史上有一段辉煌的记录。那时的诗人几乎都集中于北方，聚集在漳水之滨的邺都。曹操作为一代文坛的领袖，"昼携壮士破坚阵，夜接词人赋华屋"（张说《邺都引》），是何等的气概！在他身边有曹丕、曹植、王粲、刘桢、徐幹等人簇拥着，"傲雅觞豆之前，雍容衽席之上，洒笔以成酣歌，和墨以藉谈笑"（《文心雕龙·时序》），共同开创了一代诗风。盛唐诗坛呈现出百花齐放的繁荣景象，在短短的五十余年里，不仅涌现了李白、杜甫这两位伟大的人物，而且有贺知章、孟浩然、王之涣、崔颢、王昌龄、王维、高适、岑参等等优秀的诗人。正像李白所描写的："群才属休明，乘运共跃鳞。文质相炳焕，众星罗秋旻。"（《古风》其一）那真是一个诗歌的黄金时代！元杂剧的兴盛，也不是一两个作家的努力造成的。翻开《录鬼簿》，我们可以看到，在元大都围绕着关汉卿和王实甫，集中了白朴、杨显之、纪君祥、康进之等许许多多才情豪健的剧作家，他们一时并出，各骋骥骤，终于掀起中国戏剧的高潮。在中国小说史上，类似的例子也不罕见。就拿曹雪芹来说吧，他个人的身世固然孤独凄凉，但当时的小说界却一点也不寂寞。蒲松龄、吴敬梓和他相继而出，推动古典小说达到了高峰。

在一段时间内，以一两个大作家为代表，一辈优秀作家集中出现，形成文学创作的高潮；若干年后，又有一辈作家同时涌现，形成另一个高潮，这是文学史上带有规律性的现象。一部文学史，大体上就是由许多这样的高潮汇合而成的。

文学的繁荣，是由社会经济、政治、思想、文化，以及对文学传统的批判与继承等许多因素决定的，在这篇短文里不可能全面论述。但有两点不妨提出来说一说。

虽然文学艺术的繁荣不是同社会的一般发展成比例的，但是文学的繁荣同社会经济的高涨、社会生活的安定却有很大的关系。譬如，宋代汴京和杭州的"说话"，元代大都的杂剧，它们的兴盛就是由城市经济的发展所促成的。在战乱和饥馑的年代，也可能出现优秀的作家，但他们往往在前一个相对安定的时期就打好基础了。杜甫的多数作品写于"安史之乱"以后，然而在战前他已经是一个成熟的诗人。唐末五代，黄河流域战火不熄，只有在比较稳定的西蜀和南唐，才可能聚集一批词人，发展了词这种新的文学体裁。

此外，文学的繁荣，要有一种能够激励作家从事创作的艺术气氛。思想需要砥砺，艺术需要切磋，没有同时的、同辈的作家互相启发、交流和竞赛，大作家的文思之泉也会枯竭。作家之间这种互相促进的关系，往往成为人们津津乐道的文坛佳话。李白性格傲岸，但对比他年长十二岁的孟浩然却十分钦佩："吾爱孟夫子，风流天下闻。……高山安可仰，徒此揖清芬。"(《赠孟浩然》)孟浩然的为人和他的诗歌，对李白是会有影响的。杜甫对比他年长十一岁的李白，也极其仰慕。杜集里赠给李白和思念李白的诗达十一首之多。"醉眠秋共被，携手日同行"(《与李十二白同寻范十隐居》)，和李白的交往，是他珍藏在心底的美好回忆。杜甫早期的诗歌，就处在李白浪漫主义的影响之下，直到进入长安之后，他才走上自己的创作道路，形成自己的风格。此外，白居易、元稹、李绅之间的唱和，形成新乐府创作的高潮；苏轼对黄庭坚、秦观等人的培养和奖掖，繁荣了北宋的诗坛。这都说明文学的繁荣是多么需要一种良好的艺术气氛！这一点，虽不一定是最重要的，但也是必不可少的。

文学与时尚

　　"文变染乎世情，兴废系乎时序"，这是刘勰《文心雕龙·时序》中两句著名的话。刘勰所谓"世情"和"时序"，主要是指政治状况而言，但也包括社会风气和时尚在内。一个时代的政治在很大程度上影响着文学的发展，这是显而易见的道理，研究文学史的人都注意到了。至于社会风气和时尚对文学的影响，则还有加以强调的必要，文学史上的许多现象都可以从这里得到解释。鲁迅先生的《魏晋风度及文章与药及酒之关系》一文，从这个角度论述文学的发展，讲得生动、透彻，我们今天读起来仍然觉得很有启发。

　　社会风气和时尚对文学的影响是多方面的，作家的创作思想和作品的内容、风格，都会留下它的印记。一种诗风的形成，一个诗派的出现，也同它有直接的关系。为什么玄言诗能占据东晋诗坛达百年之久？这是魏晋以来士大夫崇尚清谈的风气泛滥的结果。为什么到宋代山水诗能代替玄言诗而兴起？这与士大夫崇尚隐逸的风气有很大关系。梁陈宫体诗，那种轻艳纤丽的风格，则是由当时宫廷的风气造成的。宋朝"以文字为诗，以才学为诗，以议论为诗"（《沧浪诗话》），也是与当时士大夫的风尚分不开的。

社会风气和时尚影响小说创作，也不乏突出的例证。东晋、南朝时期，出现了一批记述名士言谈举止、轶闻琐事的小说，如裴启的《语林》、郭澄之的《郭子》、刘义庆的《世说新语》、沈约的《俗说》、殷芸的《小说》等等。这些小说在当时颇有影响，如《语林》一写成，远近的人都争着抄写，"时流年少，无不传写，各有一通"（《世说新语·文学》）。为什么当时会出现这类小说，而且它们又这样流行呢？要解释这个问题，就不能不注意当时的社会风尚。早在东汉末年，士族中就流传着品评人物的风气。如许劭和他的从兄许靖，每个月都要对乡党人物评论一番，当时称为"月旦评"。魏晋以后，这种风气更盛。清流名士的一毁一誉，不仅决定着别人名望的高低，还影响着其终身的成败，所以人们对自己的评语都很看重。东晋人温峤被评为"过江第二流之高者"，大概相当于中上之类，便感到很难为情。"时名辈共说人物，第一将尽之间，温常失色。"（《世说新语·品藻》）名士们品评人物的依据是什么呢？不过是一些言谈举止、轶闻琐事而已。言谈以玄虚为胜，举止以疏放为高，谁要是学会了这一套，就够上了名士的资格，可以得到上等的品题，进而获得更高的地位。在这种时尚之下，一般士族子弟都羡慕名士，想学他们的派头。于是《世说新语》等记录名士言谈举止的小说，便成为他们必读的"教科书"，而广泛地流行起来了。

明代中叶以后，为什么小说中有许多淫秽的描写？如果考察一下当时的社会风尚，就不难理解了。当时，政治十分腐败，以皇帝为首的统治阶级荒淫堕落，到了无以复加的地步，整个社会的风气也受到毒化。一些人因为向皇帝献房中术而获得高官厚禄，瞬息显荣，为世俗所企羡，世间也就渐渐地不以纵谈闺帏方药之事为耻了。风气既开，文坛也受到污染。正如鲁迅先生所说："自方士进用以来，方药盛，妖心兴，而小说亦多神魔之谈，且每叙床第之事也。"（《中国小说史略》）

文学作品对社会风气和时尚的反作用也是不容忽略的。《三国演义》中刘、关、张桃园三结义的故事家喻户晓，他们的"义气"遂成为古代仿效的榜样，人们到处建造关羽庙，称为武庙，与祭祀孔子的文庙并立。《红楼梦》问世以后，逐渐获得各阶层大量的读者，并被串成戏剧，演作弹词，观众常为之感叹唏嘘，声泪俱下，甚至有因酷爱此书以致痴狂者。类似的例子在国外也有，歌德的《少年维特之烦恼》出版后，在欧洲引起一阵"维特热"。年轻人学习维特的打扮，以穿蓝上衣、黄背心、马裤和马靴为时髦。有人甚至模仿小说的主人公而自杀，以致莱比锡等地政府作出规定，对出售这部小说的人实行罚款。这些例子都告诉我们：文学作品对社会风气和时尚的影响，可以达到怎样深广的程度。

中国古代很重视文学与时尚的这种相互关系，孔子早就说过诗"可以观"的话。所谓"观"，就是"观风俗之盛衰"（何晏《论语集解》引郑玄注），广义地说就是从文学作品观察社会风俗。《毛诗序》说："故正得失，动天地，感鬼神，莫近于诗。先王以是经夫妇，成孝敬，厚人伦，美教化，移风俗。"则又强调了诗歌移风易俗的作用。古代的一些作家也曾自觉地以文学作为移风易俗的工具，白居易就是如此，他的《秦中吟》和《新乐府》中不乏为了移风易俗而作的作品。然而，在古代受印刷条件和其他许多条件的限制，文学作品毕竟不能像今天这样广泛流传，它们的影响也不能像今天这样深远。今天，一部作品的印数少则几千、几万，多则十几万、几十万，再加上电影、电视的传播，文学对社会风气和时尚的作用，就更不容忽视了。如果我们的作家常常想到这一点，自觉地使文学对时尚发生积极的影响，一定会更受人民群众的欢迎。

受重当时与蜚声后世

　　一般说来，作家当时的名声和他在文学史上的地位是相当的，但也不尽然。研究文学史会遇到这样的现象：有的作家虽不受重于当时，却能蜚声于后世；而有的作家虽名噪一时，可是令名不能久传。

　　陶渊明是晋宋文坛乃至整个魏晋南北朝文坛上最杰出的作家，这已成为定论。可是在生前和死后的一段时间里，他十分寂寞。《宋书·谢灵运传论》评述了战国至晋宋之际文学的变迁，列举了不少诗人的姓名，竟没有一个字提到他。刘勰在《文心雕龙》里评论了历代许多作家，对陶渊明也未置一词。锺嵘的《诗品》只将他列入中品。可是随着时间的推移，陶渊明这个名字以及他的诗歌为越来越多的人所熟悉和喜爱，到宋代终于确立了崇高的地位，这地位一直保持到今天。

　　晋宋文坛上另一些人的遭遇恰恰和陶渊明相反。当时最显赫的作家，一个是颜延之，一个是谢灵运，世称颜谢。《宋书·谢灵运传论》说："爰逮宋氏，颜、谢腾声。灵运之兴会标举，延年（延之字）之体裁明密，并方轨前秀，垂范后昆。"颜谢之外，著名的作家还有殷仲文、谢混、王珣、傅亮等，他们或被誉为"天才弘赡"，或被评为"文高当世"，都是出够了风头的人物。但是随着时间的推移，他们渐渐黯淡了。到今天，殷、谢、王、傅，已不怎么被人提起。熟悉颜延之的人也已不多，人们知道他，一个重要的原因是他曾为陶渊明写过一篇诔文叫《陶征士诔》，这篇诔文是研究陶渊明的重要资料。这样看来，颜延之倒是借了陶渊明的光了。只有谢灵运，因为在开创山水诗方面有贡献，讲文学史不能漏掉他，但他也不能保持原来那样崇高的地位了。

真正优秀的作家是难以埋没的。即使当时不甚为人注意，过几十年、一百年或数百年，只要他的作品没有佚失，终究会得到公正的评价。《聊斋志异》的作者蒲松龄是一个屡试不第的秀才，一生绝大部分时间蛰居于山东淄川的乡下。"数卷残书，半窗寒烛，冷落荒斋里。"从他自己的词中可以想见他当时的寂寞枯槁之状。但是《聊斋志异》中那些花妖狐魅故事的社会意义和美学意义，终于为广大读者所理解，并得到了高度的评价。蒲松龄不仅扬名于国内，而且蜚声于海外。《聊斋志异》已有十几种文字的译本，赢得世界人民的喜爱。这是蒲松龄当初无论如何也想不到的。伟大作家曹雪芹晚年住在北京西郊的农村里，过着"举家食粥"的生活，有几个人知道他呢？可是到了嘉庆初年他去世以后，《红楼梦》"遍于海内，家家喜阅，处处争购"，以至有"开谈不说《红楼梦》，读尽诗书也枉然"的话。到如今，《红楼梦》已不仅是中国人民喜爱的作品，而且被认为是世界文学宝库中的一颗明珠。除了曹雪芹以外，在中国文学史上还没有哪一个人的作品，能以对它的专门研究而形成一门学问的，如同"红学"那样。蒲松龄和曹雪芹真可谓"千秋万岁名，寂寞身后事"。这固然是一种遗憾，然而从另一方面看来，能以千秋的盛名来补偿一生的寂寞，又何尝不值得庆幸呢？

时间既是发现人才的伯乐，又是销蚀虚荣的巧匠，它会将那些纸扎的假花埋葬在岁月的灰尘之下，让它渐渐蚀尽。尽管有些作品字迹尚存，却再也引不起读者的兴趣。初唐的虞世南、上官仪，宋初的杨亿、钱惟演，明初的杨荣、杨溥，这些曾经红极一时的诗人，如今都已消蚀了当年的光彩。在唐人选唐诗里有一部《御览诗》，是翰林学士令狐楚奉敕纂进的，当时很有权威性。从《卢纶墓碑》讲到卢纶的诗被采入《御览诗》时的语气中可以看出，入选的诗人都是当时的名家，能够入选是莫大的荣幸。可是今天看来，经得住时间考验的并不很多，入选诗歌二十九首之多的杨凝，入选诗歌十八首之多的杨凭，入选诗歌十七首之多的杨凌，入选诗歌十四首之多的卢隐，到今天还有多少人知道他们的姓名呢？

时间的考验就是群众的考验、实践的考验。有些作家由于某种机缘曾引起一时的好评，可是因为他们本身思想贫乏、艺术平庸、缺乏个性，不能在历史上起到积极的作用，又不能给读者以真正的美的享受。事过境迁，读者对他们就失去了兴趣。唯有忠实于生活、忠实于艺术、忠实于读者、忠实于自己的感受，站在时代前列的作品，才能经得起时间的考验而永葆其青春。

文风的交流

正如两股水流的汇合，可以涌起壮阔的波澜；两种文风的交流，也会促进文学高潮的到来。

自东晋南渡到隋朝统一，这两百六十多年间，政治上南北对峙，文学的发展南北也出现不同的趋势。魏徵《隋书·文学传序》说："江左宫商发越，贵于清绮；河朔词义贞刚，重乎气质。气质则理胜其词，清绮则文过其意。理深者便于时用，文华者宜于咏歌。此其南北词人得失之大较也。"然而，即使在南北对峙的局面下，文化的交流也没有完全停止。北朝文士如邢邵、魏收的作品都深受南朝的影响，邢邵嘲笑魏收"偷窃"任昉，魏收则说邢邵"于沈约集中作贼"（任昉、沈约是南朝齐梁时期文学家），其实他们都自觉或不自觉地模仿南朝文风。梁朝文学家庾信、王褒自南入北之后，一方面把南朝诗歌的艺术技巧带到北方，另一方面又受北朝文风的影响，一变原先的浮艳，以新的风格体现了南北文风合流的趋势。而到隋朝统一全国以后，南北文风就得以更快地融合，终于促成了唐代文学繁荣的局面。

南北朝文学的中心在南朝。南朝文学已经从笼统的学术中分化出来，成为一个独立的部门，并且在文学中又有了"文""笔"之分，"文"指美感的文学，"笔"指应用的文字。这是文学观念的一大进步。这个进步促使作家和文学理论家更努力地去研究艺术技巧，积累艺术经验，丰富艺术表现力，因而使艺术达到更加精巧的地步。这个时期音韵学也得到长足的发展，齐永明年间，周颙、沈约发现汉语中有四种声调，沈约等人又将四声的知识运用到诗歌创作中，提出"声病说"，创立了"永明体"。这种新的诗体要求诗中各字的声调具有符合规律的变化，以取得音调和谐的效果，造成一种音乐美。"永明体"的出现为近体诗（律诗、绝句）的形成奠定了基础，在诗歌体裁的发展史上有划时代的意义。然而，在帝王与贵族的掌握和引导下，南朝文学走上了唯美之路。正如李谔在《上隋高祖革文华书》中所说："竞一韵之奇，争一字之巧。连篇累牍，不出月露之形；积案盈箱，唯是风云之状。"一种华艳淫靡、轻浮柔弱的风气弥漫于文坛，呈现出一副病态的美，犹如在浓厚的脂粉之下掩盖着贫血的面庞。她需要输入健康的血液，需要呼吸新鲜的空气，需要移植强壮的筋骨，而这一切恰恰可以在北方的黄土地带找到。北朝文风的刚劲、粗犷、厚重与沉实，《木兰诗》和其他北朝文学中的泥土气息与生活气息，正好是那位病态的江南美人所急需的营养。魏徵在《隋书·文学传序》中说："若能掇彼清音，简兹累句，各去所短，合其两长，则文质彬彬，尽善尽美矣。"唐朝诗人经过近百年的摸索，终于把这两种文风融合在一起，以南朝的"文"，装饰北朝的"质"；以北朝的"质"，充实南朝的"文"，创造出中国诗歌最健美的典型。这就是以李白、杜甫、王维、孟浩然、高适、岑参、王昌龄、李颀、王之涣等人为代表的那个盛唐诗坛所完成的历史使命。

不仅国内不同文风的交流促进了文学的繁荣，推而广之，不同国家文化的交流也有同样积极的作用。且以中印文化的交流为例。自汉哀帝元寿元年（前2年）佛教传入中国以后，中国传统文化的主干上便嫁接了印度文化的枝条，随即开出异样绚丽的花朵。前面提到的四声的发现，据陈寅恪先生考证，就是受了佛经转读的启发。特别是永明七年竟陵王萧子良大集善声沙门于京邸，考订语音造经呗新声，更直接影响了曾在萧子良门下的沈约等人，使他们得以造为四声之说。这样看来，酝酿于南朝、成熟于唐代的近体诗，还与中印文化的交流有一定的关系。至于唐代寺院的俗讲，对中国白话小说的形成曾产生过直接的影响，更是公认的事实了。而寺院的俗讲作为僧侣向中国公众传播佛教的一种方式，它本身就具有中印文化交流的意义。又如西域文明，特别是其音乐和舞蹈传入中国以后，不仅对中国本土的音乐、舞蹈产生了深远的影响，而且也间接地给予中国的诗歌以新的刺激。唐代诗人从这种新的音乐、舞蹈中取得灵感，写出的名篇佳作可以举出许多。

　　鲁迅先生曾经热烈赞扬唐人吸收外来文化的胆量和魄力，他在《看镜有感》中说："遥想汉人多少闳放，新来的动植物，即毫不拘忌，来充装饰的花纹。唐人也还不算弱，例如汉人的墓前石兽，多是羊、虎、天禄、辟邪，而长安的昭陵上，却刻着带箭的骏马，还有一匹鸵鸟，则办法简直前无古人。"孙伏园先生回忆鲁迅说："他觉得唐代的文化观念，很可以做我们现代的参考，那时我们的祖先们，对于自己的文化抱有极坚强的把握，决不轻易动摇他们的自信力；同时对于别系的文化抱有极恢廓的胸襟与极精严的抉择，决不轻易的崇拜或轻易的唾弃。这正是我们目前急切需要的态度。"（《鲁迅先生二三事》）今天，重温鲁迅先生的话，回忆文学史上文风与文化交流的事例，仍然会得到许多的启发。

雅俗之间

司空图的《二十四诗品》是一部品评诗歌风格、意境的重要著作，每一品各用四言十二句话写成。说是十二句话还不确切，应当说是十二句诗。"典雅"就是其中的一品。我爱读这部书，平时有暇辄取来细细品味，既由此联想自己记得的一些相应的诗，也将它本身作为诗来欣赏。这二十四品，有的写得生动精彩，有的稍显抽象枯燥，我觉得最有趣的是"典雅"这一品。其原文如下：

玉壶买春，赏雨茅屋。坐中佳士，左右修竹。白云初晴，幽鸟相逐。眠琴绿阴，上有飞瀑。落花无言，人淡如菊。书之岁华，其曰可读。

这段文字写得实在优美而又传神，不过总体看来更像是"闲适"。

读者也许会问："那么你说典雅该是怎样的呢？"我想不外两点：一是具有深沉的文化特质，二是淡。

大凡典雅的都是深沉的：或者有历史感，铭刻着岁月的痕迹，能够让人联想起悠久的历史文化；或者蕴含着现代的文化思考，启发人向前探索的欲望。典雅总是和深沉连在一起，而庸俗总是和浅薄连在一起。

大凡典雅的都是淡的，司空图那十二句诗总体看来并未说出"典雅"的要领，但"落花无言，人淡如菊"这两句倒是说到点子上了，那"雅"原是和"淡"连在一起的，所以有"淡雅"这个词。清淡的化妆可以衬托出雅，浓妆艳抹就难免俗。对名利看得淡些，人就雅些；热衷于名利，就落俗了。

我喜欢"雅"，却没有一概贬低"俗"的意思。"俗"有俗的好处，当然不包括庸俗、低俗、恶俗在内。"俗"，才接近大众，也才接近生活。那种矫揉造作的雅，或带着些许酸味儿的雅，又有什么好？中国自古以来就有俗文学，被后人奉为经典的《诗经》里的"国风"就是通俗的民歌。宋元以来的戏曲、小说，原先是不登大雅之堂的，"五四"以后日益受到重视。只有加进了俗文学，中国文学史才具备了完整的面貌。我曾写过一篇论文以肯定柳永的俚俗，柳永给词坛带来新的气息、新的活力、新的趣味，这是雅词所无法替代的。由此我忽然想起，如果有人为司空图的《二十四诗品》增加一品，专门讲一讲"俚俗"，未尝不是一件好事。

　　人的审美趣味各不相同，或雅或俗，本来是不分轩轾的。而且，俗的可以变雅，雅的可以变俗，这在文化史上不乏例证。雅俗本来就不是绝对的。但不论雅还是俗都要正，雅要雅得正，俗要俗得正。雅而不正或俗而不正，都是不足取的。

江山之助

今冬北京多雪。一天，趁着那雪下得正紧的时候，到燕园散步。只见未名湖一带迷迷茫茫，隐现些树木和楼阁，宛如梦境一般，不禁想起前人咏雪的诗句。唐太宗的"无树独飘花"（《望雪》），暗含着柳树飘絮的比喻；杜甫的"舟重竟无闻"（《舟中夜雪有怀卢十四侍御弟》），暗示着雪与雨的不同，都富有意趣。岑参说："忽如一夜春风来，千树万树梨花开。"（《白雪歌送武判官归京》）清新流畅，惊异中透露出对春天的期待，是咏雪的名句。但我最喜欢的还是陶渊明这两句诗："倾耳无希声，在目皓已结（一作洁）。"（《癸卯岁十二月中作与从弟敬远》）诗人准确地把握并表现了雪后的视觉效果，那雪悄悄地来到眼前，满铺在大地上，给人一个惊喜。至于宋人张元昊的"战罢玉龙三百万，败鳞残甲满天飞"（见宋俞文豹《清夜录》所引，宋吴曾《能改斋漫录》引《西清诗话》同。但《苕溪渔隐丛话》所引《西清诗话》

作"张元",诗的字句亦有异。待考），极尽比喻形容之能事，虽然显示了奇特的想象力，但是毕竟雕琢夸张得有些过分了。

从这些咏雪的诗又想起唐朝宰相郑綮的话，当有人问他："相国近有新诗否？"他回答说："诗思在灞桥风雪中驴子上，此处何以得之？"（孙光宪《北梦琐言》）这不太经意的一句话，说出了写诗要到大自然中寻找灵感的道理，很耐人寻味。

关于诗和大自然的关系，古人有不少论述。刘勰早在《文心雕龙·物色》里就说过："然屈平所以能洞监风骚之情者，抑亦江山之助乎！"他把屈原之所以能写出好诗的原因，解释为得到了江山之助，是大自然陶冶了屈原的诗情，赋予他灵感。宋代的王十朋接过这个话题，对白居易和苏东坡有这样的议论："文章均得江山助，但觉前贤畏后贤。"（《游东坡十一绝》之二）陆游对此也深有体会，他说："挥毫当得江山助，不到潇湘岂有诗？"（《予使江西时以诗投政府丐湖湘一麾会召还不果偶读旧稿有感》）又说："君诗妙处吾能识，正在山城水驿中。"（《题庐陵萧彦毓秀才诗卷后》其二）这意思杨万里也说过："闭门觅句非诗法，只是征行自有诗。"（《下横山滩头望金华山》其二）宋周辉的笔记《清波杂志》里有这样一段有趣的记载："顷见易安族人，言明诚在建康日，易安每值天大雪，即顶笠披蓑，循城远览以寻诗。得句必邀其夫赓和，明诚每苦之也。"易安就是宋朝著名女词人李清照，她到雪中寻诗，也是想求得江山之助吧？清黄宗羲有一段话值得深思："古人不言诗而有诗，今人多言诗而无诗。其故何也？其所求之者非也。上者求之于景，其次求之于古，又其次求之于好尚。"(《金介山诗序》)求之于景，就是求之于江山之助，这是最好的途径；求之于古，难免因袭而缺少创新；至于求之于好尚，赶时髦，那就是舍本逐末了。

书家画家也有讲江山之助的。宋董更《书录》记载了黄庭坚的一段话："余寓居开元寺之怡思堂，坐见江山。每于此中作字，似得江山之助。"宋朝的画家郭熙在《林泉高致》里说：画家在观赏山水时，要"以林泉之心临之"，"身即山川而取之"，这样画出来的山水画才能把人带到仿佛真实的山水之中。

江山之助的道理其实很简单。江山可以提供丰富的创作素材，可以开阔诗人和画家的心胸，激发他们的灵感，培育他们的激情，吕本中所谓"古人观名山大川，以广其志，思而成其德"（见周辉《清波杂志》），就是这个意思。从江山之助我又想起人与大自然的交融合一，在进行艺术创作时如果能达到这种合一，就有可能进入化境了。明苏伯衡说："与造物者游，得于心，形于言，灿然在纸而成章，则谓之文；得于心，行于手，灿然在纸而成象，则谓之画。"（《赠金玉贤序》）所谓"与造物者游"包含着与大自然合一的愿望。明沈颢在《画麈》里说："山于春如庆，于夏如竞，于秋如病，于冬如定。"不仅说出了山在四季的不同神态，而且也说出了他自己在看山之际，心与山相交融所得到的不同感受。

江山之助，又何限于文艺创作呢？江山也有助于启迪人的智慧，荡涤人的心灵，提升人的境界，帮助人思考生命的意义和价值。真无法想象，离开了江山之助，人的生活将多么贫乏，人的想象力将多么枯涩！

奇　峭

五代王定保《唐摭言》卷一○论晚唐诗人李洞曰："时人但诮其僻涩，而不能贵其奇峭。"拈出"僻涩"和"奇峭"这两个词，概括李洞诗歌的特点，可谓中肯之论。例如李洞的代表作："药杵声中捣残梦，茶铛影里煮孤灯。"(《赠曹郎中崇贤所居》)诗的意思不过是：在病中独自守着一个茶铛、一盏孤灯，一而再再而三地品咂那些伤感的记忆。但是李洞说：药杵里捣着自己的残梦，茶铛里煮着孤灯的光影。这样写来，就产生了一种陌生的效果。又如："马饥餐落叶，鹤病晒残阳。"(《郑补阙山居》)"树沉孤鸟远，风逆塞驴迟。"(《下第送张霞归觐江南》)"漱流星入齿，照镜石差肩。"(《题玉芝赵尊师院》)这些诗句也很能代表他的风格。李洞慕贾岛为诗，曾铸其像，常念"贾岛佛"。他和贾岛一样，也属于苦吟诗人，明胡震亨《唐音癸签》卷八评之曰："刻求新异，艰僻良苦"，是很中肯的。他的上述诗句和贾岛的"鸟宿池边树，僧敲月下门"（《题李凝幽居》），"归吏封宵钥，行蛇入古桐"（《题长江》），的确很相似。与贾岛同时的诗人还有一位姚合，其诗如："夜猿啼户外，瀑水落厨中。"（《送裴宰君》）"研露题诗洁，消冰煮茗香。"（《寄元绪上人》）也是同一路数。在宋代还有所谓"九僧""四灵"，他们作诗以贾岛、姚合为宗。如希昼的"茶烟逢石断，棋响入花深"（《寄题武当郡守吏隐亭》），徐照的"鹤睡应无梦，僧谈必悟空"（《宿寺》），赵师秀的"萤冷粘棕上，僧闲坐井边"（《龟峰寺》），大体上也是走僻涩奇峭之路。

就上面所举贾岛、姚合、李洞、"九僧""四灵"等人的诗歌而言，似有三点值得注意：一是刻意求新，选取冷僻、苦涩的意象，以出乎常规的想象加以组织，造成陌生的艺术效果。二是锤炼过甚，往往有句无篇。三是内容单薄，气象狭小。诚如元方回《瀛奎律髓》所说："予谓诗家有大判断，有小结裹，姚（合）之诗专在小结裹，故'四灵'学之。"又曰："所用料不过花、竹、鹤、僧、琴、药、茶、酒，于此几物一步不可离，而气象小矣。"这段话恰当地指出了他们共同的弊病。

然而，情况并不如此简单，同样被称为"奇峭"的诗歌，面貌不尽相同。如欧阳修《六一诗话》推崇石延年曰："石曼卿自少以诗酒豪放自得，其气貌伟然，诗格奇峭。"石延年，《全宋诗》存诗一卷，他的诗就和李洞等人的诗有较大区别。广而言之，屈原、李白、韩愈、李贺也都有奇的一面，屈原之奇形于瑰丽，李白之奇融以豪放，韩愈之奇出之险拗，李贺之奇入乎虚幻。对他们显然又当别论。

贾岛、姚合、李洞等人，走的是一条偏僻艰涩之路，或者说他们是以僻涩求奇峭。这虽能造成某种新鲜感或震撼力，但缺少雅正弘大的气象，毕竟不能算是诗歌艺术的通衢大道。写诗宜以雅正弘大为宗，唯雅正弘大，方能四通八达；唯雅正弘大，方能涵盖古今。在此基础上再求变求新，以呈现多姿多彩的面貌，庶几臻于完美的境地。明谢榛《四溟诗话》曰："'文不可无者有四：曰体、曰志、曰气、曰韵。'作诗亦然。体贵正大，志贵高远，气贵雄浑，韵贵隽永。"所论极是。然而诗歌的美是多种多样的，虽说"体"之所贵在于"正大"，但不应将其他一概排斥在外。正锋之中兼用偏锋，多几分婀娜多姿，未尝不好。而且，所谓"正大"须从根本处求之，并不是只从文字技巧上努力就可以得到的。

关于"奇峭"，在司空图《二十四诗品》和袁枚《续诗品》中均未论及。姑且拈若干诗例、举几则诗话，且仅限于贾岛、姚合、李洞一派，以略陈己意，聊助谈资而已。

体志气韵

明代后七子的领袖人物谢榛在《四溟诗话》中说：

> 《余师录》曰："文不可无者有四：曰体、曰志、曰气、
> 曰韵。"作诗亦然。体贵正大，志贵高远，气贵雄浑，韵贵
> 隽永。四者之本，非养无以发其真，非悟无以入其妙。

此所谓"体""志""气""韵"，其含义可意会而难言传。如果要
试着作一简单的说明，似乎可以这样说："体"是主体、本体的
体，包括体性、体貌、体势、体器等意思，是格局、规模所构
成的总体面貌，是诗文的根本。体贵在"正大"，不偏不倚，不
局不促，堂堂正正，大大方方。"志"是诗文所包含的思想内容，
贵在"高远"。古人有"诗言志"的说法，志有高下之分、远近
之别，高远才是上乘。"气"是作家平时的精神境界（人格、性

情、才调）和创作时的心理准备（激情、冲动、勇气）在作品中的表现，气以雄浑为贵。雄浑，是形容气的充盈有力。司空图《诗品》曰："返虚入浑，积健为雄。具备万物，横绝太空。"有雄浑之气，才能有磅礴之文。"韵"是指韵味、情韵，语言之外令人回味无穷的意蕴，久久荡漾在读者心中的回响。韵当然以隽永为妙，隽永则令人永志不忘，具有长远的艺术效果。

体、志、气、韵，可以作为我们评价欣赏诗文的标准。文中之佳作，如司马迁《报任少卿书》、陶渊明《五柳先生传》、韩愈《送李愿归盘谷序》、范仲淹《岳阳楼记》、欧阳修《醉翁亭记》等等，莫非如此。诗中之佳作，如李白《关山月》、杜甫《秋兴》、陆游《书愤》、文天祥《正气歌》亦莫非如此。其实，又何止诗文呢？书画也是如此。王羲之的《兰亭序》就是体志气韵四者兼备的作品，每读此帖，辄深感其正大高远雄浑隽永之兼备而且达到了极致。特别是那气韵，体现着魏晋士人特有的文化氛围和玄远意味，后人是难以学到的。唐代的颜真卿、柳公权，他们的书法之所以成为后人的楷模，也由于这四者很好地协调在一起。即以颜真卿而论，他的楷书结体端庄雄秀，天骨开张，用笔浑厚强劲而又饶见筋骨，雄力内含，大气磅礴，具有盛唐气象。他的行草，如《祭侄文稿》，结体沉着，笔画飞扬，其浩然凛然之正气贯穿于始终，读之回肠荡气。画家当中早的如李成、范宽、马远、夏圭，且不必说，即如我所喜欢的元代画家高克恭，其《云横秀岭图》设色画云山烟树，溪水茅亭，白云横岭，树木葱茏，气韵之勃郁流润，直欲溢出画面之外。

忽然想到，"体贵正大，志贵高远，气贵雄浑，韵贵隽永"这四句话，不是也可以用来评论人物、修养自我吗？正大，遂能有气象；高远，遂能成大事；雄浑，遂能有力量；隽永，遂能得恒久。艺术之道和为人之道，原是可以相通的，艺术的至境和道德的至境也是相近的。从艺术欣赏中可以悟出做人的道理，从修身中也可以得到艺术欣赏的眼光。

国学与二十一世纪

　　1840 年鸦片战争以后，中国的一些有志之士努力向西方寻找救亡图存之道，西学东渐成为社会的潮流。在这过程中，一部分学者担心自己国家固有的学术文化衰微，遂又提倡国学，于是出现了关于中学与西学的各种不同观点和争论。现在我们平心静气地回顾这段历史，不能不承认：只要我们采取的态度正确，国学在中国走向现代化的进程中，可以起到促进作用。现代化并不是全盘西化，必须充分重视中国的国情，国情既包括中国的现状也包括中国的历史和文化传统。我在 1992 年所写的《国学研究发刊辞》中有这样一段话："不管愿不愿承认，也不管是不是喜欢，我们每天都生活在自己国家的文化传统之中，并以自己的言谈行为显示着这个传统的或优或劣的特色。而国学作为固有文化传统深层的部分，已经渗进民众的心灵，直接间接地参与现代生活。"我重申这段话是想表明：对国学不是要不要的问题，而是必须认真面对、认真研究，吸取其精华，剔除其糟粕。应当抱着分析的态度、开放的态度、发展的态度来对待国学。

研究国学不是复古，是为了现在和将来。研究国学不是抱残守缺，现代化不是全盘西化。抱残守缺和全盘西化都是没有出路的。我们要把国学放到中国实现现代化的大格局中，放到经济全球化的大格局中加以研究，使之为中国的现代化和全人类文明的进步作出应有的贡献。

不要以实用主义的态度对待国学。如果仅仅从国学中寻找对工商管理、金融、经济、公关等等有用的技巧和方法，那就太简单化了。有人问我：国学究竟有什么用？要说没用也真没用，既不能当饭吃，也不能教人如何投资赚钱。但其精华部分能丰富我们的精神世界，增强民族的凝聚力，协调人和自然的关系以及人和人的关系，能促使人把自己掌握的技术用到造福于人类的正道上来，这是人文无用之大用，也是国学无用之大用。试想，如果我们的心灵中没有诗意，我们的记忆中没有历史，我们的思考中没有哲理，我们的生活将成为什么样子？

北京大学早在1992年就成立了中国传统文化研究中心，组织文、史、哲、考古等学科的教师从事深入的国学研究。1993年中心编辑出版了大型的学术刊物《国学研究》，至今已有十六卷，此外还出版了十几种国学研究的专著。1998年召开了有十七个国家的一流学者参加的"汉学研究国际会议"，出版了会议论文集

《文化的馈赠》四卷。2001 年初中心改名为"国学研究院"，并于 2002 年开始招收博士生，第一届博士生已经毕业取得博士学位，其中两名在高校任教（一名直接被聘为副教授），另一名考取公务员，从事对香港的学术文化交流工作。我们在做深入研究的同时，还注意普及的工作。在上世纪九十年代中期与美国方面合作拍摄的一百集电视专题片《中华文化讲座》在美国播放；后来又与中央电视台合作拍摄了一百五十集电视专题片《中华文明之光》，多次在电视台播出。这些普及工作贯穿着一条宗旨，就是"把大学课堂延伸到社会，把高雅文化传播给大众"。我之所以介绍这些，只是想说明国学研究只要踏实认真地去做，以学者的态度去做，是可以得到学术界和社会广大群众认可的，是可以为提高全社会的人文素养，为弘扬民族精神，为构建和谐社会贡献一点力量的。

现在中外文化交流呈现明显的入超状态。有人统计，文化的进出口比例为 14：1，这未必是精确的统计，但值得我们注意。随着经济的全球化，特别是中国经济的日益繁荣，世界更迫切地需要了解中国。我们在广泛吸取世界上一切优秀文化成果的同时，有责任将优秀的中华文明介绍给世界，与各国人民共享。

在二十世纪国学的遭遇相当尴尬，在二十一世纪国学仍然不可能成为全社会关注的热点，真正从事国学研究的人不可能很多，也不必太多。从事国学研究的学者要坐得住冷板凳，以历史唯物主义的态度，实事求是地从事严格意义上的学术研究。

　　不过，目前谈"国学与二十一世纪"这个题目，带有很大的推测成分。国学在二十一世纪的命运如何，在很大程度上取决于从事国学研究的人所抱的态度，以及工作的成效。

文学史研究的前瞻

改革开放以来，文学史研究取得了很大的进展。无论通史的研究，还是对某一时代、某一文体、某些作家的研究，都有可喜的成果问世。展望前途，我们相信文学史研究将取得更多突破性的成果。那么，今后的文学史研究有哪些值得注意的问题呢？谨在此谈一点个人的粗浅看法。

大作家和一流作品的研究

文学史研究的布局一直是一个制约着本学科发展的宏观性的问题。近二十年来，文学史研究中的一些空白已经得到填补，一些薄弱环节也得到了加强。如汉赋、六朝骈文、北朝文学、文言小说、明清诗文，以及文学流派和作品艺术性的研究都取得了很大的进展。相对说来，对大作家和一流作品的研究虽然有一些突破性的成果，但是显得薄弱。这不能单纯从论文和著作的数量上看，而要看研究水平的突破性。大作家和一流作品的研究，对整个文学史学科的带动作用不够显著。学术界的注意力也许过多地放到了填补空白和加强薄弱环节上。文学史研究仅仅局限在大作家和一流作品上，当然是一种缺陷，反之也是一种失衡。文学史研究的布局有待进一步调整，要把注意力更多地放到大作家和一流作品上，并用大作家和一流作品的突破性研究成果来带动整个文学史学科的发展。文学史研究方法的改进，也要靠大作家和一流作品的创新性研究来示范。这样，文学史研究的进展就不仅表现在面的扩大上，更重要的是表现在深度、高度和创新的程度上。

对大作家和一流作品的研究，应当全景式地展开，既要抓住其主要方面，又要兼及那些尚未被充分注意的次要方面；要从多学科的广阔背景上展开研究，要勇于提出和解决新问题；研究者还要努力提高自身的修养和境界，从新的高度去理解和阐释那些大作家丰富的内心世界，以及一流作品丰富的内涵。

深入的文本研究

文本即作品本身是构成文学史的基本要素，没有作品就没有文学，也就没有文学史。文学史研究的深入离不开对文本的深入钻研。我们常常看到一些文学史的论文，对文学作品缺乏深入的阐释，甚至有的地方理解错了，其立论就缺乏坚实的基础。有的论文或著作不注意选择和使用善本，也不讲究校勘，论来论去根基不牢，其论点也就大打折扣了。还有一种情况，看题目是文学史的论文，但并没有深入到文本之中，而是在文本之外打转。这种种状况有待改善。

文本研究离不开细密的考证和严谨的训诂，也离不开研究者自己对文本的精鉴、深味和妙悟，结论应当是从自己的体味中升华出来的。这样的研究成果既有客观性，又融会了研究者的个性。文学是诉诸感性的，有些基本事实不能含糊，但是对作品的理解却很难定于一尊。研究者应当抱着开放兼容的态度，以促进多元化研究格局的形成。

史实的考订和梳理

近二十年来史实的考订有很大进展，今后仍然会成为一个热点。有两点值得注意。第一，个案的考订固然重要，整体的梳理更加迫切。应当努力把若干孤立的考证成果整合起来，对一个时期文坛的面貌，或者对文学的发展流变等重要问题取得新的看法。第二，考证工作中的随意性，往往使这项十分重要的基础性研究陷入无谓的争执，妨碍了研究工作的进展。我认为应当为考证工作建立必要的规范。这种规范至少应包括以下四点。

（一）对已有的全部资料加以系统的整理和通盘的考察，不以枝节害全体。

（二）对资料的可信度加以分级，尽量使用可信度高的资料，不以次要的资料轻易否定重要的资料。

（三）必须注意版本的选择，应使用最好的版本。如果有几个价值相当的版本（如几个宋本），其中的异文应择善而从。可以理校，但不能擅改。

（四）以准确理解作品为基础，以对其作品的胜解求得考证的可信。

田野考察和民俗调查

这里所谓田野考察是指用实地调查的方法，从现存的遗迹以及活在民间的传说、习俗和演出中，寻找文学史的资料。到目前为止，这类考察和研究，大都是由从事民俗学研究或民间文学研究的人来做，而文学史研究者并不亲自去做，只是利用别人的成果而已。如果文学史研究者亲自从事这项工作，把案头的工作和田野的工作结合起来，和民俗学、民间文学结合起来，也许能开辟一块新领域。由于社会的急剧变革，许多传统的艺术正在消失，这类考察实际上带有抢救文化传统的性质。现在不做以后就没有机会了。

文学语言的研究

文学是语言的艺术，语言研究应当成为文学研究的重要方面，在这方面还有很大的余地。以唐诗为例，语言研究较好的途径有三条。一是把语言和意象结合起来进行研究。中国传统的词语诠释方法和近年来兴起的意象统计分析方法，可以互相补充。我们可以研究唐人最喜欢使用的是哪些词语（意象），哪些词语（意象）是唐人创造的，这些词语（意象）有哪些新的含义，这些词语（意象）的出现说明了什么。还可以研究某些大诗人的词语群（意象群），以及唐人连缀词语（组合意象）的特殊方式。二是研究语言的多义性，研究其本义之外的各种启示义；研究唐诗之所以为唐诗的各种语言特点，研究每一位独具特色的唐代诗人独特的语言符号。三是研究诗人独特的语言风格，具体地说就是研究其语言的感情内涵和语境。感情内涵是指以诗歌语言为载体的感情意趣及其组合；语境是指隐藏在诗歌语言背后的种种复杂的历史、文化因素，这种历史、文化因素构成语言风格的大背景。

与邻近学科的交叉研究

我主张文学史研究既要"纵通"，也要"横通"。所谓"纵通"，是就文学论文学，力求将上下三千年文学发展的来龙去脉整理清楚。所谓"横通"，是力求将文学与哲学、宗教、艺术等其他学科结合起来进行研究，并努力从它们的关联上，从它们之间互相影响、互相渗透的关系上，寻求带有规律性的东西。"纵通"是普遍采用的方法，但通得还不够，似乎有必要打通各段的界限，甚至打通古今的界限。文学史研究至今仍然是古今隔开，界限分明。这样虽然可以在一个段落上或者一个方面深入，但是毕竟受到很大的限制。如果研究者在各自的基地之外，另开辟一个或几个研究的领域，尽量打通，我们的研究状况也许会好得多。如果研究古代文学的人当中有一部分关心现当代的文学研究，特别是关心当前的文学创作，并从当前创作的问题中寻找新的课题，我们的文学史研究就会增添许多生气。另一方面，今后还应当向"横通"的方向努力，"横通"是综合研究，也就是以文学为中心的多学科交叉研究。今后在文学领域内部也许难以找到太多的空白了，但是在学科的交叉点上，一定能找到许多新的生长点。例如古代文学的传媒对文学创作的影响，就是一个值得注意的问题。

二十世纪的文学史研究者是幸运的，一方面，此前留下了大量的空白，如戏曲、小说，可以填补；另一方面又有甲骨文、敦煌遗书这样千载难逢的发现，为文学史家驰骋才能提供了机会。前者是由于文学观念的转变而引起的，后者是偶然的机遇带来的。二十世纪著名的文学史家都是因为掌握了新的资料或者具有了新的观念而成就了他们的事业。

二十一世纪将会怎样呢？今后还会不断有新的考古发现。从郭店竹简出土的情形推测，楚国文化和中原文化有密切的联系，在原来的楚地有可能发现秦始皇焚书之前若干原始的文学典籍。不知道我们有没有这样的幸运，但我们要做好准备，一旦有了某种新的发现，能够及时地做出高水平的研究成果来。

今后文学观念还会进一步发展。现在西方的文学理论花样不断翻新，这些新东西究竟有多久的生命力，它们究竟会给中国文学史研究带来怎样的变化，还难以估计。不过，我们不应总是跟在西方学者的后面走，西方文学理论家大多不懂得中国文学，他们的视野受到很大的局限。我们能不能从中国文学的实际出发，提出我们自己的新的文学观念呢？中国的文学史研究者长期以来对理论兴趣淡漠，这种状况不利于文学史研究的发展，也不利于文学理论的发展。我希望文学史家中出现一些权威的理论家，也希望文学理论家来研究文学史。理论和史的结合，一定能为文学史研究带来新的局面。

中国神话研究断想

中国古代有神话，而无"神话"这个词，也没有神话学，神话研究没有从古史研究中独立出来。神话学是"五四"以后受西方的影响而建立的。经过八十年的努力，已有不少创获，主要表现在以下方面。

一、建立了神话学的基本理论。

二、初步整理了神话的资料，并作了分类（如开天辟地神话、洪水神话等）。

三、对一些主要的神话作了阐释。

四、对神话的文学价值作了说明。

今后，神话的研究如何在已有的基础上再前进一步，而不使其停滞，已成为摆在我们面前的必须认真思考的问题。

首先，有两个概念要重新探讨：什么是神？什么是神话？从语源学上考察，"神"的原义，《说文》曰："神，天神，引出万物者也，从示申。"《周礼·春官·大司乐》："以祀天神。"注："谓五帝及日月星辰也。"《祭法》曰："山林川谷丘陵，能出云，为风雨，见怪物，皆曰神。"《九歌·国殇》曰："身既死兮神以灵，魂魄毅兮为鬼雄。"然则，天神、地祇、人鬼、物怪皆可统称曰神。

从历史学的角度考察，那些氏族的首领，或有特异才能的人，或有大功于其氏族的人，在其生前或死后都会被视为神。一些氏族也往往认为自己的始祖是神。神和人是相通的。人死后可化为神，神也可托灵于人，人神还可以恋爱、生育。因此，神话和古史混在一起难以区别。

从宗教学的角度考察，神是先民崇拜的对象。先民通过祭祀或占卜的方式，与神对话，向神请示、报告，或向神祈祷以求保佑。巫是人和神之间的沟通者。一些高山，如昆仑，则是人神之间的通道。

从民族学的角度考察，中华民族有多种来源，中国神话也有多种来源。各个氏族有其各自独立的神的系统，不同的系统相互影响、相互交融。现在所能看到的神话资料是各氏族神话交融之后的面目。

从民俗学的角度考察，神话和民俗是相互促成的。民俗中很大的成分属于祭祀活动，祭祀和神话密不可分。也许是先有了某一神话，然后便有了某种祭祀活动，而有了这种祭祀活动之后，原来的神话也就更丰富了。从祭祀活动中可以看到神的等级，以及神和人的关系的疏密。

从文学的角度考察，神话是关于神的事，有的有较强的故事性，有的故事性不强，有的甚至没有故事性，所以不能以故事性衡量中国神话。神话和诗歌是上古最初的两种文学形式。神话是后来一切叙事文学的开端，诗歌是后来一切抒情文学的开端。神话又大量保留在诗歌里。神话从口耳相传到文字记载，有一个漫长的过程。中国神话只有一些片段的记载，而没有完整的记录，因此神话多半只具有文学素材的意义，其本身独立的文学价值并不高。

总之，在上古时代神是无所不在的，神和人息息相关地生活在一起，人生活在神的氛围里，神是人的亲密伴侣。神话是先民关于宇宙和人自身的所有知识的总和，神话就是上古的"学问"。而最善于和神沟通的人，即巫，则是了解神话最多的人，也是最高的学者。

中国神话有什么特点？

中国神话没有完整的记录，只留下若干片段。因此，严格地说，我们不能探讨"中国神话的特点"这个问题。然而，这又是不能不探讨的问题。也许片段性就是中国神话最大的特点。我的朋友中岛教授有这样一个巧妙的比喻：中国神话像埋藏在地层深处的已经破碎的古陶器，我们只能发掘出一些碎片，理想的研究是把这些碎片复原成原先的陶器，但这几乎是不可能的。现在就试着从碎片看看中国神话的一个重要的特点。

中国神话带有强烈的人文主义色彩。神不是人的可怕主宰，而是人的亲切的护佑者。神一般说来不对人实行惩罚，而是造福于人。神并不加给人某种可怕的不可抗拒的命运。人创造了神，不是要他们来统治自己的，而是用来证明自己"出身"的荣耀。神是贴在人身上的"金"。在中国的神话世界里，占据中心地位的仍然是人，是一群乐观的人。祭神活动带有很大的自娱性，人可以向神调侃，可以和神恋爱。宗教始终没有成为统治的力量，这个现象也许可以从中国上古神话中得到解答。

中国神话研究从古史研究中分化出来是一大进步，但神话研究从此归入文学研究，可以说是摘了一副镣铐又戴上了另一副枷锁。神话研究离不开古史研究，但并不就是古史研究。神话研究离不开文学研究，但并不就是文学研究。神话研究要成为一个独立的学科！这是一个跨着历史、文学、宗教、民族、民俗，以及人类学、考古学、符号学等等学科的综合学科。今后的神话研究，如果不能从文学的狭窄苑囿中解放出来，便不可能有巨大的进展。而就神话的文学研究而言，如果不联系中国整个文学的发展历程，不寻求新的研究角度，也很难取得新的成果。

对神话的地域研究有待加强。中国神话并非一源，至少应该将现有的神话从地域上加以分类，归还给不同的地域，也就是归还给不同的氏族。把不同氏族的神话放到一起笼统研究，无异把原来属于不同陶器的碎片硬粘在一起。

对神话的阐释仍然是一个极其薄弱的环节。现在学术界的许多阐释有太多的主观色彩，仿佛是硬贴上去的，而不是从其本来的意义上予以合理的解释。阐释的方法单一化，也妨碍了阐释的深入。

中国神话资料的整理工作，是上面所说的各种有待加强的工作的先决条件。现有的神话资料只是神话的零本和碎片，远非神话的全部，根据这些零散的资料很难作出全面的研究。我们需要一部神话资料的全集，至少是一个时期的全集。这样才能看到神话的全豹，从而在更广阔的范围内从事考察，并进而把神话研究推进一步。理想的资料工作应当符合以下原则：一、完全用第一手资料，并保持其原始状态；二、在某一范围内（例如先秦）竭泽而渔；三、编排必要的索引；四、提供从事研究工作的必需参考书目。

漫谈鬼诗

　　"秋坟鬼唱鲍家诗"，李贺的这句诗是写鬼在吟唱别人的诗。鬼自己会不会写诗呢？据文献记载也会的。逯钦立先生辑校的《先秦汉魏晋南北朝诗》"晋诗"卷二一有鬼诗数首，其中最早的一首是《紫玉歌》，原载于东晋干宝《搜神记》。吴王夫差小女紫玉爱韩重，欲嫁之不得，乃气结而死。韩重往吊之，玉魂从墓中出来唱了这首歌。夫差的时代是春秋末年，然则《紫玉歌》或许早已流传，到东晋才有记录。《先秦汉魏晋南北朝诗》的"汉诗""宋诗""北齐诗"里也录有鬼诗，大都采自魏晋南北朝的志怪小说。例如《先秦汉魏晋南北朝诗》"汉诗"卷一一《崔少府女赠卢充诗》，采自干宝《搜神记》《世说新语·方正》注引《孔氏志怪》，以及其他书。据这些小说记载，卢充是东汉尚书卢植的祖父，此诗可编入汉诗。但余嘉锡《世说新语笺疏》案曰："盖卢氏在汉本自寒微，至植始大。……流俗相传，乃有幽婚之说，并为植祖杜撰名字，疑为魏晋间有不快于卢氏者之所为。"余氏的说法颇有意思。到了唐朝，鬼诗就更多了。《全唐诗》卷八六五、八六六这两卷全都是鬼诗。其文献的来源大多是唐朝的笔记小说，其中有很多已辑入宋初所编的《太平广记》。此外，宋人胡仔纂辑的《苕溪渔隐丛话》前集卷五八、后集卷三八，宋人魏庆之所编《诗人玉屑》卷二一，以及宋朝以来其他一些诗话和笔记小说里也录有鬼诗。记载鬼诗时，常伴有故事情节，诗和故事互相配合，读来更有兴趣。

鬼会作诗吗？当然不会。连鬼都是人的想象物，并非实有，鬼诗当然就更不会是鬼之所为了。鬼诗其实都是人诗，不过是依托为鬼之所作，或想象为鬼之所作罢了。这些诗既然是人作的，则必反映人的思想感情，离不开人世间的生活体验和人的想象。只需给它加上一层阴冷的外衣，或加以曲折的表现。所以我们从鬼诗里看到的还是人的世界。

鬼诗的内容，偏重于以下几个方面：爱情婚姻的悲剧，科举落第的凄凉，冤案屈魂的哀诉，古迹幽魂的伤怀。下面就分别加以介绍。

爱情婚姻的悲剧，在鬼诗里反映得最多，诗的作者多半是女性。这类诗也最为凄清哀艳，常常可见佳什，如上文提到的那首《紫玉歌》：

南山有鸟，北山张罗。鸟既高飞，罗将奈何！意欲从君，谗言孔多。悲结生疾，没命黄垆。命之不造，冤如之何！羽族之长，名为凤凰。一日失雄，三年感伤。虽有众鸟，不为匹双。故见鄙姿，逢君辉光。身远心近，何当暂忘。

紫玉因婚姻不能自主气结而死，死后仍眷恋着她的情人。她的悲愤思恋，以及她对爱情的忠贞，都在这首极朴素的歌里表现出来了。最后两句说：自己和情人虽然远隔于两个世界，但是彼此的心是靠拢的，怎能有片刻的遗忘呢！这是一首四言诗，风格质朴，时代或许也是较早的。

《乐府诗集》卷六〇引梁吴均《续齐谐记》，有刘妙容《宛转歌》二首，更为哀艳动人。晋有王敬伯者善鼓琴，年十八仕于东宫，休假还乡，过吴，登亭望月，怅然有怀，乃倚琴歌《泫露》之诗。俄闻户外有嗟赏声，见一女子，谓敬伯曰："女郎悦君之琴，愿共抚之。"敬伯许焉。既而女郎至，即刘妙容，资质婉丽，绰有余态，从以二少女，其一即先来通报者。女郎抚琴挥弦，韵调哀雅。又命大婢酌酒，小婢弹箜篌，作《宛转歌》。女郎脱头上金钗，扣琴弦而和之，意韵繁谐。将去，留锦卧具、绣香囊并佩一双，以遗敬伯。敬伯报以牙火笼、玉琴轸。女郎怅然不忍别，且曰："深闺独处，十有六年矣！邂逅旅馆，尽平生之志。盖冥契非人事也。"言竟便去。后来王敬伯得知，女郎乃吴令刘惠明的亡女。刘妙容的《宛转歌》二首曰：

月既明，西轩琴复清。寸心斗酒争芳夜，千秋万岁同一情。歌宛转，宛转凄以哀。愿为星与汉，光影共徘徊。

悲且伤，参差泪成行。低红掩翠方无色，金徽玉轸为谁锵？歌宛转，宛转情复悲。愿为烟与雾，氤氲对容姿。

这两首以箜篌伴奏的歌曲，声情婉转，表现了青年女子对爱情的渴望。其二末尾表达的那种愿望，缥缈恍惚，暗示了歌者的身份与处境。

《太平广记》卷三六四有谢翱与金车美人赠答的故事，出自唐人张读的《宣室志》，《全唐诗》卷八六六亦收入。陈郡谢翱尝举进士，好为七字诗。其先寓居长安升道里，庭中多牡丹。一日晚霁，见一美人乘金车而来，年可十六七，谓翱曰："闻此地有名花，故来与君一醉耳。"美人即命设馔同食，出玉杯，命酒递酌。翱问是何人，答曰："君但知非人则已，安用问耶？"夜阑辞归，求翱赠诗，览之泣下数行，答诗一首，笔札甚工，翱嗟赏良久。美人遂命烛登车，挥泪而别。翱明年下第东归，至新丰逆旅，步月长望，追感前事，赋诗朗吟。忽闻车音自西来，视之，乃前美人也，呜咽不自胜，复有赠答而别。后翱又求之，竟绝影响，不数月，以怨结卒。谢翱和金车美人先前唱和的是七绝，后来唱和的是七律。那两首七绝尤其好：

阳台后会杳无期，碧树烟深玉漏迟。半夜香风满庭月，

花前竟发楚王诗。（翱）

　　相思无路莫相思，风里花开只片时。惆怅金闺却归处，晓莺啼断绿杨枝。（女）

谢翱，生平无考，那金车女所作两诗或出自他的幻觉。也许连谢翱其人其诗均系《宣室志》撰者张读据传闻所录。但不管怎么说，其诗作得清丽含蓄，笼罩着一股淡淡的哀愁，颇耐人寻味。金车女此七绝又见《侯鲭录》，《苕溪渔隐丛话》前集卷五八亦有征引，可见流传颇广。

　　夫妻一方卒后想念另一方，或想念儿女，也会显形赋诗。《全唐诗》卷八六六所录孔氏《赠夫诗》三首，就是这类诗的代表。开元中，幽州衙将姓张者，妻孔氏，生五子而卒。五子受后母虐待，哭于其母墓前，孔氏忽从冢中出，抚其子，悲恸久之，因以白布巾题诗赠张。其三曰：

　　有意怀男女，无情亦任君。欲知肠断处，明月照孤坟。

此事原见于唐人孟棨《本事诗》。苏东坡《江城子》词记梦中与亡妻相见，最后几句曰："料得年年肠断处：明月夜，短松冈。"或许是受了这首鬼诗的启发。

　　科举落第的凄凉，在鬼诗里也有反映。唐朝每年集中到京城参加科考的贡士，少则一千多人，多则三四千人。而录取的进士不过百分之二、三，绝大部分落第，参看傅璇琮《唐代科举与文学》。考中者春风得意自不待言，落第者之悲苦凄凉亦不难想见。至于那些从外地到京城来考试的人，落第后栖栖惶惶地赶回家去，一路上的悲苦饥寒，则非亲历者不能言状。有些人客死途中，成为异乡之鬼，则又酿出一幕幕悲剧。他们本来善于作诗，落第的悲苦更增添了诗料，常有动人的作品出现。如《太平广记》卷三三八引《宣室志》：大历中，窦裕下第后，自京之蜀，行至洋州而卒。其好友沈生偶至洋州，舍于馆亭中，夜半见一白衣丈夫，自门而入，且吟且嗟，似有恨而不舒者。久之吟曰：

> 家依楚水岸，身寄洋州馆。望月独相思，尘襟泪痕满。

沈生觉其甚类窦裕，明日问馆吏，果然是他。《太平广记》卷三四四所引《会昌解颐录》的一段更为曲折：

> 进士祖价，咏之孙也。落第后，尝游商山中。行李危困，夕至一孤驿。去驿半里已来，有一空佛寺，无僧居，价与仆夫投之而宿。秋月甚明，价独玩月，来去而行。忽有一人，自寺殿后出，揖价共坐，语笑说经史，时时自吟。价烹茶待之。此人独吟不已，又云："夫人为诗，述怀讽物，若不精不切，即不能动人。今夕偶相遇，后会难期，辄赋三两篇以述怀也。"遂朗吟云："家住驿北路，百里无四邻。往来不

相问，寂寂山家春。"又吟："南冈夜萧萧，青松与白杨。家人应有梦，远客已无肠。"又吟："白草寒路里，乱山明月中。是夕苦吟罢，寒烛与君同。"诗讫，再三吟之。夜久，遂揖而退。至明日，问邻人。云："此前后数里，并无人居。但有书生客死者，葬在佛殿后南冈上。"价度其诗，乃知是鬼，为文吊之而去。

这客死的书生向一位落第的举子吟诗抒怀，一定可以引起共鸣。从他的诗看来，多半也是一个落第者。他满腹经纶未能用于人世，只好向一落第举子高谈阔论，这就很可悲了。其诗以"青松""白草""乱山""寒烛"这些词语造成一种清幽冷寂的氛围，堪称鬼诗中的上乘之作。"家人应有梦，远客已无肠。"朴素的语言中，透露出难耐的悲凉凄切。

唐人段成式《酉阳杂俎》前集卷一三《冥迹》所记的故事也很值得注意：

于襄阳颐在镇时，选人刘某入京，逢一举人，年二十许，言语明晤。同行数里，意甚相得，因藉草。刘有酒，倾数杯。日暮，举人指支径曰："某弊止从此数里，能左顾乎？"刘辞以程期，举人因赋诗曰："流水涓涓芹努牙，织乌双飞客还家。荒村无人作寒食，殡宫空对棠梨花。"至明年，刘归襄州，寻访举人，殡宫存焉。

此诗《全唐诗》卷八六五录入，题作《襄阳旅殡举人诗》。这首诗反映了举子客死他乡，不能归葬故里，魂魄无依的悲哀。"殡宫"是葬前临时安置灵柩的地方。"寒食"本是家人凭吊死者的时候，可是没有家人前来，只有棠梨为伴，此时那孤魂会越发感到孤独难熬。

冤案屈魂的哀诉，在鬼诗中也不少。《太平广记》卷三四一引《酉阳杂俎》中的一段故事相当曲折，今节录如下：

> 段文昌从弟某者，贞元末，自信安还洛，暮达瓜洲，宿于舟中。夜久弹琴，忽外有嗟叹声，止息即无，如此数四。乃缓轸还寝。梦一女年二十余，形悴衣败，前拜曰："妾姓郑名琼罗，本居丹徒，父母早亡，依于孀嫂。嫂不幸又没，遂来扬子寻姨。夜至逆旅，市吏子王惟举乘醉将逼辱，妾知不免，因以领巾绞颈自杀。市吏子乃潜埋妾于鱼行西渠中。……抱恨四十年，无人为雪。妾父母俱善琴，适听君琴声，奇弄翕响，不觉来此。"后女鬼相随至洛北，有樊元则者作法遣之，鬼请纸笔，书诗凡二百六十二字，率叙幽冤之意。其中二十八字曰："痛填心兮不能语，寸断肠兮诉何处！春生万物妾不生，更恨香魂不相遇。"

一个孤苦伶仃的女子，受害四十年，积冤之深可想而知，一旦诉诸诗遂格外凄切。

《太平广记》卷三三〇又引《灵怪录》：

开元六年，有人泊舟于河湄者，见岸边枯骨，因投食而与之。俄闻空中愧谢之声及诗曰："我本邯郸士，祗役死河湄。不得家人哭，劳君行路悲。"

所谓"祗役"，是奉上官命之役者。这个役者死无葬所，枯骨露于野，可见是劳苦百姓。其诗表达了极深的委屈。

有的诗表现了战争中无辜被杀者的怨气，如《全唐诗》卷八六六录有沙碛女子的《五原夜吟》：

云鬟消尽转蓬稀，埋骨穷荒失所依。牧马不嘶沙月白，孤魂空逐雁南飞。

这女子的诗里表达了孤独悲苦之情，后二句写环境之空寂与幽魂之孤独，即使与唐朝的大手笔相比亦不逊色。关于此事有一段故事，诗题下注曰："进士赵合，太和初游五原。夜卧沙碛中，闻沙中女子悲吟。起问之，自陈姓李，家奉天城南小李村，往省姊，道遭党羌拽杀于此，今已三年。倘能归骨，必有以报。合如言收骨，携至奉天，访得小李村，葬之。明日，见此女来谢曰：'吾大父有《演参同契》《续混元经》，子能穷之，龙虎之丹，不日成矣。'合受之，女子已没。合遂究其玄微，得度世。"

　　古迹幽魂的伤怀，在鬼诗里多姿多彩，风格各异。《太平广记》卷三二八引《灵怪集》：

> 唐太宗征辽，行至定州，路侧有一鬼，衣黄衣，立高冢上，神采特异。太宗遣使问之，答曰："我昔胜君昔，君今胜我今。荣华各异代，何用苦追寻！"言讫不见。问之，乃慕容垂墓。

　　慕容垂是十六国时期后燕的建立者，鲜卑族，公元 384—396 年在位。他的鬼魂劝告唐太宗不要苦苦追求荣华，因为荣华是不会长在的。既有自己的感伤，也寓有劝诫的意味。

　　《太平广记》卷三四三引《宣室记》中的一段故事尤其有趣，今节录如下：

> 元和初，有进士陆乔者，好为歌诗。丹阳所居有台沼，号为胜境。一夕，一丈夫扣门，仪状秀逸，谈议朗畅。因请其名氏，曰沈约也。沈复邀范仆射云，共相谈谑。久之，沈又召其爱子青箱来，年可十余岁，风貌明秀。沈曰："此子亦好为诗，近从吾与仆射同过台城，因命为《感旧》，援笔立就，甚有可观。"即讽之曰：
>
> 六代旧江川，兴亡几百年。繁华今寂寞，朝市昔喧阗。夜月琉璃水，春风卵色天。伤时与怀古，垂泪国门前。

沈约和范云都是南朝齐梁的著名文学家。台城是东晋、南朝台省（中央政府）和宫殿所在地，侯景之乱，梁武帝饿死于此。故址在今南京市鸡鸣寺南乾河沿北。这首诗表现了抚今追昔的沧桑之感，"夜月"一联尤觉峭奇。《全唐诗》卷八六六录有故台城妓诗，首二句曰："歌罢玉楼月，舞残金缕衣。"同是咏台城，又别有意趣。

《苕溪渔隐丛话》前集卷五八引《夷坚志》，后蜀二宫姜诗，是另一种风格：

> 晚雨帘纤梅子黄，晚云卷雨月侵廊。树阴把酒不成饮，识着无情更断肠。

> 旧时衣服尽云霞，不到迎仙不是家。今日楼台浑不识，只因古木记宣华。

诗中所谓"宣华"，指蜀后主在摩诃池上所建宣华殿，其故地在今成都市郊。昔日之宫姜，今日之孤魂。如果不是凭借那古树，她们连原先的楼台都认不出来了。

其他古迹幽魂的伤怀之作还有不少，如西施、甄后、张丽华、孔贵嫔，以及南唐后主李煜等都有诗作，就不一一列举了。

鬼诗里颇有一些辞采警拔之作，常常得到著名诗人的赞赏。《苕溪渔隐丛话》前集卷五八记载了黄山谷、苏东坡喜欢的一些鬼诗。上面所举的《襄阳旅殡举人诗》，黄山谷就喜道之。而黄山谷、苏东坡、张文潜三人论说鬼诗的故事尤其有趣。胡仔《苕溪渔隐丛话》前集卷五八：

> 王直方《诗话》云："明月清风，良宵会同。星河易翻，欢娱不终。绿樽翠杓，为君斟酌。今夕不饮，何时欢乐。"此《广记》所载鬼诗也。山谷云："当是鬼中曹子建所作。"翰林苏公以为然。又一篇云："玉户金钉，愿陪君王。邯郸宫中，金石丝簧。郑女卫姬，左右成行。纨绮缤纷，翠眉红妆。王欢转盼，为王歌舞。愿得君欢，长无灾苦。"苏公以为"邯郸宫中，金石丝簧"，此两句不惟人少作，而知之者亦极难得耳。醉中为余书此。张文潜见坡、谷论说鬼诗，忽曰："旧时鬼作人语，如今人作鬼语。"二公大笑。

上面说过，鬼诗其实都是人之所为，有意无意假托鬼而已。既然假借鬼言，必须表现想象中鬼的生活、感情方能成为佳作。这样也就无形中形成鬼诗的艺术特色。概括地说，其特色有以下几点：一是语言幽怨，如泣如诉；二是意象幽冷，峭奇生僻；三是意境幽清，缥缈恍惚。兹举两首为例，略加评析。《全唐诗》卷八六五载巴峡鬼《夜吟》：

> 秋径填黄叶，寒摧露草根。猿声一叫断，客泪数重痕。

时当深秋，地处三峡，小径上填满了黄叶，枯萎的草根露出地面。峡谷间传来一阵阵哀猿的啼声，呼唤着客泪的涌流。每一声猿啼的断歇，都添加了客泪的几重新痕。这里的"客"，既指那客死于巴峡的鬼自己，也可以指那些离乡远行抑郁忧愁的游子。诗的语言质朴，"秋径""黄叶""草根""猿声""客泪"，这些幽冷的意象构成一个幽清的意境，的确是一首五言的佳作。

《全唐诗》卷八六六载张仁宝《题芭蕉叶上》诗：

> 寒食家家尽禁烟，野棠风坠小花钿。如今空有孤魂梦，半在嘉陵半锦川。

张仁宝素有才学，年少而逝，权殡于外，寒食那天魂归家门，题诗于芭蕉叶上。首句点寒食，寒食后一日即是清明，那是扫墓祭奠的日子，客死他乡之鬼也会格外想家。次句写景，野外的棠花被风吹落，那小小的棠花宛若女人的小小的花钿。这固然是写寒食的景色，但从那细腻的笔触中不是也能感到有一种对"生"的依恋吗？第三句转入悲叹，他依恋着"生"，却已不可能回生了。如今只有梦一般的孤魂，了无依托。孤魂何在？第四句作了回答。他是"自成都归葬阆中，权殡东津寺"。阆中在嘉陵江畔，成都在濯锦江畔，所以说"半在嘉陵半锦川"。这是希望家人快点将他接回呢，还是表达自己对家乡的思念呢？也许两者都有。这首诗的构思完整，意境鲜明，不落俗套，可以说是鬼诗中的压卷之作了。

　　除了诗以外，还有鬼词。如《苕溪渔隐丛话》后集卷三八引《云斋广录》所载苏小小《蝶恋花》,《全宋词》据《夷坚志》所录李长卿女之鬼李季萼《木兰花》等，限于篇幅，不再介绍了。

　　鬼爱吟诗其句多悲，鬼的凄苦反映了人世的凄苦。从鬼诗这个角度，看到的仍然是人世间悲凉的一面。

长江文化漫议

　　长江文化的范围很广泛，统而言之，凡长江流域之文化皆可曰长江文化；析而言之，则又有地段之别，可分为巴蜀文化、荆楚文化和吴越文化，这恰好与长江之上游、中游、下游相匹配。

　　巴蜀文化发祥很早，东晋常璩所撰《华阳国志》十二卷，系统地记述了从远古到东晋穆帝永和三年的巴蜀史事，包括巴、汉中、蜀等十二志在内，是研究巴蜀文化的重要史料。近年来，考古学界颇为关注的三星堆文化的时代虽然还不能确定，但是可以说是早期巴蜀文化的代表。传说中的蚕丛及鱼凫这两个古国，以及化为杜鹃的望帝，都引发我们对古代巴蜀的向往之情。三国时期刘备建立蜀国，积聚人才，制定制度，是巴蜀文化发展的一个高峰，并为此后巴蜀文化的进一步发展奠定了坚实的基础。这期间诸葛亮的贡献很大，《三国志·蜀书·诸葛亮传》中指出："外连东吴，内平南越，立法施度，整理戎旅，工械技巧，物究其极，科教严明，赏罚必信，无恶不惩，无善不显，至于吏不容奸，人怀自厉，道不拾遗，强不侵弱，风化肃然也。"这段话是对诸葛亮功绩的中肯评价，也是对蜀国文化进步的一种描述。

巴蜀凭借其地理条件，农业以及与农业有关的水利工程发展得很早。从战国初期就已开始了治理岷江的水利工程，到秦昭王时蜀郡守李冰父子因地制宜、因势利导建成都江堰排灌水利工程，标志着巴蜀科学技术发展的高度。《史记·河渠书》曰："蜀守冰凿离碓，辟沫水之害，穿二江成都之中。此渠皆可行舟，有余则用溉浸，百姓飨其利。至于所过，往往引其水益用溉田畴之渠，以万亿计，然莫足数也。"由于这项工程，四川成为"天府之国"，《华阳国志》曰："于是蜀沃野千里，号为'陆海'。旱则引水浸润，雨则杜塞水门，故记曰：水旱从人，不知饥馑，时无荒年，天下谓之'天府'也。"蜀中的印刷业发达很早，1944年在成都唐墓中出土的成都府成都县龙池坊卞家刻本《陀罗尼经咒》是一件刻印精工的有图有文的印刷品，由此证明早在唐代，蜀中已有比较发达的印刷业了。后蜀宰相毋昭裔曾主持刊刻《九经》《文选》《初学记》《白氏六帖》等大部头的书籍，证明蜀中已经成为雕版印刷术的中心。到了南宋，以成都和眉山为中心出现一些书坊，除大量翻印监本经史外，还刊行了许多著名文学家的诗文集，刻工十分精美，这些刻本统称蜀刻本。蜀中印刷术的发达，一方面说明当时有文化传播的需要，另一方面又促进了当地文化的进一步发达。

巴蜀是文化高度发达的地区，汉代出现了司马相如、扬雄这样的大文学家。唐代则出现了陈子昂、李白这类才情豪迈的诗人，使人不得不对巴蜀另眼相看。正如魏颢《李翰林集序》一开头所说："自盘古划天地，天地之气，艮于西南。剑门上断，横江下绝，岷峨之曲，别为锦川。蜀之人无闻则已，闻则杰出，是生相如、君平、王褒、扬雄，降有陈子昂、李白，皆五百年矣。"五代时期的后蜀成为词人集中、词的创作高度发达的地区，赵崇祚辑录了晚唐五代温庭筠、皇甫松、韦庄、薛昭蕴、牛峤等十八家词五百余首，编为《花间集》，这是我国最早的一部词集。《花间集》的词风大体一致，后世因称为花间词人。其中除了温庭筠、皇甫松和孙光宪以外，都是蜀地的文人。宋代的苏洵、苏轼、苏辙是眉州眉山人，他们已成为蜀中文化的代表。欧阳修《故霸州文安县主簿苏君墓志铭》曰："有蜀君子曰苏君，讳洵，字明允，眉州眉山人也。……当至和、嘉祐之间，与其二子轼、辙偕至京师，翰林学士欧阳修得其所著书二十二篇，献诸朝。书既出，而公卿士大夫争传之。其二子举进士，皆在高等，亦以文学称于时。眉山在西南数千里外，一日父子隐然名动京师，而苏氏文章遂擅天下。"这段话说明了苏氏父子在当时文坛上崇高的地位。明清两代，蜀中文化依然保持在相当高的发展水平上，出现了许多政治家、学者和文学家，他们的姓名就不必一一列举了。

巴蜀文化孕育在长江上游三峡以上一个相对封闭的环境之

中，固然容易形成相对的独立性，但是蜀人并不保守，巴蜀文化很早就跟中原文化和长江中下游的文化发生了密不可分的关系。以文学而论，蜀中是极好的文学摇篮，蜀中的文人不出三峡则已，一出三峡与其他地区的文化相交融，则充分显示其才华而成为文坛上的主将，司马相如、扬雄、李白、苏轼，莫不如此。

荆楚文化发祥也很早，据《史记·楚世家》记载："楚之先祖出自帝颛顼高阳。高阳者，黄帝之孙，昌意之子也。"荆楚文化以原楚国的辖地为中心，向周围辐射。这段长江有众多的支流河汉，以及洞庭、鄱阳两个大湖，古代还有广袤的云梦泽。大片的水域、潮湿的气候以及巫山的风云变幻，正是酿造神话，进而形成富有幻想色彩的文学艺术的好土壤，从宋玉的《高唐赋》《神女赋》就不难看出这一点。《高唐赋》说："昔者楚襄王与宋玉游于云梦之台，望高唐之观。其上独有云气，崪兮直上，忽兮改容，须臾之间，变化无穷。王问玉曰：'此何气也？'玉对曰：'所谓朝云者也。'"中国第一位大诗人屈原就是楚国人，他的作品可以视为荆楚文化的代表。王逸《楚辞章句·九歌》曰："昔楚国南郢之邑，沅湘之间，其俗信鬼而好祠，其祠必作歌乐鼓舞以乐诸神。"又《楚辞章句·天问》曰："屈原放逐，忧心愁悴。彷徨山泽，经历陵陆。嗟号昊旻，仰天叹息。见楚有先王之庙及公卿祠堂，图画天地山川神灵，琦玮谲诡，及古贤圣怪物行事。"这两段话既说出了楚地的风俗民情、《楚辞》产生的地理环境，也告诉我们荆楚文化的浪漫特点。荆楚一带也不缺少思想家，老子和庄子就是卓越的代表，他们崇尚自然的思想影响中国文化至深。老子是楚国苦县人；庄子是战国时蒙人，楚威王曾聘他为相，他继承老子的思想又有所发展，显然属于荆楚文化系统。《庄子》一书的文笔汪洋恣肆，富有浪漫情调，这和荆楚文化的总体特征是吻合的。

汉代以来荆楚与中原有了更广泛的交流，其文化也更加蓬勃地发展起来。汉代淮南王刘安周围聚集了一批赋家，成为赋的中心之一。近年来在湖北湖南一带汉墓出土的竹简、编钟等大量文物，进一步证明了荆楚文化发展的程度。二十世纪七十年代初期在湖南长沙发掘了三座汉墓，即所谓马王堆汉墓，其中出土的大量珍贵文物，反映了汉代科学技术和文化艺术高度的水平，引起国内外学者的注意。东晋南朝期间，在这里出现了陶渊明等许多杰出的文学家，陶渊明隐居在家乡浔阳，亲自参加耕作，描写田园风光和田园生活，成为"古今隐逸诗人之宗"。慧远所在的庐山是佛教净土宗的中心，其影响十分深远。在唐代，黄鹤楼、岳阳楼和滕王阁，成了诗人经常登临吟咏的场所。李白、杜甫这两位伟大的诗人不但在这里留下了足迹和许多优秀的诗篇，而且他们恰好都是在这片土地上告别了人世。湖北襄阳人孟浩然，是盛唐山水田园诗派的主要作家之一。到了宋代，江西诗派崛起，成为宋代最有影响的足以代表宋诗特点的诗派。江西诗派的领袖黄庭坚以及这个诗派的许多中坚人物都是江西人。此外，宋代著名作家中晏殊、欧阳修、王安石、曾巩、杨万里、姜夔也是江西人。文天祥这样著名的爱国志士也是江西人。江西在有宋一代大量而集中地出现杰出人物，真是应验了"人杰地灵"这句话。

吴越文化分布在长江下游，起源很早，上古的发现姑且不论，仅就《吴越春秋》和《史记》而言，其中都有关于早期吴越文化的记载。据《史记·吴太伯世家》记载，吴太伯本是从中原迁往南方长江下游的，"自太伯作吴，五世而武王克殷，封其后为二：其一虞，在中国；其一吴，在夷蛮。十二世而晋灭中国之虞。中国之虞灭二世，而夷蛮之吴兴"。可见吴文化是中原文化和所谓夷蛮文化交融的产物。《史记·越王勾践世家》曰："越王勾践，其先禹之苗裔。"越国和吴国接壤，这两个诸侯国结为世仇互相斗争，在斗争中交流了文化，使之趋于一致。

吴越文化在三国时期有了突飞猛进的发展，吴国占据地理的优势，与曹魏抗衡，一度达到繁荣的地步。东晋南朝以建康为首都，对于吴越的开发起了很大的作用。南迁的许多世族寄居吴越一带，在许多领域都创造了极其精致的文化。谢灵运开创了山水诗的新局面，刘义庆编纂《世说新语》，萧统编纂《文选》，他们都为中国文学作出了重要的贡献。王羲之的书法，他和朋友们在兰亭的聚会以及这次聚会所留下的那篇《兰亭集序》，是中国文化史上具有永恒魅力的话题。隋唐两代吴越文化进一步发展，由于大运河的开通，扬州成为全国的商业中心和海上丝绸之路的重要港口。东渡弘扬佛法的鉴真和尚就出生在扬州，在扬州大明寺任住持。扬州、金陵、苏州等地也是唐诗中反复吟咏的地方，越东一带成了诗人们很感兴趣的一条游览路线，就连一向较少出门的孟浩然也有一次越东之游。在宋代，吴越一代文化高度繁荣。北宋著名的科学家沈括就是杭州钱塘人，他的《梦溪笔谈》中三分之一的内容是关于中国古代科学技术的，涉及工程技术、活版印刷术、天文、地理、气象、数学、物理、化学等许多学科。南宋建都临安（今杭州）后，这里更成为全国政治、文化的中心。国子监重建于杭州以后，翻刻了许多书籍，称为建本。这对推动当时文化的普及与发展起了很重要的作用。杭州的市井说唱艺术也很发达，说唱艺术的场所"瓦子"的数量比北宋时的汴梁还多，说话艺人的数量不但多而且分工更细。在元代后期，杭州成为杂剧的中心，也是发源于温州的南戏的中心，许多动人心魄的戏剧都在这里演出。著名的南戏作品《琵琶记》的作者高则诚就是浙江瑞安人。

明朝建国之初曾定都于南京，后来虽迁都北京，但南京作为南方的政治文化中心的地位并没有改变。明清以来吴越地区手工业、商业和对外贸易迅速发展，文化也得到远比其他地区迅猛的发展。郑和率领的庞大船队第一次下西洋就是从苏州的刘家河出发的，这标志着当地的造船业居于世界领先的地位。在明清两代，尤以苏州、杭州、常州文化为盛。这些地方的文人辈出，他们的姓名不胜枚举，如刘基、高启、文徵明、徐渭、王世贞、冯梦龙、顾炎武、吴承恩、钱谦益、吴伟业、洪昇、朱彝尊、沈德潜、郑燮、袁枚、赵翼等等都是这里的人，他们在文学、哲学、史学、艺术等许多领域里都起着举足轻重的作用。兴起于明代的昆曲，是在江苏昆山地区发展起来的，它盛行了几百年之久，在艺术上所取得的成就，得到世界的公认。到了近代，这里较早与西方文化接触，开风气之先，较早向近代文化转化，上海也就在这种情况下成为新的文化重镇。

除了地段的特点外，长江文化的发展也有其时段性。就古代而言，孙吴的建立、东晋的建立、安史之乱和南宋的建立，是长江文化突飞猛进的四个起点。到了近代，长江流域特别是吴越地区由于对外交流开展较早，占有更加优越的经济地位，相应地这个地区的文化也出现了新的相对开放的面貌，而格外引人注意。在这里不必将每个时期长江流域的发展状况逐一叙述，兹仅就晋室南迁前后的情况略加说明。从晋惠帝末年"八王之乱"到晋室南迁，人口大量从中原南迁，据《晋书·李特载记》载："元康中，氐齐万年反，关西扰乱，频岁大饥，百姓乃流移就谷，相与入汉川者数万家。""流人十万余口，非汉中一郡所能振赡，东下荆州，水湍迅险，又无舟船。蜀有仓储，人复丰稔，宜令就食。"另据《晋书·王导传》："俄而洛京倾覆，中州士女避乱江左者十六七。"从这两条材料可以看出，当时从中原迁到蜀中和江左的人口数量众多，这些人对长江流域的开发起了巨大的作用。《宋书·孔季恭等传》史臣曰："自晋氏迁流，迄于太元之世，百许年中，无风尘之警，区域之内晏如也。及孙恩寇乱，歼亡事极，自此以至大明之季，年逾六纪，民户繁育，将曩时一矣。地广野丰，民勤本业，一岁或稔，则数郡忘饥。会土带海傍湖，良畴亦数十万顷，膏腴上地，亩直一金，鄠、杜之间，不能比也。荆城跨南楚之富，扬部有全吴之沃，鱼盐杞梓之利，充仞八方；丝绵布帛之饶，覆衣天下。"这段记载充分说明东晋以来长江流域经济的迅速发展。

我们还可以将长江文化与黄河文化做个对比。黄河文化的重心有一个从西向东迁移的过程，这只要从首都的迁移就可以看出来，由咸阳、长安，到洛阳、开封，再到北京，迁移的趋势很明显。但是长江文化的三个地段相互之间基本上是平行发展的，看不到明显的文化迁徙的现象。只是到了近代由于海上对外文化交流发达，地处长江下游的吴越文化发展的速度更快一些而已。

总之，长江文化的发展既有地段性，也有时段性。研究长江文化，如能区分地段与时段，则可以更加深入。

关于中国文学史的理论思考

一

　　中国古代的史学家和文学家早已注意到文学的发展与变迁，并作了许多论述。这些论述散见于史书、目录学著作、诗文评、文学总集或选集的作家小传中，在一些序跋、题记及其他文章中也有所涉及。①

　　就现在所能看到的资料而言，史家的记述是比较早的。司马迁的《史记·屈原贾生列传》不但为屈原、贾谊这两位文学家立传，而且笔墨涉及宋玉、唐勒、景差等屈原之后贾谊之前的辞赋

---

① 黄霖《近代文学批评史》第九章"中国文学史学"将中国古代"具有文学史性质的作品"按体例分为六类：题辞体、传记体、时序体、品评体、派别体、选录体。此外，"还有一类侧重在论述文学史有关原理的论著，如《文心雕龙》中的《通变》及叶燮的《原诗》等"（《近代文学批评史》，上海古籍出版社 1993 年版，第 754—755 页）。

家，已经算是有了文学发展过程的初步描述。此后，东汉班固在《汉书·司马迁传赞》中对司马迁《史记》以前史官之文的发展过程有简单的追述；齐梁时的沈约在《宋书·谢灵运传论》中，回顾了南朝宋以前诗歌的发展历程，可以看成是关于诗歌史的比较详细的论述。南朝宋范晔撰《后汉书》，始创《文苑传》，将二十二位文学上有成就的人的传记合在一起，按时代先后排列，提供了文学发展的线索。此后，一些正史中的《文苑传》或《文艺传》，大都沿袭《后汉书》的体例。在目录学著作方面，班固在刘歆《七略》的基础上撰成《汉书·艺文志》，其中的《诗赋略论》对诗和赋的发展有初步的描述。此后，一些目录学著作，如《隋书·经籍志》《旧唐书·经籍志》《新唐书·艺文志》大都继承《汉书·艺文志》的传统，在著录书目的同时考辨源流。清纪昀《四库全书总目提要》可算是这类书中的集大成者。在诗文评方面，梁刘勰《文心雕龙》中《明诗》以下二十篇论及许多文体的形成过程，《时序》等篇也有关于文学发展的精彩论述。梁钟嵘的《诗品序》，对文学的发展作了相当详细的论述。此后，在一些诗话、词话，以及诗纪事、词纪事之类的书中，也有关于诗词发展的论述①。

此外，东汉郑玄《诗谱序》追述诗歌的起源，历数周文王、周武王、周成王以至懿王、夷王、厉王、幽王时政治的变迁与诗

---

① 如［宋］严羽《沧浪诗话》、［宋］计有功《唐诗纪事》、［明］胡应麟《诗薮》、［清］叶燮《原诗》、［清］厉鹗《宋诗纪事》、［清］张宗橚《词林纪事》等。

歌的关系，从政治的角度对诗歌的发展作了较细致的描述。西晋挚虞的《文章流别论》从文体流变这个新的角度，论述了文学的发展。唐白居易的《与元九书》对《诗》《骚》以来诗歌发展的历程作了总结。宋李清照的《词论》追述了词的发展概况。元辛文房的《唐才子传》为三百九十八位唐代诗人作传，间有评论，从中可以看出唐诗发展的因革流变。明张溥所辑《汉魏六朝百三名家集》的题辞，已经勾勒出汉魏六朝文学发展的脉络。清钱谦益的《列朝诗集小传》，对明代诗人一千六百余家作了评述。清代所修《全唐诗》，为唐代诗人逐一作了简介，从中可以看到唐代诗歌的发展线索。

毫无疑问，上述种种著述都是我们今天撰写文学史应当借鉴的。然而，这些还不能算是对文学发展过程的系统完整的论述，因而还不是专门的文学史著作，更不能说已经建立了独立的文学史学科。中国学者所写的文学史著作，是二十世纪初受了外国的影响才出现的，一般认为林传甲在京师大学堂编写的讲义《中国文学史》为滥觞之作[1]。谢无量的《中国大文学史》[2]、胡适的《白

---

[1] 本书是林传甲于光绪三十年（1904）在京师大学堂师范馆任国文教员时所编的讲义，有宣统二年（1910）六月武林谋新室排印本，书名前冠以"京师大学堂讲义"。全书分为 16 篇，其内容不限于文学，还包括文字学、音韵学、训诂学、修辞学、群经文体、诸史文体、诸子文体等。

[2] 谢无量：《中国大文学史》，上海中华书局 1918 年版。

话文学史》上卷①、郑振铎的《插图本中国文学史》②、刘大杰的《中国文学发展史》③、中国科学院文学研究所的《中国文学史》④、游国恩等主编的《中国文学史》⑤，分别代表了二十年代、三十年代、四五十年代、六十年代文学史著作所能达到的成就。王国维的《宋元戏曲史》⑥、鲁迅的《中国小说史略》⑦，在分体文学史中是最早的、最有影响的著作。

由此我们可以说，进入二十世纪以后，特别是二三十年代以后，文学史才成为一门独立的学科。然而，各家对这门学科的理解并不相同，因此文学史的写法也有很大差异。只要是严肃的学术研究，因不同的理解与不同的写法而形成各自的特色，都可以从不同的方面丰富和完善文学史这门学科。即使现在或将来，也不可能只有一种理解、一种模式、一种写法，而只能是百家争

---

① 胡适：《白话文学史》（只有上卷），上海新月书店1928年版。

② 郑振铎：《插图本中国文学史》，北平朴社出版部1932年版。

③ 刘大杰：《中国文学发展史》，中华书局于1941年出版上卷，1949年出版下卷。全书由古典文学出版社于1957年重版。1963年7月中华书局上海编辑所出版新1版。

④ 中国科学院文学研究所中国文学史编写组的《中国文学史》，是供高等学校文科有关专业使用的教材，人民文学出版社1962年版。

⑤ 游国恩、王起、萧涤非、季镇淮、费振刚主编的《中国文学史》，是高等学校文科教材，人民文学出版社1963年版。

⑥ 王国维：《宋元戏曲史》，上海商务印书馆1915年版。

⑦ 鲁迅的《中国小说史略》，是作者1920年至1924年在北京大学讲授中国小说史课程时的讲义，由北京新潮社于1923年印行上卷，1924年印行下卷。北京北新书局于1925年印行合订本。

鸣、百花齐放。

那么，我们对文学史是怎样理解的呢？我们认为：文学史是人类文化成果之一的文学的历史。

这是一个最朴实无华的、直截了当的回答，意思是强调：文学史是文学的历史，文学史著作要在广阔的文化背景上描述文学本身演进的历程。它包括以下几方面的意思：

把文学当成文学来研究，文学史著作应立足于文学本位，重视文学之所以成为文学并具有艺术感染力的特点及其审美价值。当然，文学的价值在很大程度上取决于它反映现实的功能，这是没有问题的，但这方面的功能是怎样实现的呢？是借助语言这个工具以唤起接受者的美感而实现的。一些文学作品反映现实的广度与深度未必超过史书的记载，如果以有"诗史"之称的杜诗和两《唐书》(《旧唐书》和《新唐书》)、《资治通鉴》相比，以白居易的《卖炭翁》与《顺宗实录》里类似的记载相比[1]，对此就不难理解了。但后者不可能代替前者，因为前者是文学，具有审美的价值，更能感染读者。当然也可以以诗证史，将古代文学作品当成研究古代社会的资料，从而得出很有价值的成果，但这并不

---

[1] 韩愈《顺宗实录》卷二："旧事：宫中有要市外物，令官吏主之，与人为市，随给其直。贞元末，以宦者为使，抑买人物，稍不如本估。末年，不复行文书，置'白望'数百人于两市并要闹坊，阅人所卖物，但称'宫市'，即敛手付与，真伪不复可辨……名为'宫市'，而实夺之。尝有农夫以驴负柴至城卖，遇宦者称'宫市'取之，才与绢数尺。又就索'门户'，仍邀以驴送至内。农夫涕泣，以所得绢付之，不肯受。……"(《昌黎先生外集》卷七，清同治己巳江苏书局重刊东雅堂本)。

是文学史研究，文学史著作必须注意文学自身的特性。

紧紧围绕文学创作来阐述文学的发展历程。文学史研究有几个层面，最外围是文学创作的社会政治、经济背景。背景研究很重要，这是深入阐释文学创作的一把必不可少的钥匙。但社会政治、经济背景的研究显然不能成为文学史著作的核心内容，不能将文学史写成社会发展史的图解。第二个层面是文学创作的主体即作家，包括作家的生平、思想、心态等。应当充分重视作家研究，但作家研究也不是文学史著作的核心内容，不能将文学史写成作家评传的集成。正史里的《文苑传》《文艺传》不是现代意义上的文学史。第三个层面是文学作品，这才是文学史的核心内容。因为文学创作最终体现为文学作品，没有作品就没有文学，更没有文学史。换句话说，文学史著作的核心内容就是阐释文学作品的演变历程，而前两个层面都是围绕着这个核心的。

与文学创作密切相关的是文学理论、文学批评和文学鉴赏。文学理论是指导文学创作的，文学批评和文学鉴赏是文学创作完成以后在读者中的反应。文学的发展史是文学创作和文学理论、文学批评、文学鉴赏共同推进的历史。这并不是说要在文学史著作里加进许多文学理论、文学批评和文学鉴赏的内容，在文学理论史和批评史已经成为一门独立学科的今天，撰写文学史更没有必要这样做了。我们只是强调撰写文学史应当关注文学思潮的发展演变，用文学思潮来解释文学创作，并注意文学的接受，引导读者正确地鉴赏文学作品。

与文学创作密切相关的还有文学传媒。古代的文学媒体远没有今天多，只有口头传说、书写传抄、印刷出版、说唱演出等几种，但已足以引起我们的注意。文学作品依靠媒体才能在读者中起作用，不同的媒体对文学创作有不同的要求，创作不得不适应甚至迁就这些要求，在一定程度上可以说文学创作的状况是取决于传媒的。从口头流传到书写传抄，再到印刷出版，由传媒的变化引起的创作的变化很值得注意。先秦两汉文学作品之简练跟书写的繁难不能说没有关系。唐宋词的演唱方式对创作的影响显而易见。印刷术发明以后大量文献得以广泛而长久地流传，这对宋代作家的学者化，进而对宋诗以才学为诗这个特点的形成有重要的影响。宋元说话艺术对小说创作的影响，宋元戏曲的演出方式对剧本创作的影响，更不容忽视。传媒对创作的影响以及传媒给创作所带来的变化，应当包括在文学史的内容之中。

总之，文学创作是文学史的主体，文学理论、文学批评、文学鉴赏是文学史的一翼，文学传媒是文学史的另一翼。所谓文学本位就是强调文学创作这个主体及其两翼。

从某种意义上说，文学史属于史学的范畴，撰写文学史应当具有史学的思维方式。文学史著作既然是"史"，就要突破过去那种按照时代顺序将一个个作家作品论简单地排列在一起的模式，应当注意"史"的脉络，清晰地描述出承传流变的过程。文学史著作既然是"史"，就要靠描述，要将过去惯用的评价式的语言，换成描述式的语言。评价式的语言重在定性，描述式的语言重在说明情况、现象、倾向、风格、流派、特点，并予以解释，说明创作的得失及其原因，说明文学发展变化的前因后果。描述和评价不仅是两种不同的语言习惯，而且是两种不同的思维方式。描述并不排斥评价，在描述中自然包含着评价。文学史著作既然是"史"，就要寻绎"史"的规律，而不满足于事实的罗列。但规律存在于文学事实的联系之中，是自然而然的结论，而不是从外面贴上去的标签。

我们不但不排斥而且十分注意文学史与其他相关学科的交叉研究，从广阔的文化学的角度考察文学。文学的演进本来就和整个文化的演进息息相关，古代的文学家往往兼而为史学家、哲学家、书家、画家，他们的作品里往往渗透着深刻的文化内涵。因此，借助哲学、考古学、社会学、宗教学、艺术学、心理学等邻近学科的成果，参考它们的方法，会给文学史研究带来新的面貌，在学科的交叉点上，取得突破性的进展。例如，先秦诗歌与原始巫术、歌舞密不可分；两汉文学与儒术独尊的地位有很大关系；研究魏晋南北朝文学不能不关注玄学、佛学；研究唐诗不能不关注唐朝的音乐和绘画；研究宋诗不能不关注理学和禅学；保存在山西的反映金元戏曲演出实况的戏台、戏俑、雕砖、壁画是研究金元文学的重要资料[①]；明代中叶社会经济的变化所带来的新

---

① 如山西省侯马市金代董氏墓中后壁上端砖砌戏台与戏俑、山西省稷山县马村段氏金代墓葬群中的杂剧砖雕、山西省洪洞县明应王殿元代戏曲壁画、山西省新绛县吴岭庄元墓杂剧砖雕。

的社会环境和文化气氛，是研究那时文学的发展决不可忽视的。凡此种种，都说明广阔的文化学视角对于文学史的研究是多么重要！有了文化学的视角，文学史的研究才有可能深入。

二

文学史的存在是客观的，描述文学史应当力求接近文学史的实际。但文学史著作能在多大程度上做到这一点呢？这实在是一个很大的问题。由于文学史的资料在当时记录的过程中已经有了记录者主观的色彩，在流传过程中又有佚失，现在写文学史的人不可能完全看到；再加上撰写者选用资料的角度不同，观点、方法和表述的语言都带有个性色彩，纯客观地描述文学史几乎是不可能的，总会多少带有一些主观性。如果这主观性是指作者的个性，这个性又是治学严谨而富有创新精神的，这样的主观性正是我们所需要的。如果这主观性是指一个时代大体相近的观点、方法，以及因掌握资料的多少有所不同而具有的某种时代性，那也没有什么不好。我们当代人写文学史，既是当代人写的，又是为当代人写的，必定具有当代性。这当代性表现为：当代的价值判断、当代的审美趣味以及对当代文学创作的关注。研究古代的文学史，如果眼光不局限于古代，而能够鉴古搌今，注意当代的文学创作，就会多一种研究的角度，这样写出的文学史也就对当代的文学创作多了一些借鉴意义。具有当代性的文学史著作，更有可能因为反映了当代人的思想观念而格外被后人注意。但是无论如何，决不能把主观性当作任意性、随意性的同义语。

撰写《中国文学史》应该借鉴外国的文学理论，但必须从中国文学的实际出发，不能将外国时髦的理论当成公式生搬硬套地用于解释中国文学。有志气的中国文学史研究者，应当融会中国的和外国的、传统的和现代的文学理论，从中国文学的实际出发，具体问题具体分析，以实事求是的态度阐述中国文学的历史，而不应先设定某种框架，然后往里填装与这框架相适应的资料。

文学史史料学是撰写文学史的基础性工作。[①] 所谓文学史史料学，包括与文学有关的目录学、版本学、校勘学，作家生平的考订，作品的辨伪，史料的检索等等，是以资料的鉴定和整理为目的的资料考证学。这是撰写文学史必不可少的基础性工作，没有这个基础，文学史所依据的资料的可靠性就差多了。但严格地说，文学史史料学并不完全等于文学史学。着眼于学科的分工，为了促进学科的发展，应当在文学史学之外另立一个分支学科即文学史史料学；然而就学者而言，史的论述和史料的考证这两方面不但应该而且也可以兼顾，完全不懂得史料学是很难做好文学史研究的。

---

① 近年来已有中国文学史史料学的著作出版，例如：潘树广主编《中国文学史料学》，黄山书社1992年版；徐有富主编、程千帆校阅《中国古典文学史料学》，南京大学出版社1992年版；傅璇琮主编《中国古典文学史料研究丛书》，其中穆克宏《魏晋南北朝文学史料述略》已由中华书局于1997年出版。

三

推动中国文学演进的因素，既有外部的，也有内部的。所谓外部因素是指社会经济、政治、文化的影响，民族矛盾的影响，以及地理环境的影响，等等。例如，春秋战国之际社会经济政治的大变革带来文化上的百家争鸣，与之相适应，文学也出现了繁荣局面。汉代大一统的政治背景以及汉武帝"罢黜百家，独尊儒术"的政策，对汉赋的出现和汉代散文的特点有直接的影响。汉末的黄巾起义及军阀混战，影响了建安时期一代人的思想观念，造就了建安文学的新局面。南北朝的对峙造成南北文风的不同，隋唐的统一以及唐代广泛的对外文化交流又推动了唐代文学的繁荣。宋代理学的兴起，士人入仕机会的增多，以及印刷术的发展，对宋代文学产生了重要的影响。元代士人地位低下，他们走向市井，直接推动了元杂剧的发展。明代中叶以后，商业经济繁荣，市民阶层壮大，反映和适应这种新的社会状况，文学发生了划时代的变化。清朝初年民族矛盾突出，在文学创作上也有反映。1840 年鸦片战争之后，中国沦为半殖民地半封建社会，更引起文学的重大变化。凡此种种，都是很容易理解的。

关于中国文学演进的内部因素，是一个很复杂的问题。

首先，要考虑到文学发展的不平衡。由于中国历史悠久、幅员广阔，所以中国文学发展的不平衡性特别突出。这表现在以下几个方面：

（一）文体发展的不平衡。各种文体都有一个从萌生到形成再到成熟的过程，所谓文体发展不平衡，包含这样两方面的意思：一方面，各种文体形成和成熟的时代不同，有先有后。诗歌和散文是最早形成的两种文体，早在商周时代就有了用文字记载的诗文。在中国文学的各种文体中，诗和文是基础。到了魏晋南北朝才有了初具规模的小说，唐代中期才有了成熟的小说。而到了宋金两代，出现了宋杂剧和金院本，才标志着中国戏曲的形成。以上所说是文体的大概轮廓，如果细分，骈文是魏晋以后才形成的，词到唐代中叶才形成，白话短篇小说到宋代才形成，白话长篇小说到宋元之际才形成，散曲到元代才形成。中国文学的各种体裁形成的时间相差数百年甚至一两千年，可见不平衡的状况是多么突出。另一方面，各种文体从萌生到形成再到成熟，其过程的长短也不同。例如小说，从远古神话到唐传奇，历经了极其漫长的时间；而赋的形成过程就短得多了。

（二）朝代的不平衡。各个朝代文学的总体成就是不一样的，有的朝代相对繁荣些，有的朝代相对平庸些，这很容易理解。而且各个朝代各有其相对发达的文体，例如：汉代的赋、唐代的诗、宋代的词、元代的曲、明清两代的小说。这并不是说这些朝代的其他文体不值得注意，如宋诗、清诗、清词也都很重要，但作为代表性文体还是上面所举的那些。其实在一个朝代之内文学的发展也是不平衡的，有些年代较长的朝代如汉、唐、宋、明，其初期的文学比较平庸，经过两代或三代人的努力，才达到高潮。有些小朝廷倒又可能在某种文体上异军突起，如梁、陈两代的诗，南唐和西蜀的词。

（三）地域的不平衡。[①] 所谓地域的不平衡包含两方面的意思：一是在不同的朝代，各地文学的发展有盛衰的变化，呈现此盛彼衰、此衰彼盛的状况。例如：建安文学集中于邺都；梁陈文学集中于金陵；河南、山西两地在唐朝涌现的诗人比较多，而明清两朝则比较少；江西在宋朝涌现的诗人特别多，此前和此后都比较少；江苏、浙江两地在明清两朝文风最盛，作家最多；岭南文学在近代特别值得注意。二是不同的地域有不同的文体孕育生长，从而使一些文体带有不同的地方特色，至少在形成后相当长的一段时间内是如此。例如：《楚辞》带有明显的楚地特色，五代词带有鲜明的江南特色，杂剧带有强烈的北方特色，南戏带有突出的南方特色。中国文学发展中所表现出来的地域性，说明中国文学有不止一个发源地。

中国文学发展不平衡的状况是应该充分重视的，当说明文学的演进时，应当在突出主线的同时进行立体交叉式的描述。

其次，在中国文学的演进过程中，有一些相反相成的因素，它们的互动作用值得注意。例如，俗与雅之间相互的影响、转变和推动。《诗经》中的"国风"本是民歌，经过孔子整理，到汉代被儒家奉为经典并加以解释之后，就变雅了。南朝民歌产生于长

---

① 参看袁行霈《中国文学概论》总论第三章"中国文学的地域性与文学家的地理分布"，高等教育出版社 1990 年版，第 33—47 页。

江中下游的市井之间，本是俗而又俗的文学，却引起梁陈宫廷文人的兴趣，从一个方面促成了梁陈宫体诗的产生。[1] 词在唐代本是民间通俗的曲子词，在发展过程中逐渐变得雅了起来。宋元时期当戏曲在市井的勾栏瓦舍中演唱时，本是适应市民口味的俗文学。后来的文人接过这种通俗的文学形式加以提高，遂有了《牡丹亭》《长生殿》《桃花扇》这类精致高雅的作品。在俗与雅之间，主要是俗对雅的影响和推动，以及由俗到雅的转变。由雅变俗的例子也是有的，宋代有些诗人有意地以俗为美，表面上是化俗为雅，实际上是将本来高雅的诗变俗，在俗中求得新的趣味。

俗雅之间的互动，使文学的长河陆续得到新鲜活水的补充和激荡，而保持着它的长清。

再如，各种文体的相互渗透与融合。各种文体都有其独特的体制与功能，这构成了文体之间的界限。曹丕早在《典论·论文》里就说："奏议宜雅，书论宜理，铭诔尚实，诗赋欲丽。"后来新的文体越来越多，分类越来越细，对不同文体的体制和功能的认识也越来越精确。文体辨析是一个值得注意的问题，但文体之间的融合更是一个关系到文学发展的大问题。例如诗和赋的区别本来是很明显的：诗者缘情，赋者体物；诗不忌简，赋不厌繁；诗之妙在内敛，赋之妙在铺陈；诗之用在寄兴，赋之用在炫博。但魏晋以后赋吸取了诗的特点，抒情小赋兴盛起来，这是赋的诗化；而在初唐，诗又反过来吸取赋的特点，出现了诗的赋化

----

[1] 参看商伟《论宫体诗》，《北京大学学报》（哲学社会科学版）1984 年第 4 期。

现象①，例如卢照邻的《长安古意》等。再如，词和诗不但体制不同，早期的词和诗的功能、风格也不相同。"词之为体，要眇宜修。能言诗之所不能言，而不能尽言诗之所能言。诗之境阔，词之言长。"②词本是配合音乐以演唱娱人的，是十七八岁女孩儿在绮筵之上浅斟低唱、佐欢侑酒的娱乐品。有关政治教化、出处穷达的大题目自有诗去表达。词不过是发泄诗里不能也不便容纳的感情，诗和词的界限本是清楚的。可是从苏轼开始，以诗为词，赋予词以诗的功能，诗和词的界限就在相当大的程度上模糊了。周邦彦吸取赋的写法，以赋为词，在词所限定的篇幅内极尽铺张之能事，诗和赋的疆域又在一定程度上突破了。而辛弃疾以文为词，词和文的距离也在一定程度上缩小了。又如，宋人之所以能在唐诗之后另辟蹊径，打开一个新的局面，正是他们以文为诗的结果。又如，中国的小说吸取诗词的地方很多，唐人传奇中的佳作如《莺莺传》《李娃传》《长恨歌传》等，无不带有浓厚的诗意。宋元以后的白话小说，也和诗词有密切的关系。宋代说话一般都是有说有唱，那些唱词就是诗，有的小说就叫"诗话""词话"。在中国戏曲的各种因素中，唱词占了十分重要的地位，唱词也是一种诗，离开唱词就没有戏曲了。

---

① 关于诗赋之间的关系，林庚在《略谈唐诗高潮中的一些标志》中已经提出，见《社会科学战线》1982 年第 4 期，后收入其《唐诗综论》一书，人民文学出版社 1987 年版，第 51—55 页。

② 王国维：《人间词话删稿》，见徐调孚注、王幼安校订《人间词话》（与《蕙风词话》合订），人民文学出版社 1960 年版，第 226 页。

一种文体与其他文体相互渗透与交融，吸取其他文体的艺术特点以求得新变，这是中国文学演进的一条重要途径。

又如，复古与革新之间的交替与碰撞。这是文学体裁内部的运动，主要表现在诗文的领域里。魏晋以后文学走上了自觉的道路，文学创作不断自觉或半自觉地进行着革新。在这种情况下，刘勰在《文心雕龙·通变》中专门就文学的通与变，也就是因与革、继承与创新的问题进行了论述，这已经涉及复古与革新的问题。齐梁以来诗歌过分追求声色，出现一些弊病，梁裴子野的《雕虫论》予以激烈的批评。初唐的诗人陈子昂又大声疾呼恢复汉魏风骨，成为中国文学史上第一次有影响的复古呼声。陈子昂的复古实际上是革新，促成了声色与性情的统一，是盛唐诗歌达到高峰的因素之一。到了唐代中叶，韩愈和柳宗元又在文的领域内举起复古的旗帜，反对六朝以来盛行的骈文，提倡三代两汉的古文。韩、柳的复古实际上也是革新，是在三代两汉古文的基础上建立一种与"道"合一的新的文学语言和文体。韩、柳之后古文一度衰落，骈文重新兴起，直到宋代欧阳修、苏轼等人再度提倡和写作古文，才确立了古文的不可动摇的地位。可见，复古与革新两者的互动也是中国文学演进的一条途径。

又如，文与道的离合。这主要是指文学与儒家伦理道德、儒家政治理想的关系。自从汉代确立了儒家思想的统治地位以后，文学和儒家思想的关系一直制约着文学本身的演进。文学或与道离，或与道合，离与合又有程度的不同。此外，道家思想、佛学思想以及反映市民要求的思想又先后不同程度地渗透进来，给文学以不同方向的外力，影响着文学的发展。文学适合儒家思想，出现过许多优秀的作家，如杜甫、韩愈、白居易、陆游等。文学部分离开儒家思想，也出现过许多优秀作家，如陶渊明、李白、苏轼、曹雪芹等。唐代以后围绕着文以"明道""贯道""载道"有不少论述①，"明道""贯道""载道"之类的说法，与强调独抒性灵、审美娱乐的要求，相互碰撞相互补充。当市民兴起之后，反抗封建伦理道德的思想抬头，在情与理的对立中发出一种新的呼声，从戏曲、小说里很容易听到。这些不同的因素及其互动推进了中国文学的演进。在文与道或离或合的过程中，中国文学得以演进。

四

如果将中国文学史比作一条长河，我们从下游向上追溯，它的源头是一片浑茫的云天，不可详辨。我们找不到一个起源的标志，也不能确定起源的年代。那口传时代的文学，应当是十分久远的，后来的文字记载不过是对那段美丽梦幻的追忆而已。最保守的说法，从公元前十一世纪，也就是《诗经》中的一些诗篇出现的时候起，这条长河的轮廓就已经明朗起来了，后来逐渐汇纳

---

① ［唐］柳宗元《答韦中立论师道书》："文者以明道。"［唐］李汉《昌黎先生集序》："文者，贯道之器也。"［宋］周敦颐《通书·文辞》："文所以载道也。"

支流，变得越来越宽广。这中间有高潮也有低潮，但始终没有中断过。若论文学的悠久，只有古希腊文学、古印度文学可以与中国文学相比；若论文学传统的绵延不断，任何别的国家和民族的文学都是不能与中国文学相比的。

河流有上游、中游、下游，中国文学史也可以分成上游、中游、下游，这就是上古期、中古期、近古期。^①三古之分，是中国文学史大的时代断限。在三古之内，又可以细分为七段。

三古、七段的具体划分如下：

上古期：先秦两汉（公元三世纪以前）

　　　第一段：先秦

　　　第二段：秦汉

中古期：魏晋至明中叶（公元三世纪至十六世纪）

　　　第三段：魏晋至唐中叶（天宝末）

　　　第四段：唐中叶至南宋末

　　　第五段：元初至明中叶（正德末）

近古期：明中叶至五四运动（公元十六世纪至二十世纪初期）

　　　第六段：明嘉靖初至鸦片战争（1840）

　　　第七段：鸦片战争至五四运动（1919）

---

① 郑振铎《插图本中国文学史》也将中国文学分为三期：古代文学、中世文学、近代文学。其所谓中世文学"开始于晋的南渡，而终止于明正德的时代，其时间凡一千二百余年（公元317—1521）"。其所谓近代文学"开始于明世宗嘉靖元年（公元1522），而终止于五四运动之前（民国七年，公元1918年）。共历时三百八十余年"。

三古、七段说主要着眼于文学本身的发展变化，体现文学本身的发展变化所呈现的阶段性，而将其他的条件如社会制度的变化、王朝的更替等视为文学发展变化的背景。将文学本身的发展变化视为断限的根据，而将其他的条件视为断限的参照。一种根据，多种参照，也许最适合于描述整个中国文学发展的历史过程。文学发展变化的阶段性可以和社会制度的变化以及王朝的更替相重合，但社会制度的变化或王朝的更替，只是导致文学变化的重要原因，而不是这变化的事实本身。

所谓文学本身的发展变化，可以分解为以下九个方面：第一，创作主体的发展变化；第二，作品思想内容的发展变化；第三，文学体裁的发展变化；第四，文学语言的发展变化；第五，艺术表现的发展变化；第六，文学流派的发展变化；第七，文学思潮的发展变化；第八，文学传媒的发展变化；第九，接受对象的发展变化。三古、七段就是综合考察了文学本身这九个方面的因素，并参照社会条件，而得出的结论。以往研究文学史，对文学传媒和接受对象这两方面很少注意，尚不足以对文学的发展变化作出全面的考察。文学传媒和接受对象深刻地影响着文学的创作，实在是不容忽视的。

（一）上古期

上古期包括先秦、秦汉。

我们首先注意到中国文学的各种体裁几乎都孕育于这个时

期。散文可以追溯到甲骨卜辞；诗歌可以追溯到《诗经》《楚辞》和汉乐府；小说可以追溯到神话传说，《左传》《史记》等历史散文，以及诸子散文中的寓言故事；辞赋可以追溯到《楚辞》。骈文中对偶的修辞手法，在这个时期也已出现；就连戏曲的因素在《九歌》中也已有了萌芽。其次，中国文学的思想基础也是孕育于上古期的。特别是儒道两家的思想影响着此后几千年作家的世界观、人生观和价值观。第三，中国的文学思潮以儒道两家为主，儒家注重文学的社会功能，道家注重文学的审美价值，这在上古期也已经形成了。影响着整个中国文学的一些观念，如"诗言志""法自然""思无邪""温柔敦厚"等等，都是在这个时期提出来的。第四，从文学的创作、传播、接受来看，士大夫作为创作的主体和接受对象，文字作为传播的主要媒介，中国文学的这个基本格局也是在上古期奠定的。直到宋代出现了市民文学，才使这个格局发生了变化。

上古期的第一段是先秦文学。在这个阶段，文学的创作主体经历了由群体到个体的演变，《诗经》里的诗歌大都是群体的歌唱，从那时到中国文学史上第一位诗人屈原出现，经过了数百年之久。上古巫史不分，史从巫中分化出来专门从事人、事的记录，这是一大进步。而士的兴起与活跃，对文学的发展又起了关键性的作用。先秦文学的形态，一方面是文史哲不分，另一方面是诗乐舞结合，这种混沌的状态成为先秦的一大"景观"。所谓文史哲不分，是就散文这个领域而言，在讲先秦散文时我们无法排除《尚书》《左传》《国语》《战国策》等历史著作，也无法排除《周易》《老子》《论语》《孟子》《庄子》等哲学著作，那时还没有纯文学的散文。至于诗歌，最初是和音乐、舞蹈结合在一起的，《吕氏春秋》里记载的葛天氏之乐①，以及《尚书·尧典》里记载的"击石拊石，百兽率舞"②，都是例证。《诗经》《楚辞》中的许多诗歌也和乐舞有很大关系。风、雅、颂的重要区别就是音乐的不同，据《史记·孔子世家》，《诗》三百五篇都可以和乐歌唱。《楚辞》中的《九歌》是用于祭祀的与乐舞配合的歌曲。

秦汉文学属于上古期的第二段，秦汉文学出现了不同于先秦文学的一些新的特点。首先是创作主体的处境有了变化，战国时代游说于列国之间的士，聚集到统一帝国的皇帝或诸侯王周围，形成若干作家群体，他们以歌功颂德或讽喻谲谏为己任。如武帝时的司马相如、东方朔，吴王刘濞门下的枚乘、邹阳。这些"言语侍从之臣"正好成为大赋这种汉代新兴文体的作者。与汉代大一统的政治局面相适应，汉代文学以大为美，铺张扬厉成为风尚。与"罢黜百家，独尊儒术"的政策相适应，汉代文学失去了先秦文学的生动活泼与多姿多彩，而形成格式化的、凝重板滞的

① 《吕氏春秋·古乐》："昔葛天氏之乐，三人操牛尾投足以歌八阕：一曰载民，二曰玄鸟，三曰遂草木，四曰奋五谷，五曰敬天常，六曰达帝功，七曰依地德，八曰总万物之极。"（陈奇猷：《吕氏春秋校释》，学林出版社 1984 年版，第 284 页）

② 《尚书·尧典》："帝曰：'夔！命汝典乐，教胄子……诗言志，歌永言，声依永，律和声，八音克谐，无相夺伦，神人以和。'夔曰：'於！予击石拊石，百兽率舞。'"（见［清］皮锡瑞《今文尚书考证》，中华书局 1989 年版，第 82-84 页）

风格。然而，对于中国诗歌来说，汉代是一个极其重要的朝代。《诗经》那种四言的躯壳到汉代已经僵化了，楚辞的形式转化为赋，汉代乐府民歌却以一种新的姿态、新的活力，先是在民间继而在文人中显示了不可抗拒的力量，并由此酝酿出中国诗歌的新节奏、新形式，这就是历久不衰的五七言体。

（二）中古期

中古期从魏晋开始，经过南北朝、隋唐五代、宋元，到明朝中叶为止。

为什么将魏晋作为一个新时期的开端，并将魏晋到明中叶这样长的时间划为一个中古期呢？这是考虑到以下事实：第一，这时开始了中国文学的自觉时代，并在南北朝完成了这个自觉的进程。第二，文学语言发生了划时代的变化，由古奥转向浅近。第三，这是诗、词、曲三种重要文学体裁的鼎盛期，它们分别在中古期内的唐、宋、元三朝达到了高峰。第四，文言小说在魏晋南北朝已初具规模，在唐代臻于成熟。白话短篇小说在宋元两代已经相当繁荣，白话长篇小说在元末明初也已出现了《三国志演义》《水浒传》等作品。第五，文学传媒出现了印刷出版、讲唱、舞台表演等各种新的形式。第六，文学创作的主体和对象，包括了宫廷、士林、乡村、市井等各个方面。总之，中国文学所有的各种因素都在这个时期具备了，而且成熟了。

中古期的第一段从魏晋到唐中叶。这是五七言古体诗繁荣发展并达到鼎盛的阶段，也是五七言近体诗兴起、定型并达到鼎盛的阶段。诗，占据着文坛的主导地位。文向诗靠拢，出现了诗化的骈文；赋向诗靠拢，出现了骈赋。从"三曹""七子"，经过陶渊明、谢灵运、庾信、"四杰"、陈子昂，到王维、孟浩然、高适、岑参、李白、杜甫，诗歌发展的流程清楚而又完整。杜甫既是这个阶段最后的一位诗人，又是开启下一阶段的最早的一位诗人，像一个里程碑矗立在文学史上。"建安风骨"和"盛唐气象"这两个诗歌的范式，先后在这个阶段的头尾确立起来，作为一种优秀的传统，成为后代诗人追慕的极致。这又是一个文学创作趋于个性化的阶段，作家独特的人格与风格得以充分展现。陶渊明、李白、杜甫，他们的成就都带着鲜明的个性。此外，这个阶段的文学创作，宫廷起着核心的作用，以宫廷为中心形成若干文学集团，文学集团内部成员之间相互切磋，提高了文学的技巧。以曹操为首的邺下文人集团在发展五言古诗方面的作用，齐梁和初唐的宫廷诗人在建立近体诗格律方面的作用，都是有力的证据。在这个阶段，玄学和佛学渗入文学，使文学呈现多姿多彩的新面貌。在儒家提倡文学的政治教化作用之外，玄学家提倡的真和自然，已成为作家的美学追求；佛教关于真与空的观念、关于心性的观念、关于境界的观念，也促进了文学观念的多样化。

　　中古期的第二段是从唐中叶开始的，具体地说就是以天宝末年"安史之乱"爆发为起点，到南宋灭亡为止。唐中叶以后文学发生了一些值得注意的变化：韩、柳所提倡的古文引起文学语言和文体的改革，宋代的欧阳修等人继续韩、柳的道路，完成了这次改革。由唐宋八大家共同实现的改革，确定了此后的文学语言和文体模式，一直到"五四"才被打破。诗歌经过盛唐的高潮之后面临着盛极难继的局面，诗人们纷纷另辟蹊径，经过白居易、韩愈、李贺、李商隐等中晚唐诗人的努力，到了宋代终于寻到了另一条道路。就宋诗与唐中叶以后诗歌的延续性而言，有这样两点值得注意：由中晚唐诗人开始，注重日常生活的描写，与日常生活相关的人文意象明显增多，到了宋代这已成为一种普遍的风气；由杜甫、白居易开创的反映民生疾苦、积极参与政治的传统，以及深沉的忧患意识，在晚唐一度减弱，到了宋代又普遍地得到加强。就宋代出现的新趋势而言，诗人与学者身份合一，议论成分增加，以及化俗为雅的美学追求，也很值得注意。作为宋诗的代表人物，黄庭坚与江西诗派具有比较明确的创作主张与艺术特色。苏轼、杨万里、范成大、陆游等也各以其自身的特点，与江西诗派共同构成有别于唐音的宋调。唐中叶以后曲子词迅速兴盛起来，经过晚唐、五代词人温庭筠、李煜等人之手，到了宋代遂蔚为大观，并成为宋代文学的代表。柳永、苏轼、周邦彦、李清照、辛弃疾、姜夔等人的名字也就永远镌刻在词史上了。唐中叶以后传奇的兴盛，标志着中国小说进入成熟的阶段；而在城市文化背景下，唐代"市人小说"的兴起，宋代"说话"的兴盛，则是这个阶段内文学的新发展。

中古期的第三段从元代开始，延续到明代中叶。从元代开始叙事文学占据了文坛的主导地位，这是具有重大意义的。从此，文学的对象更多地从案头的读者转向勾栏瓦舍里的听众和观众。文学的传媒不仅有写在纸上或刻印在纸上的读物，还包括了说唱扮演的艺术形式。儒生社会地位降低，走向社会下层从事通俗文学的创作，先是适应群众喜闻乐见的文学形式，继而提高这些文学形式，于是出现了关汉卿、王实甫、马致远、高明等一大批不同于正统文人的作家。元代的文学以戏曲和散曲为代表，以大都为中心的杂剧与以温州为中心的南戏，共同创造了元代文学的辉煌，而明代流行的传奇又是对元曲的继承与发展。元末明初出现了《三国志演义》《水浒传》这两部长篇白话小说，成为这个阶段的另一标志，它们的出现预示着一个长篇小说的时代到来了。

（三）近古期

明嘉靖以后文学发生了划时代的变化。这变化主要表现在以下方面：1.随着商业经济的繁荣、市民的壮大、印刷术的普及，文人的市民化和文学创作的商品化成为一种新的趋势；适应市民这一新的接受群体的需要，文学作品的内容、题材、趣味，发生了一系列的变化。同时，在表现正统思想的士大夫文学之外，反映市民生活和思想趣味的文学占据了重要的地位。《金瓶梅》的出现就是这种种现象的综合反映。2.在王学左派的影响下，创作主体的个性高扬，并在作品中以更加强烈的色彩表现出来；在文学作品中对人的情欲有了更多肯定的描述；对理学禁欲主义进行了强烈的冲击，从而为禁锢的人生打开了一扇窗户。汤显祖的《牡丹亭》所写的那种"生者可以死，死可以生"的爱情，便是一种新的呼声。晚明诗文中所表现出来的重视个人性情、追求生活趣味、模仿市井俗调的倾向，也透露出一种新的气息。3.诗文等传统的文体虽然仍有发展，但已翻不出多少新的花样。而通俗的文体显得生机勃勃，其中又以小说最富于生命力。这些通俗文学借助日益廉价的印刷出版这个媒介，渗入社会的各个阶层，并产生了广泛的影响。从以上各方面看来，明代中叶的确是一个文学新时代的开端。

从明嘉靖初到鸦片战争是近古期的第一段。明清易代是一个巨大的变化，特别是对那些汉族士人的震动极其强烈，但清代初期和中期的文学创作基本上沿袭着明代中叶以来的趋势，并没有发生巨大变化。在近古期第一段，文学集团和派别的大量涌现以及它们之间的论争，是一种值得注意的现象。在诗文方面有公安派、竟陵派、神韵派、格调派、性灵派、桐城派的主张和创作实践，在词的方面有阳羡词派、浙西词派、常州词派的主张和创作实践，甚至在戏曲方面也有以"临川派"和"吴江派"为主的两大群体的论争。在不同流派的相互激荡中，涌现出一些杰出的作家，清诗、清词取得不可忽视的成就。值得特别注意的还是戏曲、小说方面的收获。汤显祖的《牡丹亭》、洪昇的《长生殿》、孔尚任的《桃花扇》，共同达到传奇的顶峰。近古期的第一段是白话长篇小说的丰收期，吴承恩的《西游记》、兰陵笑笑生的《金瓶梅》、吴敬梓的《儒林外史》、曹雪芹的《红楼梦》，是这个阶段的巅峰之作。蒲松龄的《聊斋志异》是中国文言小说的一座高峰。

近古期的第二段是从鸦片战争开始的。与明清易代相比，鸦片战争的炮声是更大的一次震动。鸦片战争带来千古未有之变局，从此中国由封建社会沦为半殖民地半封建社会。西方文化开始涌入中国这片古老的土地，而中国许多有识之士在向西方寻求新的富国强兵之路的同时，也寻求到新的文学灵感，成为一代新的作家，龚自珍、黄遵宪、梁启超便是这批新人的代表。与社会的变化相适应，文学创作也发生了变化。救亡图存的意识和求新变于异邦的观念，成为文学的基调。文学观念也发生了变化，文学被视为社会改良的工具，在国民中最易产生影响的小说的地位得到充分肯定。随着外国翻译作品的逐渐增多，文学的叙事技巧更新了。报刊这种新的媒体出现了，一批新的报人兼而具有作家的身份，他们以报刊传播其作品，写作方法也因适应报刊这种形式的需要而有所变化。在古文的领域内出现了通俗化的报刊文体，在诗歌领域里提出了"我手写我口"这样的口号。

近古期的终结，也就是中国古代文学的终结，我们仍然划定在五四运动爆发的 1919 年。这是因为"五四"作为一次新文化运动，不仅在社会史上开启了一个新的时期，也在文学史上开启了一个新的时期。在五四运动之前虽然出现了一些带有新思想与新风格的作家，但那仍然属于古典文学的范畴。五四运动中涌现出来的那批作家才有了质的变化。我们既注意十九世纪末以来文坛发生的渐变，更注重"五四"这个大的开阖。"五四"阖上了中国数千年古典文学的门，同时打开了文学的一片崭新天地。

最后要说明的是，三古、七段说虽然打破了朝代分期，但我们仍然认为，朝代分期在目前的文学史教学和研究中符合长期以来的习惯，更便于操作。而且，朝代的更换有时也确实给文学带来了兴衰变化，汉之盛在赋，唐之盛在诗，宋之盛在词，元之盛在曲，上文已经涉及。再以唐、宋两代诗文的创作而论，随着本朝之内时间的推移，都有一个从渐盛到极盛再到渐衰的发展过程。其中似乎存在着与朝代兴衰有关的某种原因，值得我们注意。因此，朝代分期自有其不可完全替代的理由。三古、七段是我们处理中国文学史分期问题的一种新的视角，我们仍然愿意保留朝代分期作为另一种视角，并将二者结合起来，使之互相补充相得益彰。这就是说，我们主张用双视角来处理中国文学史的分期问题。因此，三古、七段说更全面的表述是：三古、七段双视角。

我的中国文化时地观

一

面对悠久的中国文化，分期是研究和描述其历史发展的关键。学术界习惯按朝代划分时期，即将朝代的更替作为分期的界限，这自有其学理的根据。就学者个人而言，专攻一个朝代的历史文化，也是很自然的。然而，改朝换代乃是政权的转移，适合于政治史，是否适合作为文化史分期的依据呢？这是我长久以来不断思考的问题。我认为，理想的分期法是依据文化自身发展的实际情况灵活处理，可以按朝代分期，也可以不按朝代分期，不可一概而论。

例如，隋唐建立统一的王朝，这既是政治分期的标志，也给文化带来新的局面。经过两百多年南北的分裂，文化的地域差异十分明显，正如魏徵《隋书·文学传序》所云："江左宫商发越，贵于清绮；河朔词义贞刚，重乎气质。"隋朝统一中国以后，特别是继之而建立的唐朝，在南北文化交融和中外文化交流这两方面实现了突破性的进展，从而使中国文化进入一个新的时期。这个时期的文化至少有两个最显著的特征。一是多元化，南方的与北方的，中国固有的与外来的，相互交融共同发展。无论在文学方面、艺术方面，还是思想方面、宗教方面、文献的整理方面，莫非如此。二是文化重心下移，从士族向庶族下移，进而开始向市民下移，这就为中国文化增添了活力。这些特征形成一种综合的效果，就是文化格外富于创造性，也格外绚丽多彩。因此，我们可以将隋唐的统一视为文化史分期的标志。

但是改朝换代又不一定能够成为文化新时期的开始，着眼于文化本身的阶段性，不必固守朝代分期的套路，这个观点在我倡议和主持编写的《中华文明史》中已有所表述。

例如，唐宋之间文化的变迁，实际上是从中唐开始的。中唐是一个值得充分重视的转折时代，思想、宗教、文学、艺术等领域莫非如此。宋代在许多方面是上承中唐的：庶族士人代替士族文人开始居于文化主体的地位；城市的繁荣和城市经济的活跃，市民文化诉求的加强；理学的兴盛；词的繁荣；等等。以上诸多方面的变化，在中唐已经开其端倪。宋初士人如王禹偁、石介等每称"二百年来"如何如何，可见他们自己也重视本朝对中唐的延续。①

　　明朝建立之初，在文化上并没有出现崭新的局面，到了明中期嘉靖（1522 年）以后，才发生了划时代的变化，其重要的标志就是商业经济的繁荣，市民的壮大，印刷术的普及，以及由此带来的城市文化形态的形成，世俗化、商业化、个性化成为一时之风气。同时王学左派兴起，张扬个性，肯定人欲，向理学禁欲主义发起冲击，为思想解放开辟了一条道路。②以上两股潮流的合力，为这个时期造成一种有别于传统的新的文明景观。一些文人带上了市民气息，文化也带上了商品色彩。而适应市民这一新的接受群体的需要，反映市民生活和思想趣味的文学占据了重要的地位，通俗的文体生机勃勃，其中又以戏曲和小说最富于生命力，它们借助日益廉价的印刷出版这个媒体，渗入社会的各个阶层，并产生了广泛的影响。《金瓶梅》的出现就是这种种现象的综合反映。文学创作主体的个性高扬，对人的情欲有了更多肯定的描述。汤显祖的《牡丹亭》所写的那种"生者可以死，死可以生"的爱情，便是一种新的呼声。晚明诗文中也透露出重视个人

---

① 曾祥波博士云："道统文统暨正统学说既然已经成为主流话语，这一学说进入诗歌，其背后隐含的那种'（中）唐—宋'的政治、文化分期观念就以'二百年'的形态表现出来……使得北宋前期诗歌能够从唐末五代诗风的自然延续中醒来，自觉地续接上中唐诗歌这一传统。"见曾祥波《从唐音到宋调：以北宋前期诗歌为中心》，昆仑出版社 2006 年版，第 43 页。

② 王艮说："百姓日用即道"。（《王心斋先生遗集》卷一《语录》）李贽说："夫天生一人，自有一人之用，不待取给于孔子而后足也"。（《焚书》卷一《答耿中丞》）

性情、追求生活趣味、模仿市井俗调的倾向。在绘画等领域里也有新变，如徐文长的泼墨大写意花卉，任意挥洒；陈老莲的变形人物，恣肆夸张，都开启了新的格局。书法家如徐渭、王铎、倪元璐等人，狂放奇崛，不拘于传统而另树新风。从以上各方面看来，明代中叶的确是一个文化新时代的开端，我们应当将明中叶视为断代的界限。

着眼于文化本身的发展来分期，只是一个新的视角，并不排斥独立考察某一朝代的文化。如果研究某一朝代的文化史，当然只能以这个朝代的起始和终结为限，仍然应当保持按朝代分期这一方法。

不过，研究时间较长的朝代的文化史或文学史，还需要更细的分期，例如唐诗分初、盛、中、晚四期，也不一定按照本朝内政权的更迭划分。我在《百年徘徊——初唐诗歌的创作趋势》[①]一文中，将初唐的下限定在玄宗开元八年（720）；而盛唐的开始不是定在玄宗登基的先天元年（712），而是定在开元九年（721）。这时陈子昂、苏味道、杜审言、宋之问、沈佺期等已经去世；王维登进士第，李白二十一岁，即将崭露头角，随后崔颢、祖咏等相继及第，诗歌创作的新局面开始了。盛唐诗坛的结束，不是定在安史之乱爆发的天宝十四载（755），而是

[①]《北京大学学报》（哲学社会科学版）1994年第6期。袁行霈、丁放合著的《盛唐诗坛研究》（北京大学出版社2012年版）中重申了这一点，并按照这种看法阐述盛唐诗歌。

定在代宗大历五年（770），此前762年李白已经去世，这一年杜甫也去世了，杜甫结束了诗歌的盛世。以大诗人登上诗坛和离开诗坛为标准来分期，也是立足于文学本身的阶段性，符合文学本位的宗旨。

二

至于横向的地域性考察，是亟待加强的。

著名考古学家苏秉琦先生把现今人口分布密集地区的考古学文化分为六大区系：以燕山南北长城地带为重心的北方，以山东为中心的东方，以关中（陕西）、晋南、豫西为中心的中原，以环太湖为中心的东南部，以环洞庭湖与四川盆地为中心的西南部，以鄱阳湖—珠江三角洲一线为中轴的南方。①

中国地域广阔，各地文化都有其独特之处，这些地域文化是统一的中国文化的各个分支，也都对中国文化的发展做出过各自的贡献。陕西、河南、山东、湖北、江西、江苏等地自不待言，兹举另外几处，略加说明。

以成都为中心的蜀地，因二十世纪八九十年代三星堆遗址的大规模发掘，证明了距今5000年至3000年，蜀地已有相当发达的文明，蜀地不仅是一个重要的文化中心，而且与中原文化已有

① 见《中国文明起源新探》，生活·读书·新知三联书店1999年版，第35—36页。

联系。蜀地在文学方面对中国文化也有重要的贡献，古代一些著名的作家，如司马相如、王褒、扬雄、陈子昂、李白、苏洵、苏轼、苏辙等等，都出生在这里，并在这里成长，一旦出蜀便成为大家。蜀地作为他们的文化摇篮，特别值得注意。

再如，福建是中国刻书业的中心，从宋代一直到清代经久不衰。宋代建阳刻书业尤盛，所刻印的书籍世称"建本"，其麻沙、崇化两坊最负盛名，有牌号可考的就有 30 多家，明代建阳书堂达 221 家。南宋祝穆《方舆胜览》载，两地有"图书之府"之称。其中既有善本，如宋建安（建阳古称）黄善夫刻《史记集解索隐正义》；也有大量通俗读物，如戏曲、小说、日用类书。印刷术是中国的一大发明，对人类文化的进步起到重要作用，而福建刻书业的兴盛则是福建对中国文化的一大贡献。

又如，分布在辽宁、内蒙古辽河流域的红山文化距今已大约5000 年，红山文化中龙的形象起源早、类型多，而且已经定型，对中国文化影响深远。这里还是史前玉文化的中心之一，与长江下游环太湖的良渚遗址出土的玉器南北辉映，显示了玉在中国文化中的特殊地位。据说玉可通神，玉制的礼器广泛用于祭祀，这对考察中国古代的礼乐文化是十分宝贵的。北方的游牧文化与中原的农耕文化相互碰撞，相互交融，对中原文化乃至整个中国文化的影响是不容低估的，苏秉琦先生在其《考古学论述选集》中有精辟的论述。又如，藏传佛教不仅在西藏广泛传播，而且传播到青海、新疆、甘肃、内蒙古、四川、云南等地的少数民族中，即使在北京也有影响，雍和宫等多处寺庙就是证明。

三

将时间和地域结合起来，便会注意到文化中心的形成和转移。着眼于全国，每个时期都有一个或若干个文化中心，中心必定起着凝聚和辐射的作用，引领全国文化的进程。文化中心是转移的，而不是固定的。例如，河南原是商代都城所在，殷墟出土的甲骨文证明了那时河南一带居于文化中心的地位。到了唐代，著名诗人几乎一半出自河南，足见其文化之发达。北宋定都开封，更巩固了其文化中心的地位，张择端的《清明上河图》反映了汴梁的繁华。但在南宋以后，文化的中心地位转移到了别处。

再如，陕西西安及其附近本是周、秦、汉、唐的政治文化中心，这几个统一王朝的辉煌，在不胜枚举的文化遗址和出土文物中都得到证实，周原出土的青铜器，秦始皇陵的兵马俑，众多的汉家陵阙，以及唐代宫阙、墓葬的遗址，都是中国的骄傲。包括正史在内的各种文献资料，如诗歌、文章、书法、绘画，也都向世人诉说着曾经有过的辉煌。司马迁、班固等则是这片土地哺育出的文化巨人。但到了元代以后，特别是明清以来，这里的文化已经难以延续昔日的光彩。

又如，北京一带汉唐时称幽州，不过是边防重镇，文化相当落后，直到元代文化才繁盛起来，马可·波罗记载元大都之繁华，元杂剧在大都的繁荣，都是证明。明清两代，朝廷通过科举、授官等途径，一方面吸纳各地人才进京，另一方面又促使精英文化向全国各地辐射，北京毫无争议地成为全国文化的中心之一。又如，上海原是一个渔村，元代开始建城，十九世纪中叶已经成为国际和国内贸易的中心，随后又一跃而成为现代国际大都会。各种新兴的文化门类和文化产业日新月异地建立起来，并带动了全国文化的发展。又如，广东文化的发达程度原来远不及黄河与长江流域其他地方，但到了唐代，广州已成为一个大都会，到了近代，广东在思想文化方面呈现明显的优势，黄遵宪、康有为、梁启超、孙中山等人都出自这里。

由于中国的河流大体上是自西向东，所以文化的传播和中心的移动，沿着河流东西移动比较方便，而南北原属于两个差异较大的体系，文化中心的南北移动往往造成文化的突飞猛进。南北交流大体是沿着几条路线进行，例如：洛阳（或开封）—南阳—襄阳—荆州（或武昌），北京—扬州（或南京）—苏州—杭州，西安—汉中—成都。杜甫的诗句"即从巴峡穿巫峡，便下襄阳向洛阳"，即勾勒了其中一条路线图。这从一个侧面说明了南北交流对文学的发展起着多么重要的作用。中国历史上，政治的中心多半在北方，而经济的后盾却在南方（特别是唐代以后），大运河（津浦线就是沿着运河修筑的）作为国家的经济命脉只要畅通着，王朝就不难维持下去。围绕着黄河、长江和运河形成文化的若干中心，是很自然的。

四

　　总之，中国文化史有两个坐标：一个是时间的坐标，一个是地域的坐标。一方面，中国文化的主流沿着时间的长河移动，黄河和长江流域的文化显示出中国文化的基本特征，宛如乐曲的主旋律，构成中国文化的底色；另一方面，中国文化有多个发源地，各有地域的特点，其发祥与兴盛的时间也有先后之别。特色与时间不尽相同的文化板块之间互相交错、移动，呈现一幅幅色彩斑斓的文化地图，编织成中国文化的全景。

　　中国文化的发展，不是单线演进的，而是立体推进的。所以，不研究地域文化就难以全面阐述中国文化的历程。我希望学术界经过共同的努力，构建一个文化史的立体格局，描述时与地整体演进的图景，再现时与地相互的交叉与错位。交叉的意思是，同一个时期内，各个地域的文化之间互相浸润互相影响，同中有异，异中有同。错位的意思是，文化的进程在各个地域并非同步，而是呈现不平衡状态。在某个时期，某些地域的文化进展快一些，其他地域则显得缓慢甚至停滞；另一时期，文化在另一些地域进展快一些，而原来进展快的地域反而慢了下来。

　　总之，对中国文化的研究需要探索一条新路，要将时与地综合起来加以考察，需要对文化史的分期重新界定，也需要补充地域文化的内容。文化的概念很宽泛，就单个学科而言，如文学史、思想史、宗教史、艺术史等等，也莫非如此。

我的研究领域是中国文学史，1999 年高等教育出版社出版了我主编的《中国文学史》四卷本；2006 年北大出版社出版了我和严文明、张传玺、楼宇烈三位教授共同主编的四卷本《中华文明史》。这两部书都就分期问题作了新的尝试。从 2008 年开始，我又开始主编《中国地域文化通览》，一共三十四卷，这是由中央文史研究馆组织全国各地文史研究馆共同编撰的学术著作。我先后从纵、横两个方面考察了中国文化，如何将两方面有机地综合起来，还有待今后努力。

文化的馈赠

北京论坛（2004）的主题"文明的和谐与共同繁荣"，表达了我们追求的目标。我所谓"文化的馈赠"则是为了达到这个目标应当采取的态度和行为方式。我是研究中国古典文学的，近年来特别关注中华文明的发展历程，今天我愿意从中华文明史讲起。

如果追溯世界上几个古老文明起源的年代，中华文明不能算是最早的，但中华文明是唯一从未中断过的文明。中华文明的组成，既包括定居于黄河流域和长江流域的较早以农耕为主要生活来源的华夏文明，也包括若干以游牧为主要生活来源的少数民族文明。汉族不断与周围的民族相融合，形成由五十六个民族组成的大家庭。中华文明的演进过程，不是互相灭绝，而是互相融合。中华文明的演进过程，在很大程度上可以视为不同地域的文明以及不同民族的文明，在交往过程中整合为一体的过程。多元一体的格局最晚在西周就建立起来了，此后虽然历经战乱与分裂，不断有新的文明元素加入进来，但没有任何一种文明的分支分裂出去，所以这个大格局始终保持着完整性而没有打破。因此，中华文明的发展史从一个侧面看来就是民族融合的历史。

中华文明和域外异质文明的接触，促进了中华文明的发展。印度佛教对中华文明的影响表现在思想观念和生活习俗等等许多方面，而佛教与中华传统文化相融合便出现了禅宗，禅宗成为中华文化的一个重要组成部分。西方文明从明代末年开始传入中国，但在相当长的一段时间内还只是对传统的中华文明的局部补充。鸦片战争之后，在救亡的呼声中，中国的知识分子纷纷介绍和学习西方先进的文明，魏源编纂《海国图志》，提出"师夷长技"的方针，便是一个带有标志性的变化。此后，向西方学习经历了从科学技术的层面到政治、人文层面的深化过程。废科举、兴学校，留学、办报，种种新的事物迅速出现，形成一种新的时代潮流，促使中华文明继续前进。

然而，中华文明是在一个相对封闭的地理环境中发育成长起来的，周围的天然屏障，一方面保护着中华文明较少受到外族的入侵而能够独立地连续地发展；另一方面也限制了中华文明与其他文明的交流。总的看来对外文化交流的机会毕竟不多，交流的地域也不广。当中华文明发展到鼎盛期后，特别是当世界上其他地区的文明实现了近代化的转变之后，中华文明急需吸取其他文明的优秀成果以丰富发展自己。可是在这个历史的关头，清朝统治者却采取了闭关锁国的政策，故步自封，不图进取，丧失了历史机遇，遂使中华文明逐渐被排斥到世界文明发展的主流之外，并处于落后的地位，甚至沦落到任人宰割的地步。这是我们回顾中华文明史的时候不能不深感悲痛的，也是我们应当牢牢记住的一个惨痛的历史教训！

近代以来，中华文明发展的趋势可以简单地概括为打开大门与走向世界，一切有识之士的种种呼号与努力，无非以此为中心。直到今天，打开大门与走向世界，仍然是尚未完成的历史任务。打开大门，是在保持自己民族优良传统的同时，吸取世界上其他民族创造的优秀文明成果；走向世界，是带着自己民族的优秀传统，融入世界文明的主流之中。

当前世界形势发生了空前的变化，经济全球化深刻地影响着人类文明的进程。但这种状况不应当也不会导致民族文化特色的消亡。我在1998年北大举办的汉学研究国际会议上，提出"文化的馈赠"，得到许多学者的响应。文化的馈赠是双向的，是一种极富活力和魅力的文明交融和创新的活动，各个民族既把自己的好东西馈赠给别人，也乐意接受别人的馈赠。馈赠的态度是彼此尊重，尊重别人的选择，决不强加于人。馈赠和接受的过程是取长补短、融会贯通。馈赠和接受的结果是多种文明互相交融、共同发展，以形成全球多元文明的高度繁荣。因为不同的文明本来就各具本色，吸取外来文明的内容、分量和方式又不相同，交融之后出现的人类文明仍然是千姿百态，我们的世界仍然是异彩纷呈。

一切有良知的学者，在这个关系人类命运和前途的重大问题上，应率先采取互相尊重的态度，担负起文化馈赠的任务，并影响自己的政府寻求不同文明的和平共处，以保持文明的多样性。中国的经济正在腾飞，中国的综合国力逐渐强大，但中国的腾飞和强大不会对别人构成威胁。我是从学者的角度说这句话的，根据我多年研究所得到的认识，中华文明本质上是一种和平的文明，中华文明有能力在外来威胁下保存自己，但没有兴趣威胁别人。这样一种文明对于未来世界的稳定是不可缺少的。

　　在经济全球化的大趋势中，中华文明的未来是我十分关心的问题。2002 年我曾在北大文科论坛上，就这个问题发表过三点意见，请允许我在这个更高、更广的北京论坛上加以重申。

　　首先，我们要欢迎伴随着经济全球化而来的、更加广泛和深刻的文化交往，积极吸取人类文明的一切优秀成果。过去，中华文明在与外来文明的接触中，既然能够吸取改造它们以丰富发展自己，今后必然能够做得更好。

　　其次，中华文明应当更主动地走向世界。中国对世界的了解虽然还很不够，但是世界对中国的了解更少、更肤浅。牛津大学教授雷蒙·道森在 1967 年出版了《中国变色龙——欧洲中国文明观之分析》①这部名著。这部书详尽而具体地介绍了西方对中

① Raymond Dawson, *The Chinese Chameleon: an Analysis of European Conceptions of Chinese Civilization*, London: Oxford University Press, 1967, pp. 1-8. 此书有中文译本，《中国变色龙：对于欧洲中国文明观的分析》，常绍民、明毅译，北京时事出版社 1999 年出版。

国的种种看法，并总结说：在西方人眼中，中国的形象似乎在两个极端间变化：或者是理想的王国，或者是停滞与落后的象征。中国时而被描绘为富裕的、先进的、聪明的、美好的、强大的和诚实的，时而被描绘为贫穷的、落后的、脆弱的。从这本书中可以看出，西方对中国的认识与中国的实际有相当大的距离。我们深切地感到，在经济全球化的过程中，中华文明具有广阔的空间，可以在世界上充分展示自己的真面目。随着经济的全球化，特别是中国经济的日益繁荣，世界更需要了解中国，中华文明也会得到更多的途径走向世界。经济全球化对中华文明来说，机遇大于挑战。我们应当清醒地认识这种形势，把握这个历史机遇，培育和弘扬民族精神，为人类文明的进步作出更大的贡献。

再次，要坚持文明的自主。无论是引进世界文明的优秀成果，还是走向世界，都是我们自主的意识和行为。回顾历史，汉唐人对外来文明的开放胸襟与拿来为自己所用的宏大气魄，即鲁迅称之为"闳放"的那种态度，便是自主性的很好表现。西方近代文明，从明朝末年逐渐传入中国，鸦片战争之后大量涌入，影响着中国百余年来的历史进程，但中华文明并没有失去自主的能力。到了今天，我们更有条件加强文明的自主性，自己决定自己文明的命运。

在经济全球化的趋势中，我们一方面要采取坚决的切实的措施，努力保持中华文明的民族特色，另一方面也要看到民族特色是因比较而存在的，越是有比较就越能显示自己。还要看到文明的民族特色不是一成不变的，在与其他文明交流的过程中，有些因素会凸显出来，有些因素则会逐渐淡化乃至消失。应当创造条件促成适应时代发展的新的特色逐步形成。

总之，与经济全球化同时到来的，既不是单一的全球文明，也不是文明的冲突，而是文明的自主、馈赠，以及多元文明的繁荣。这种新的文明生态的出现和确立，是人类进化到更高阶段的一个重要标志。中华民族必能抓住这个历史的机遇，实现伟大的复兴。中华民族必能以高度的文明重塑自己在世界上的形象。具有几千年历史而从未中断过的中华文明，必将在世界未来的文明进程中再现自己的辉煌，并为全人类的文明进步作出更大的贡献！

中华文化精神

人类发展到今天，已经能够从太空俯瞰地球了。在这浑然的星体上，在亚洲的东部，有一片九百六十多万平方公里的广袤土地，这就是我们中华民族的家。

从青藏高原到太平洋的巨大跨度上，分布着大大小小几万条江河，长江、黄河宛如两条主动脉流贯中华大地。伟大的中华民族，背靠世界屋脊，自西向东，俯视着浩瀚的太平洋。

中华文化就是在这块土地上发祥的。

文化，就其广义而言，指人类在社会实践中创造的物质财富和精神财富的总和。中华文化虽历经劫难，却经久不衰，显示出强大的生命力和凝聚力。中华儿女无论走到哪里，无论在天之涯、海之角，都不会忘记自己的根——故乡的山，故乡的水，故乡的四合院，故乡的竹篱笆；还有那端午的龙舟，中秋的月饼，重阳的登高，阴历年大门上贴的红纸黑字的春联。所有这一切都唤起游子们浓郁的中华情！

是什么把全世界的中华儿女联结在一起？是文化，是源远流长、博大精深的中华文化。

每个人都生活在一定的自然环境和文化环境中。文化环境对人的影响，往往更大、更深远。我们从出生的那一天起，就受到中华文化的熏陶。当我们喊出第一声"爸爸""妈妈"的时候，当我们开始学会称呼自己姓名的时候，当我们第一次拿起筷子吃饭的时候，我们就参与了自己民族的文化行为，并以自己的言论和行为显示着这个文化的特点。

那么，从总体来看，中华文化的特点有哪些呢？

中华文化包含着强烈的人文精神。"人文"这个词起源很早，《易·贲卦·彖辞》说："观乎天文，以察时变；观乎人文，以化成天下。"将人文与天文置于对等的地位，可见对人文的重视程度。概括地说，中国古代的人文精神有两层含义。一是对人的尊崇。《老子》把人和道、天、地并列，称之为四大："故道大，天大，地大，人亦大。域中有四大，而人居其一焉。"（第二十五章）《孝经》记载孔子的话："天地之性，人为贵。"（《圣治》）认为人在天地所生的万物之中最为尊贵。《左传》里有这样的话："夫民，神之主也。"并说应该先办好人的事，然后再致力于神的事（桓公六年）。《左传》里又有这样的话："民之所欲，天必从之。"（襄公三十一年）连上天也要顺从人的愿望。中国虽然也有宗教和神学，但是宗教和神学没有取得至高无上的地位。中国没有国教，没有教皇，更没有宗教裁判所。中华文化所崇拜的是祖先，注重的是祭祖，或者崇拜那些为民族的生存以及民族文化的发展作出非凡贡献的人。孔子、李冰父子、司马迁等，都有祭祀他们的庙宇。所以中华文化是以人为中心的文化，以人为主体的文化，以人伦为核心的文化。人和人的关系，远比人和神的关系重要。人文精神还有一层含义，就是重视人的节操和修养，注重人之所以成为人的那些道德素质，进而追求人格的完美。孔子说："朝闻道，夕死可矣。"（《论语·里仁》）又说"杀身以成仁"（《论语·卫灵公》）。孟子说："舍生而取义。"（《孟子·告子上》）孟子还有一段名言："富贵不能淫，贫贱不能移，威武不能屈。"（《孟子·滕文公下》）在古代，道德和智能完善的人，就是圣贤。例如，孔子被称为圣人；他的三千弟子当中有七十二位最好的，被称为贤人。中华文化以人为中心，在众人之中又以圣贤为中心，只要认真修养，"人皆可以为尧舜"（《孟子·告子下》）。这是中华文化中十分可贵的内容。

中华文化是尚群的文化。小到家庭，大到国家、民族，都是群，而群就是公。《礼记》中所说的"天下为公"（《礼运》），已经成为至理名言。至于公和私的关系，应以公为先；人和己的关系，应以人为先，正如孔子所说："君子贵人而贱己，先人而后己。"（《礼记·坊记》）范仲淹所说"先天下之忧而忧，后天下之乐而乐"（《岳阳楼记》）也体现了这种精神。中国有句古话："敬业乐群。"(《礼记·学记》)"乐群"这两个字很能代表中华文化的特点。荀子阐发孟子的人伦说，提出"群居和一"之道(《荀子·荣辱》)，作为人类生活的基本准则。他认为人能从事有秩序的伦理生活，所以才能驾驭自然物，个体也就得以生存和发展，因而维系群体利益自然就成为一种美德。

中华文化是尚和的文化。"和"的本义是声音相应，也就是声音的和，引申为和谐、和平、和畅、中和、融和、祥和等意义。《老子》说："万物负阴而抱阳，冲气以为和。"(第四十二章)《中庸》以"致中和"为修养的最高境界。孔子说做人要兼顾文和质两方面的和谐，"文质彬彬"，才称得上君子(《论语·雍也》)。"和"是中华文化的精髓之一。

中国古代哲学家们讲"天人合一"，包含着人和大自然和谐相处的意思。张载说："民吾同胞，物吾与也。"(《西铭》)人是大自然的一部分，一草一木，一山一水，天上飞的鸟，水里游的鱼，都是人类赖以生存的伙伴。人类虽然是万物之灵，但不要做大自然的掠夺者。不仅如此，还应当在心灵上和大自然相通，从大自然中体悟人生的真谛，进而达到内心的和谐。"和"的文化精神，渗透到人和人的关系中，便是注重和睦相处，以达到人际关系的平衡。多元一体的中华民族本身就是多个民族和谐相处的大家庭。

在今天这样的竞争时代，应该怎样理解"和"的精神呢？"和"是多样性的统一。动听的音乐，美味的菜肴，都是多样性的统一。"和"并不是善恶不分，是非莫辨，不是简单的混同。正如孔子所说："君子和而不同。"（《论语·子路》）竞争要在公平、公正的原则下进行，通过竞争相互促进、共同提高，以达到"和"的境地。

中华文化还有一个重要特点，就是注重整体思维。《周易·系辞下》提出"三材之道"，视天地人为一整体，认为宇宙中各类事物都存在普遍联系，彼此相互影响。人们应从整体上把握事物的性质、事物之间的关系及其发展规律。中国古代的科学家以相感相通和相生相克的整体思维，考察自然现象的性能及其变化过程，从而在天文学、气象学、医学、化学、地学、物理学和生物学等领域作出了自己的贡献。例如，中医就是把人的身体看作一个有机的整体，虽然是局部的病症，却往往着眼于全身进行治疗。中国的文艺创作、文艺鉴赏也是注重整体的把握，所谓"气象""神韵""格调"等等，都是文艺作品给予欣赏者的总体感受。

随着近代自然科学的兴起，分析的方法在西方发展起来。分析的方法要求把事物分割成尽可能小的部分，分别加以考察。分析方法的发展以及学科分工的细密，曾经促使科学长足发展，是人类文明史上的一大进步。但分工过细，以致互相割裂，只见树木，不见森林，未必能发现事物的普遍规律，有时候倒需要从总体上把握，这样才更准确。随着科学的进一步发展，边缘学科、交叉学科越来越受到重视，西方的科学家和哲学家们也越来越感到整体思维的重要。英国学者李约瑟推崇中国古代哲学所使用的"通体相关"的思维方法，特别赞扬庄子、周敦颐、朱熹等人的贡献，他说："也许，最现代化的'欧洲的'自然科学理论基础应该归功于庄周、周敦颐和朱熹等人的，要比世人至今所认识到的更多。"（《中国科学技术史》第二卷）他的话值得我们深思。

中华文化是自强不息而又开放兼容的文化。中国古代哲人早就看到大自然运行的一条重要规律，并由此引申出人生的准则："天行健，君子以自强不息。"（《周易·乾卦》）天道是刚健的，君子效法天道，也应以刚健立身，自强不息。中华文化之所以经久不衰，一个重要的原因就是具有自强不息的精神。

然而，自强不息并不是自我封闭。《老子》说"容乃公"（第十六章），能兼容才称得上是公，唯公才能久。中国人常用"海纳百川"来形容一个人的气度胸襟，这四个字也可以用来形容中华文化的品格。中华民族敢于、乐于也善于吸取外来的文化，吸取其中的营养，使它们变成自己文化的一部分。佛学传入中国以后，与中国固有的文化相结合，形成中国特有的禅学，便是一个很好的例证。唐朝的都城长安是当时最大的国际都会，在八世纪前半叶，人口已经达到百万之多，居住着不少任职于唐朝的外国人、留学生、学问僧、求法僧、外国的艺术家，以及大量外来的商贾。大食、天竺、真腊、狮子、新罗、日本等许多国家的使臣络绎不绝。在宗教方面，除了道教和佛教，伊斯兰教、祆教、景教和摩尼教也都得以传播。唐朝的长安充分展示了中华文化开放兼容的特点。

今天，我们回过头来重新审视自己民族的文化，好像走进一座巨大无比的宝库。我们要认真清理先人留给我们的文化遗产，弘扬优秀的中华文化精神，吸取那些至今仍然有助于社会前进的东西，以增进民族凝聚力，提高民族自信心。

中华儿女不能断了自己民族文化的乳汁！

然而，我们也清醒地看到，传统文化是在古代创造出来的，不可避免地带有局限性。清理遗产，包括剔除糟粕这个艰巨的任务。抱残守缺、复古主义，和全盘西化、民族虚无主义一样，都是没有前途的。

中华文化既有光辉的历史，也有灿烂的未来。我们只要坚持吸取中华文化中的精华，同时吸取世界各民族文化中的优秀成分，不断开拓创新，就必定能使具有悠久历史的中华文化永葆青春。具有几千年历史而从未中断过的中华文化，必将再现自己的辉煌，并对全人类的进步作出更大的贡献。

中华文明的历史启示

我讲这个题目是出于以下考虑：北京大学国学研究院组织校内三十六位教授，用六年多的时间，撰写了一部《中华文明史》。我作为这个项目的负责人和此书的主编之一，在撰写过程中不断思考这样一个问题：中华文明的历史究竟能给二十一世纪的人类什么启示？我想趁北京论坛召开之际，向来自世界各地的学者们报告我的一些粗浅想法。

中华文明的历史启示之一，就是选择和平、和谐。

中华文明植根于东亚大陆一片广袤的土地上，中华民族安土重迁，热爱和平。中华文明本质上是一种"和"的文明，"和"的观念在经典中多次出现，《老子》说："万物负阴而抱阳，冲气以为和。"（第四十二章）这是从哲学的高度解释"和"，用"和"来概括万物之间相互依存的关系。《论语》："子曰：'君子和而不同，小人同而不和。'"（《子路》）这虽然是从做人的角度解释"和"，但"和而不同"也可以视为一种维系社会的准则。《论语》："有子曰：'礼之用，和为贵。先王之道，斯为美。'"（《学而》）这是从礼的角度解释"和"，"和"不仅是礼之所用，也是为政之道，而且是一种美。《礼记·中庸》以"和"为"天下之达道"，能"和"则能四通八达，无往不利。又说："致中和，天地位焉，万物育焉。"达到"中和"，天地才得以正，万物才得以育，这就将"和"的意义提到了很高的地位。

中华民族深知和平对文明的保障作用，也深知战争对文明的破坏作用。西晋统一全国后，在文献整理、史书编纂、学术积累，以及文学创作等方面，都已出现繁荣的端倪，是战争，打乱了文明发展的进程，在北方造成多年的文明断裂。宋代是中华文明史上的一座高峰，科技处于世界领先的地位，是战争，打乱了原来的趋势，延迟了文明的发展。

和谐与和平都基于一个"和"字。和谐是和平之上的一种更高、更美的境地，包括人与自然的和谐、人与人的和谐，以及个体的人自身的和谐。关于人与自然的和谐，重点在于：既改造自然以适应人的需要，也调整人的生活方式，以适应自然的规律，这就是所谓"天人合一"的要义。关于人与人的和谐，重点在于：既尊重自己也尊重别人，既考虑局部的利益更顾全整体的利益，以达到整体的协调发展。关于个体的人自身的和谐，包括身心两方面的协调，重点在于通过实践和自省以提升自己的人格和道德。中华文明中关于和谐的观念，对于解决当前中国和世界面临的种种问题，无疑具有很大的参考价值。

中华文明的历史告诉我们：文明的发展离不开和平、和谐，唯和平才能使文明的成果得以保存，唯和谐才能使文明稳步发展。

中华文明的历史启示之二，就是选择包容。

包容，是中华文明固有的思想，早在《尚书》中就有这样的话："有容，德乃大。"（《周书·君陈》）意思是：有所包容，所成就的功德才能巨大。《老子》也说"容乃公，公乃王，王乃天，天乃道，道乃久"（第十六章），意思是：有所包容，就能臻于"公"，进而臻于"王"，臻于"天"，臻于"道"，臻于"久"。这虽然都是针对统治者而言，但在中华文明中具有普遍的意义。中华文明是一种包容性很强的文明，中国人常用"海纳百川"来形容一个人的气度胸襟，这四个字也可以用来形容中华文明的品格。

越来越多的考古资料证明，中华文明的发祥地，不只是黄河流域，还包括长江流域。越来越多的考古资料又证明，除了黄河流域和长江流域，还有许多上古的文化遗存散布在全国各地。中华文明的组成，既包括定居于黄河、长江流域的，较早以农耕为主要生活来源的华夏文明，也包括若干以游牧为主要生活来源的少数民族文明。中华文明的演进过程，是多种文明因素的整合。整合的模式是以华夏文明为核心，核心向周围扩散，周围向核心趋同，核心与周围互相补充、互相吸收、互相融合。汉族和汉族以外的五十五个少数民族，都为中华文明作出了重要的贡献。我们引为骄傲的山西应县木塔那样精美的建筑，便是契丹族所建造的辽代的杰作。蒙古族所建立的元朝，首次开辟了南北海运航线。满族所建立的清朝，出现了康乾盛世，为中华文明增添了精彩的一页。

我还想举战国和唐代为例进一步加以说明。战国时代儒家、墨家、道家、法家、名家、阴阳家等不同的学说和流派多元共存，自由争辩，这已是人所共知的事实。我想强调的是，这种包容不只是统治者的包容，也是整个社会的包容，孔子有弟子三千，"杨朱、墨翟之言盈天下"（《孟子·滕文公下》），其他各家也各有自己的信徒或同道，这说明社会的包容度很大。包容，也是唐代文明鼎盛的一个重要标志，这表现在许多方面，例如儒、释、道三家并用；政府机构中各民族的人才都有施展的机会，以科举考试选拔人才的制度，使大量出身庶族的士人进入仕途；文学艺术的题材和风格多种多样；等等。仅以政府的将军为例，如哥舒翰、高仙芝、李光弼等都是少数民族。而日本的阿倍仲麻吕（晁衡）、新罗的崔致远都曾在唐朝任职。

中华文明的历史告诉我们：文明的发展需要包容，"山不厌高，海不厌深"，唯包容才能百川汇海，唯包容才能不断壮大。

中华文明的历史启示之三，就是选择开明。

开明的核心有四点：一是民为贵，孟子说："民为贵，社稷次之，君为轻。"（《孟子·尽心下》）这已成为经典性的话语。二是广开言路，从谏如流，班彪说："从谏如顺流"。（《文选·王命论》）这是明君的必要条件。三是举贤授能，《礼记》说："尚有德，尊有道，任有能，举贤而置之。"（《礼器》）这是治理国家的重要举措。四是以法为准，唐太宗说："法者，非朕一人之法，乃天下之法。"（《贞观政要·公平》），其中包含了一定程度的法治思想。

中国人往往将"盛世"与"开明"联系起来，称之为"开明盛世"。汉代的文景之治，唐代的贞观之治和开元之治，这些盛世都是比较开明的。以唐代为例，太宗对太子说："舟所以比人君，水所以比黎庶，水能载舟，亦能覆舟。"（《贞观政要·教戒太子诸王》）太宗问魏徵：明君和暗君的分别，魏徵回答说："君之所以明者，兼听也；其所以暗者，偏信也。"（《贞观政要·君道》）太宗深以为然。先天二年，玄宗任命姚崇为相。姚崇针对当时存在的问题，提出"十事"，从施行仁义、不求边功、停止宦官和外戚干政、免除杂税等十个方面申述了自己的意见，玄宗从谏如流，取得很好的效果。姚崇罢相时，推荐刚正极谏的宋璟继任相位。宋璟继续贯彻姚崇的政策，使得赋役宽平，刑罚清省，百姓富庶。

宋代的政治设计也有一定的开明性。宋代健全了一整套文官制度，皇帝和大臣、中央和地方、行政和监察，既相配合也相制约。就以皇帝与大臣的关系而言，陈亮引仁宗的话："措置天下事，正不欲专从朕出。……不若付之公议，令宰相行之。行之而天下不以为便，则台谏公言其失，改之为易。"（《龙川集·论执要之道》）仁宗表示，处理天下事不专由自己一个人决定，便是一种相当开明的态度。

中华文明的历史告诉我们：文明的发展需要开明，唯开明才能广得人心，唯开明才能云蒸霞蔚。

中华文明的历史启示之四，就是选择革新。

中华文明在世界四大古老文明中，虽不是最早的，却是唯一没有中断过的。其中的原因很多，我在《中华文明史》的总绪论中作过一些说明。现在只想强调一点，就是中华文明中包含着变易的思想，具有自我更新的能力。《诗经》赞美周文王说："周虽旧邦，其命维新"（《大雅·文王》），便是对"维新"的赞美。《周易》说："日新之谓盛德，生生之谓易"（《系辞上》），指出不断的变易是事物发展的普遍规律。《周易》又说："穷则变，变则通，通则久。"（《系辞下》）变，是从穷到通的关键。其实，《周易》的这个"易"字，就是变易的意思。关于中国哲学中的变易思想，张岱年先生举了孔子、老子、庄子、张载、程颢、程颐、王夫之、戴震等一系列哲学家的言论，总结说："中国哲学有一个根本的一致的倾向，即承认变是宇宙中之一根本事实。变易是根本的，一切事物莫不在变易之中，而宇宙是一个变易不息的大流。"（《中国哲学大纲》）这种变易的思想，常常被用来作为变法的依据。近代的康有为托古改制，他说："故至变者莫如天。夫天久而不弊者，为能变也。"（《变则通通则久论》，见上海时务报馆光绪二十一年版《南海先生四上书记》）这段话既符合传统的思想，又服务于其变法维新的主张，可以视为他对中华文明历史经验的总结。

验之以中华文明的历史，几千年来不知经过多少次大大小小的变革。就带有全局性的制度而言，从分封制到郡县制，从察举制到科举制，从城市的里坊制到街巷制，每一次变革都带来文明的长足发展。从分封制到郡县制，巩固了大一统的政治局面；从察举制到科举制，促成了新型士人的成长；从里坊制到街巷制，推动了城市经济的发展。如果就文学体裁这一个局部而言，从古体诗到近体诗，再到词和曲；从文言小说到白话小说；从杂剧到传奇，每一次变革都带来文学的突飞猛进。

毋庸讳言，中华文明中也包含着因循守旧的因素，所谓"祖宗之法具在，务行故事，慎所变改"（《宋史·王旦传》），诸如此类的话不胜枚举。回顾历史，凡是革新的力量占据主导地位的时候，文明就得以健康发展；凡是因循守旧的势力占据上风的时候，文明的发展便受到阻碍。

中华文明的历史告诉我们：革新是文明发展的必由之路，只有不断革新才能不断前进，只有不断革新才能保持旺盛的生命力。

中华文明的历史启示之五，就是选择开放。

中国的汉唐盛世，都是开放的朝代，中外文化的交流十分活跃。汉代通西域，带来了中亚和西亚的文明。公元前2年，佛教传入中国，在思想观念、生活习俗和文学艺术等许多方面，对中国固有文化产生了深远的影响。例如，佛教传入之前中国只有今生此世的观念，是佛教带来了三世（前世、今世、来世）之说，把思维的时间和空间都扩大了。反切的产生和四声的发现与佛经的翻译有关。随着佛经的翻译，汉语的词汇扩大了，文学观念也多样化了，诸如"空"的观念、"境界"的观念，都与佛教有关。更值得注意的是，佛教与中国传统文化相融合而形成的禅宗，已经成为中国本土文化的一个重要部分。至于唐代，对外文化交流更加频繁。丝绸之路开通，形成双向交融的文化格局，唐代文化既得以向外广泛传播，同时也从外面得到很大的补充。当时的长安、洛阳、扬州、广州等大都市，都是中外文化交汇的地方。长安是当时最大的国际都会，在八世纪前半叶，人口已经达到百万之多，居住着许多外国的王侯、供职于唐朝的外国人，以及留学生、学问僧、求法僧，外国的音乐家、舞蹈家、美术家，以及大量外来的商贾。大食、天竺、真腊、狮子、新罗、日本等许多国家的使臣络绎不绝。在宗教方面，除了道教和佛教，伊斯兰教、祆教、景教和摩尼教也都得以传播。唐太宗设立的十部乐，其中四部来自唐朝境内少数民族，四部来自国外。到了明代，一个具有标志性的对外交流活动，就是郑和下西洋，其足迹远达东南亚、南亚、西亚、东非，密切了中国与一些国家的外交关系，成为中华文明对外开放的壮举。

中外文化的交流有利于双方的文明发展。中国的造纸术和印刷术传入欧洲，对西方文明的伟大贡献已是公认的事实。明末以利玛窦为代表的西方传教士用科学作为传教工具，激起中国一部分士大夫对西方哲学和科学的兴趣，这包括古希腊哲学、伦理学、语言学、逻辑学、地理学、医学、生物学、数学、历算，以及美术、音乐、火器、水利、建筑等等。而在哥伦布发现新大陆以后，十六世纪至十九世纪的三百年间，玉米、甘薯和马铃薯等美洲作物的传入和推广，对中国开发地广人稀的山区，满足对粮食的需求，从而发展生产力，起到了关键的作用。

很可惜，当欧洲科学技术突飞猛进，工业革命带动西方社会迅速发展之际，中国的统治者却安于现状，闭关自守，以致中国在不长的时间内就明显地落后了。这是一个惨痛教训！鸦片战争之后，中国的有志之士为了救亡图存，纷纷介绍和学习西方先进的文明，魏源编纂《海国图志》，提出"师夷长技"的主张，便是一个标志。此后，向西方学习经历了从科学技术的层面到政治、人文层面的深化过程。种种新事物迅速出现，中华文明开始逐渐融入世界文明的主流之中。直到今天，打开大门与走向世界，仍然是尚在继续的历史任务。

中华文明的历史告诉我们：开放是文明发展的重要条件，唯开放才能吸取其他文明的长处，唯开放才能自立于世界民族之林。

以上所讲的：和平、和谐、包容、开明、革新、开放，就是回顾中华文明史所得到的主要启示。凡是大体上处于这种状况的时候，文明就繁荣发展；而当与之背离的时候，文明就会减慢发展的速度甚至停滞不前。我相信，上述各点对今日之中国有借鉴意义。也许，其意义会超出中国的范围，供更多的人参考。

最后请允许我从中华文明的历史启示出发，就二十一世纪全人类的文明生态重申我的观点。

经济全球化在不平静中向前推进，看来已是大势所趋，而文化能不能或者要不要全球化呢？这关乎人类生存方式的选择，对此我们必须作出清醒的判断。

经济全球化促进了各国的经济往来，必定会在一定程度上减少各民族文化的差异，在一定程度上使人类生存方式趋同。但是，一个民族的文化传统是几千年或更长的时间积累的结果。文化，是一个民族的灵魂和尊严，是一个民族区别于其他民族的标记。要将世界上各民族长期形成的、千差万别的文化变成单一的文化，是不可想象的。那种失去了多姿多彩的单调的文化，也是我们不愿意看到的。

因此，我主张不要笼统地提"全球化"，或者笼统地提"全球化时代"，应当对全球化加以分析。在经济的层面，全球化是大趋势。在科学技术的层面，那些给人类的生活带来方便的先进科技，更容易在全球推广。但是在精神的层面，因为涉及宗教信仰、民族心理、生活习俗、思维方式、语言习惯等等，要想凭借强大的经济力量和军事力量，将某一种文化强加于人，是不可能的，也是不明智的！

我们清醒地看到，不同文明之间的隔阂是普遍而深刻的。以自我为中心而形成的种种偏见，会遮蔽人的智慧，而实际的利害关系又会迷惑人的良知，再加上语言交流的障碍，在不同文明之间，即使是互相理解、互相尊重都不容易，至于互相包容、互相吸收就更困难了。然而时至今日，人类已经能够遨游太空，为什么不能放弃种种狭隘、固执和偏激的想法，以广阔的胸襟，对待文明的差异呢？为什么不能在平等的基础上，展开文明的对话和交流呢？为什么不能充分尊重各个民族或国家自己的选择呢？我相信：二十一世纪的人类，可以运用大智慧，展现大手笔，在不同文明之间找到密切沟通之路，搭起畅通无阻之桥，以促成不同文明的和谐相处，以造就世界的永久和平。

在当今世界上，孤立的民族文化是难以存在的，单一的全球文化也是不可思议的。不同文化只能以开明开放的态度互相包容，只能和平和谐地相处，以期达到共同发展、共同繁荣的目标。

总之，经济全球化与文化多元化，这就是我们对二十一世纪人类生存方式的正确选择。

熔古铸今　革故鼎新

　　近年来，中华优秀传统文化的传承发展成为广受社会各界关注的话题。传统文化是一个民族的根，是一个民族的标志，也是一个民族的骄傲。传统文化事关一个民族对自己身份的认同感、归属感，以及伴随这种认同感和归属感而来的文化自尊感，是民族凝聚力的源泉。作为中国古代文学和中华传统文化的研究者，我想结合自己的工作，就中华优秀传统文化的传承发展谈几点认识。

中华文化具有不断革新的基因

　　本世纪初，北京大学国学研究院组织北大三十六位教授，共同撰写了一部四卷本的《中华文明史》。这部书对中华文明的发展历程做出总体性梳理，并着重描述了那些对中华民族甚至全人类的文明进程产生过重大影响的标志性成果，揭示了中华文明的发展规律。作为这个项目的负责人和主编之一，我在编撰过程中不断思考中华文明的历史经验及其对当前文化发展的启示。

在世界几种主要的古代文明中，中华文明是唯一没有中断而且延续至今的。其中一个重要原因就是中华文明具有不断革新的精神，不断地调节、丰富和发展自己。中华文化的定力、韧性和广泛吸纳的能力，代表了中华民族的性格。

从思想的层面看，古人很早就认识到革新的道理。《礼记·大学》记载汤之盘铭曰："苟日新，日日新，又日新。"中华传统文化的另一部经典《周易》中，"易"可释为"变易"，即顺应时势作出变革。其第四十九卦"革卦"，"革"的意思是"去故"，第五十卦"鼎卦"，"鼎"的意思是"取新"。"革故鼎新"这个成语就是由此而来。从制度的层面看，中国历史上经历过不断的革新，例如从分封制到郡县制就是一次重大的变革。革新可以说是中华文化的基因，这个基因推动了中国历史和中华文化的发展。中华传统文化宛如滚滚不尽的江河，不断吸纳支流，或涨或落，或直或曲，变动不居。如今，中国发生了翻天覆地的变化，在和平发展的道路上突飞猛进，如何更加自觉地发展与我国地位相称的、与时代发展相适应的先进文化，是一个带有战略意义的重大课题。

科技要自主创新，文化也要自主创新。复古倒退和全盘西化都丧失了文化自主创新的立场，是没有前途的。我们对待传统应该采取自信的态度、分析的态度、开放的态度，既不妄自尊大，也不妄自菲薄。继承和弘扬中华优秀传统文化的精华，吸收人类其他文明的优秀成果，确立文化自主的意识与文化创新的精神，自觉地创造我们自己的、具有时代性和前瞻性的文化，是中华文明复兴的关键所在。

研究传统文化应有当代眼光

现在越来越多的人已经认识到，在中华传统文化中有许多宝贵遗产，值得挖掘整理，使之转化为当代的资源。例如，自强不息和以民为本的思想，天人合一的观念，忧国忧民的情操，止于至善的态度，敬业乐群的意识，整体思维的思想方法，通过修身养性以达至高尚人格的追求，以及"先天下之忧而忧，后天下之乐而乐"的人生准则等，都值得我们认真研究、大力弘扬。此外，还有丰富的历史经验和教训，可以给我们深刻的启示。中华传统文化博大精深，如何用历史唯物主义的观点重新审视传统文化，熔古铸今，借以育人、资政，弘扬民族精神，增强民族凝聚力，是研究中华传统文化的学者们责无旁贷的使命。

就以我的专业来说，我们当代人写文学史，既是当代人写的，又是为当代人写的，必应具有当代性。这当代性表现为：当代的价值判断，当代的审美趣味以及对当代文学创作的关注。研究古代文学史，如果眼光不局限于古代，而留意当代的文学创作，就会多一种研究角度，这样写出的文学史对当代的文学创作也多了一些借鉴意义。

研究传统文化也应该有当代眼光。在这样一个经济全球化的时代，一个科学技术飞速发展的时代，研究传统文化应该按照中办、国办印发的《关于实施中华优秀传统文化传承发展工程的意见》，积极推动中华优秀传统文化的创造性转化、创新性发展，让传统文化与当代社会相适应、与现代文明相协调，促使中华文化这株大树长出新的枝叶。在这一点上，学者的学术责任和社会责任是统一的。

如今，人民群众对传统文化的热情持续升温，弘扬中华优秀传统文化应当到群众中去实践，在群众中得到检验、找到知音，应该提高与普及兼顾。只有与当代现实生活密切结合，在人民群众中发挥积极的作用，中华优秀传统文化才能充分实现其价值，并保持强大的生命力。

我先后参与组织编选《中华传统文化经典百篇》《中华传统文化百部经典》等书，所选的作品和书籍既要是经典，又要经过注释和解说为大众所接受，为的就是激活典籍，使之从学术殿堂进入寻常百姓之家，以提高全社会的人文素养。在当前流行浅阅读和碎片化阅读的局面下，尤其需要提倡和帮助读者潜心阅读经典，理解中华文化精髓。

熔古铸今　革故鼎新　/

让世界看到丰富多彩的中华文化

中华文明不仅是中国人民的宝贵遗产，也是全人类的精神财富。我在主持北大国学研究院和国际汉学家研修基地的工作，组织《中华文明史》的编写和多语种外译，筹划《中华文明传播史》的编纂，与海外汉学家联合创办英文学术刊物《中国文学与文化》的过程中，深切地感到中华优秀传统文化走出去还有许多需要努力的地方。

应加强当代学术著作的外译工作。把承载中华文明精髓的著作，有计划、有选择地译介到外国去，这固然包括中国古代的经典，譬如《老子》、《论语》、唐诗、宋词、《牡丹亭》和《红楼梦》等，还应包括当代中国人文社科学者的优秀论著，使世界能够完整地了解中华文明的当代形态和最新成果。要把博大精深的中华文化及其应对当前世界各种危机的意义，介绍给世人，并以关乎人类命运的话题及其背后蕴含的思想和价值观吸引世人。

传播中华优秀传统文化须注重实效。中华文化不仅要走出去，还要落地，并进入国外的主流社会，要充分考虑外国受众的习惯，使他们自然而然地吸收接纳。与此同时，要利用网络等新媒体，使中华传统文化走进普通人的家庭。编写一些普及读物，让国外的普通读者了解中国人的崇尚、操守、美感、趣味，从中看到丰富多彩的中华文化。我在国外讲学时强烈地感受到：最能吸引和感染外国民众的，乃是中华文化中独具特色的、可以与其他文化互补的部分。

文化交流应该是双向的，是一种极富活力和魅力的文明交融和创新。交流的过程是取长补短、融会贯通，交流的结果是多种文明互相交融、共同发展，以形成全球多元文明的高度繁荣。因为不同的文明本来就各具本色，吸取外来文明的内容、分量和方式又不相同，交融之后出现的人类文明仍然是千姿百态，我们的世界仍然是异彩纷呈。

在文化交流的过程中，一方面要努力保持中华文明的民族特色，另一方面也要看到民族特色是因比较而存在的，越是有比较就越能显示自己。还要看到文明的民族特色不是一成不变的，在与其他文明交流的过程中，有些因素会凸显出来，有些因素则会逐渐淡化乃至消失。应当创造条件，促成适应时代发展的新的特色逐步形成。

无论是引进世界文明的优秀成果，还是走向世界，都是我们自主的意识和行为。回顾历史，汉唐人的开放胸襟与宏大气魄，即鲁迅称之为"闳放"的那种态度，便是自主性的很好表现。今天，我们有条件做得更好。中华民族必将抓住历史机遇，以高度的文明重塑自己在世界上的形象，对全人类的文明进步作出更大贡献。

中外文明相互吸纳的三个例证

——佛教、造纸术、马铃薯

从印度传来的佛教被中华文明吸纳后，逐渐本土化。佛教与儒、道两家互补，对中国的文学、艺术、哲学，以及社会生活等方面都产生了广泛的影响。中国发明的造纸术传到欧洲以后，极大地推动了欧洲乃至全世界文明的进步，这是世界文明史上一件划时代的大事。马铃薯从美洲传入中国后，在中国广大地区种植，缓解了中国人对粮食的需求，从而推动了生产力的增长。以上三者，分别属于精神文明、技术文明和物质文明。这种交流的过程是和平的，结果是双赢的。我称之为不同民族之间的文化馈赠，应当成为今后文化交流的主要方式。

中国与外部世界的交流，始于周边的亚洲国家。汉武帝派张骞出使西域，开通了著名的"丝绸之路"；汉和帝时期，另一位使者甘英的足迹，已经抵达波斯湾，与古罗马帝国（时称"大秦"）隔海相望。至唐代，中外文化交流更加广泛。长安是当时最大的国际都会，在八世纪前半叶，人口已近百万，居住着许多外国的王侯、供职于唐朝的外国人，以及留学生、学问僧、求法僧，外国的音乐家、舞蹈家和商贾。大食、天竺、真腊、狮子国、新罗、日本等许多国家的使臣络绎不绝。至明代，随着航海技术的进步，郑和率领庞大的船队七下西洋，途经东南亚、南亚、西亚各国，最远到达东非沿海。明末清初，以来华传教士为媒介，中国又与欧洲一些国家加强了文化交流关系。

多元文化的交融，不但使中华文明得以弘扬，也使中华文明得到滋养。这种弘扬与滋养，涵盖了物质文化、制度文化及精神文化等许多方面。中国的造纸术和印刷术传入欧洲，对西方文明的伟大贡献已是公认的事实；中国的瓷器、丝绸、茶叶以及园林建筑，营造了十八世纪弥漫于欧洲的"中国情调"；而中国的孔孟儒学、科举制度、文官体系以及文学艺术，不仅在日本、韩国等亚洲近邻国家落地生根，开花结果，还曾远渡重洋，成为十八世纪欧洲启蒙思想家的重要学术资源。与此同时，中国文化也从外来文化中吸取养分。明末以利玛窦为代表的西方传教士带来的科学知识，激起了中国一部分士大夫对西方科学的兴趣，包括古希腊数学、地理学、物理学、生物学、天文学、机械工程学，以及火器、水利等等；而在哥伦布发现新大陆之后，十六世纪至十九世纪的三百年间，玉米、番薯和马铃薯等美洲作物的传入和推广，对中国开发地广人稀的山区，满足人口大国的粮食需求，进而发展生产力，起到了关键的作用。中国人发明的造纸术与印刷术西传欧洲，经过改造后又传回中国，再次促进了中国文化的发展与传播。

关于中外文明相互吸纳，我想举三个例证稍微展开来加以阐述。

佛教的传入

佛教开始传入中国的时间，《三国志·魏书·乌丸鲜卑东夷传》裴松之注引《魏略·西戎传》记载："汉哀帝元寿元年，博士弟子景卢受大月氏国王使伊存口授《浮屠经》。"这是佛教传入中国的最早记载。元寿元年相当于公元前2年。此后，在汉末和魏晋南北朝时期，佛经大量译成中文，鸠摩罗什共译佛经35部，成绩尤为卓著（据梁僧佑《出三藏记集》统计）。东晋法显和唐朝玄奘到印度取经，更成为吸纳外来文化的佳话。有许多佛经是印度或西域僧侣与汉人共同翻译的，在翻译过程中彼此切磋，不仅是思想的交流，也是语言文字的交流。

佛教的传入和佛经的大量翻译，在当时引起了震动，其震动所波及的文化领域（思想、政治、经济、文学、绘画、建筑、音乐、风俗等）和阶层（从帝王到平民）极其广泛。仅从佛寺的修建情况，就可以看出佛教影响之大。今存的古寺名刹中有许多是建于魏晋至唐朝的，如甘露寺、灵隐寺、云冈石窟、少林寺、寒山寺、敦煌石窟等等。在唐朝，寺庙又成为文人读书修身的场所。可见佛教已经为中国文学营造了一种新的文化氛围和文化土壤。

禅宗是中国本土化的佛教，充分体现了中国文化对外来文化的吸纳。它的创始人相传是菩提达摩（约卒于529年），后世信奉的南宗始祖是六祖慧能（638—713年）。慧能，俗姓卢，生于岭南新州（今广东新兴县东），他的《坛经》是禅宗的纲领，其主旨是顿修顿悟，"教外别传，不立文字，直指人心，见性成佛"。

禅宗是在中国影响最大的佛教宗派，渗入中国人的生存方式与思维模式。南宋陆九渊和明代王阳明的心学，显然受了禅宗的影响。禅宗对中国的文学艺术、士大夫的审美情趣影响深远。中国诗歌、绘画追求的意境与禅宗有关。有"诗佛"之称的王维（701—761年），其山水诗涵蕴着禅味。白居易、苏轼熟谙禅宗，写了一些类似禅偈的诗作。《红楼梦》中也有参禅的故事。禅宗东传到朝鲜半岛和日本，广泛地渗透到那里的社会生活之中，也是值得注意的现象。

关于佛教对中国文学的影响，我在《中国文学史》中作过论述，兹不惮重复，再作一点说明。（关于佛教对文学的影响，郑振铎在《插图本中国文学史》中卷第十五章《佛教文学的输入》中已有较详细的论述。他说："中世纪文学史里的一件大事，便是佛教文学的输入。从佛教文学输入以后，我们的中世纪文学所经历的路线，便和前大不相同了。我们于是有了许多伟大的翻译的作品以外，在音韵上，在故事的题材上，在典故成语上，多多少少的都受有佛教文学的影响。最后，且更拟仿着印度文学的'文体'而产生出好几种弘伟无比的新的文体出来。"①）

一、想象世界的丰富。佛教传入以前中国传统的思想中只有今生此世，既无前世也无来世。孔子说："未知生，焉知死。"是佛教带来了三世（前世、今世、来世）的观念，因果、轮回的观念，三界（指众生轮回的欲界、色界和无色界）、五道（指天、人、畜生、饿鬼、地狱五处轮回之所）的观念。这样就把中国人思维的时间和空间都扩大了。受佛教的影响，文学的想象世界也扩大了，《聊斋志异》中就不乏轮回的故事。

二、故事性的加强。佛经中记载的大量故事，随着佛经的翻译传入中国，并且流传到民间，加强了中国文学的故事性。有的故事是直接来自佛经的，在小说里改写为中国本土的故事，如（梁）吴均《续齐谐记》里所记"鹅笼书生"的故事。唐代的俗讲与变文，导致了中国白话小说的产生，则更证明了佛教的深远影响。

三、反切的产生和四声的发现。关于反切产生的年代有不同的说法，以颜之推所谓汉末说最为可信。② 这正是佛教传入中国以后的事。在翻译佛经的过程中，梵语的拼音法启发人们去分析

---

① 郑振铎：《插图本中国文学史》，作家出版社 1957 年重印本，第 188—194 页。
② 《颜氏家训·音辞》："孙叔言创《尔雅音义》，是汉末人独知反语。"见王利器《颜氏家训集解》（增补本），中华书局 1993 年版，第 529 页。

汉语的声音结构，分析出汉语的声母和韵母，于是产生了反切。①
而反切欲求准确，就自然会发展到对汉字声调的注意。四声的发
现，据文献记载，始自南朝宋代的周颙。② 陈寅恪《四声三问》
认为四声的发现与佛经的转读有关，虽然有学者质疑，其细节是
否确切尚待进一步考证，但从大的文化背景看来，这两件事是有
一定联系的。③

四、词汇的扩大。随着佛经的大量翻译，反映佛教概念的词
语，也大量进入汉语，使汉语词汇丰富起来。其中有的是用原有
的汉字翻译佛教的概念，使之具有了新的意义，如"因缘""境
界"等。有的是外来语的音译词，如"佛陀""菩萨""沙
门""菩提""刹那"等。

五、文学观念的多样化。佛教中关于真与空的观念，关于心

---

① 参见何九盈《中国古代语言学史》第三章第七节《反切与四声》，广东教育出版
社 1995 年版，第 90—105 页。

② 梁代刘滔曰："宋末以来，始有四声之目，沈氏乃着其谱论，云起自周颙。"见
王利器校注本《文镜秘府论》天卷《四声论》所引，中国社会科学出版社 1983
年版。

③ 《四声三问》原刊于《清华学报》第九卷第二期，后收入《金明馆丛稿初编》，
上海古籍出版社 1980 年版，第 328—341 页。此后有赞成陈说的也有提出质
疑的，举其要者有：罗常培《汉语音韵学导论》（中华书局 1954 年版）；逯钦
立《四声考》，见《汉魏六朝文学论集》（陕西人民出版社 1984 年版）；罗根
泽《中国文学批评史》（中华书局上海编译所 1962 年版）；郭绍虞《永明声病
说》（《照隅室古典文学论集》上，上海古籍出版社 1983 年版）；周法高《说平
仄》（《历史语言所集刊》第 13 本）；俞敏《后汉三国梵汉对音谱》（见其《中
国语文学论文选》，日本光生馆 1984 年版）；饶宗颐《印度波尼仙之围陀三声
论略——四声外来说平议》（见其《梵学集》，上海古籍出版社 1993 年版。）

性的观念，关于境界的观念，关于象和象外的观念，以及关于形神的讨论，都丰富了中国的文学观念。[1]

总之，佛教与儒、道两家互补，对中国的文学、艺术、哲学，以及社会生活等等方面都产生了广泛的影响。

造纸术的外传

造纸术是中国的发明，从东汉蔡伦以来，造纸的原料和技术不断改进，造纸的地区不断扩大。从西晋开始，纸作为一种书写载体，已经开始逐渐取得支配的地位了。潘岳《秋兴赋序》讲到"染翰操纸，慨然而赋。"石崇《临终诗》云："执纸五情塞，挥笔涕泫澜。"傅咸《纸赋》云："既作契以代绳分，又造纸以当策。""夫其为物，厥美可珍。廉方有则，体絜性贞。含章蕴藻，实好斯文。取彼之弊，以为此新。揽之则舒，舍之则卷。可屈可伸，能幽能显。"可见，当时文人对纸的喜爱和珍重。东晋以后，文人用纸的例子更多了。陶渊明在《饮酒二十首序》中说自己"既醉之后，辄题数句自娱。纸墨遂多，辞无诠次"。到了唐

---

[1] 参见孙昌武《佛教与中国文学》，上海人民出版社 1988 年版；蒋述卓《佛经转译与中古文学思潮》，江西人民出版社 1990 年版。有人认为宫体诗与佛教有关，如马积高《论宫体诗与佛教》（见《求索》1990 年版）；汪春泓《论佛教与梁代宫体诗的产生》（见《文学评论》1991 年第 5 期）。许云和《梵呗、转读、伎乐供养与南朝诗歌关系试论》一文认为伎乐供养作为礼佛的仪式之一，对南朝文学"淫艳"之风有影响（见《文学遗产》1996 年第 3 期）。

代，纸的应用更加普及，在敦煌藏经洞发现的大量以纸为介质的各种手抄本，包括《文选》等许多文学作品的抄本，就是最好的证明。

据钱存训先生考证，中国造纸术在公元三世纪传入越南，四世纪传入朝鲜，五世纪经朝鲜传入日本，大约七世纪传入印度，八世纪传入西方。造纸术的西传路线是丝绸之路。公元751年，唐朝与大食国发生战争，高仙芝的军队被打败[①]，俘虏中有造纸工匠，于是在撒马尔罕（今乌兹别克境内）建造纸厂，纸遂成为阿拉伯向西方出口的重要产品。[②] 此后，大约在十二世纪，阿拉伯人到西班牙南部开设了欧洲第一家造纸厂。此后二三百年间，法国、意大利、德国、荷兰、英国、俄国相继建立了造纸厂。[③] 造纸术的西传对人类社会的文明进步所产生的作用十分深远，成为世界文明史上一件划时代的大事。关于造纸术对阿拉伯世界的影

[①] 关于怛逻斯之战，《新唐书》卷一百三十五《高仙芝传》载：天宝九载，讨石国。其王车鼻施约降。仙芝为俘献阙下，斩之。由是西域不服。其王子走大食乞兵，攻仙芝于怛罗斯城，以直其冤。《通典》卷一百八十五《边防一》：高仙芝伐石国，于怛逻斯川七万众尽没。

[②] ［法］沙畹编著，冯承钧译《西突厥史料》曰：Ta'alibi（塔阿利比）之说云：康国之特产有纸。此物一兴，遂使埃及之草纸及旧用之皮纸一概消灭。盖纸之为用，较之更为美观而便利也。考《路程国土志》，此纸盖由中国之俘虏输入康国，而在 Ziyad Ibn Salih（齐亚德·伊本·萨利赫）战胜中国一役之后。嗣后纸业发达，而为康国之重要出产，大地一切国家之人皆利赖之。见中华书局1958年版，第273页，注3。

[③] 参见钱存训著，郑如斯编订《中国纸和印刷文化史》，广西师范大学出版社2004年版。

响，孙锦泉先生有一段论述："阿拉伯人早期'口耳式'文化的形成，正是书写材料长期匮乏所致。艾哈迈德·爱敏对倭马亚和阿拔斯前后两个朝代阿拉伯人观念形态的变化作过实质性的区分。在倭马亚时代，'阿拉伯人是以剑和舌，而不是以笔为荣的。''阿拔斯人则与此不同，他们把一切工作归纳为剑和笔两个方面。'阿拉伯人从注重口头表白到文字表述的整个观念形态的转变，显然不能从新旧王朝的更迭中去寻觅原因，而应从恰逢王朝兴替之际中国造纸术的移入，大量廉价纸张的出现完全改善了人们文化活动的条件中去寻找答案。"[1] 关于造纸术在欧洲，英国人托马斯·丘奇亚德（Thomas Churchyard，约 1520—1604 年）有诗描述造纸过程。原诗三百五十三行，其要旨与傅咸《纸赋》相近，但兼述其技术。其中有关纸之贡献的数行意译如下：

> 我赞颂第一位造纸者，
> 世间众善，皆源于此。
> 它使新书面世，旧作永传，
> 价值远超尘世。
> 羊皮纸虽传播时空广远，
> 但不能替代纸张的优良，
> 纸张在大众中普遍流传，

---

[1] 孙锦泉：《中国造纸术对 8—11 世纪阿拉伯帝国的影响》，《四川大学学报》（哲学社会科学版）1994 年第 1 期。

而羊皮纸仅为少数人所拥有。①

上面引的这几句诗，证明在阿拉伯人和欧洲人心目中，可以为大众使用的纸张对文化的传承多么重要。"世间众善，皆源于此"，应当不为过分。

马铃薯的传入

马铃薯起源于南美洲安第斯山中部西麓濒临太平洋的秘鲁—玻利维亚地区。② 其传入中国的时间，各家说法不一，以翟乾祥先生为代表的观点认为在明万历年间（1573—1619年），以谷茂先生为代表的观点则认为最早引种于十八世纪③。至于传入中国的路线，据学者们的考证，可能有东南、西北、南路等三条路径。东南路：荷兰人占据台湾期间，将马铃薯带到台湾种植，后经过台湾海峡传入福建、广东一带，并向江浙传播，所以在这里马铃薯又被称为荷兰薯。西北路：由晋商自俄国或哈萨克汗国（今哈萨克斯坦）引入中国。南路：主要由印度尼西亚（荷属爪哇）传

---

① 参见钱存训著，郑如斯编订《中国纸和印刷文化史》，广西师范大学出版社2004年版。

② 赵国磐、佟屏亚：《马铃薯的起源与传播（一）》，《种子世界》1988年第9期。

③ 丁晓蕾：《马铃薯在中国传播的技术及社会经济分析》，《中国农史》2005年第3期。

入广东、广西，在这些地方马铃薯又被称为爪哇薯[1]。马铃薯传入以后，在四川、贵州、云南、湖北、湖南、陕西、甘肃、吉林、辽宁等地广泛播种，缓解了当时的粮食危机，很受农民欢迎。大同市地方志编纂委员会编《大同市志》曰："山药（即马铃薯）帮助雁、同人民渡过了多少灾荒之年。……山药、莜面、大皮袄成为当地人民最基本的生活资料，当地人民赖以生存的宝贝。时至今日，这三件宝仍是当地的特产，为人民所喜爱。"清聂光銮等修撰的《宜昌府志》（同治五年刻本）卷十四《艺文·诗》载有一首李焕春的《洋芋歌》（洋芋就是马铃薯）："及时挖来煮作粮，家人妇子充饥肠。即蔬即饭甚馨香，无盐无菜饱徜徉。或者有余研粉浆，卖得青钱买衣裳。吁嗟乎，穷民衣食之计无他长，包谷以外此为良，胜彼草根树皮救饥荒。"这首诗可以反映民间对马铃薯的欢迎情况。至今贵州还传唱着《洋芋歌》，可见马铃薯对人民生活的重要性。

在十六至十九世纪的四百年中，尤其是十八、十九世纪两个世纪中，马铃薯以及玉米、甘薯等美洲作物的传入和推广，对中国经济的增长，起到了关键的作用。

---

[1] 参见翟乾祥《16—19 世纪马铃薯在中国的传播》，《中国科技史料》2004 年第 1 期；尹二苟《〈马首农言〉中"回回山药"的名实考订——兼及山西马铃薯引种史的研究》，《中国农史》1995 年第 14 卷第 3 期。

最后的话

　　以上三者，分别属于精神文明、技术文明和物质文明。这种交流的过程是和平的，结果是双赢的。我称之为不同民族之间的文化馈赠。在现如今的格局下，建立在平等、自主基础上的文化馈赠，应当成为今后文化交流的主要方式。

　　人类文明的历史表明：一个民族的文化，如果不借鉴和吸收其他民族的文化，就很难得到发展，甚至还会逐渐萎缩。关于这一点，无须赘言。我所关注的是，在当今的世界形势下，我们应该以怎样的姿态对待其他文明？或许是因为经历了长时间的闭关锁国，或许是近代史上的屈辱印痕尚未平复，当我们再次打开国门的时候，有些人显得疑虑重重，缺少汉唐时代的开放胸襟与宏大气魄，即鲁迅称之为"闳放"的那种态度。事实上，无论是过去璀璨的传统文化，还是现在日益增长的综合国力，都足以让我们以一种更加开放、更加自信、更加谦虚的姿态，面对当今世界的各种文明。

　　今天，随着经济的不断发展，人类文化出现了两个令人担忧的现象。其一是强势文化对弱势文化的入侵，那种霸凌的态度，那种动不动就要制裁别人的做法，已经引起极大的反感，早晚要自食恶果。其二是全球文化的趋同，这已经引起了许多有识之士的警觉。试想：如果有朝一日，全人类只有一种文化，都说同样的语言，信仰同样的宗教；无论走到哪里，看到的是同样的城市、同样的乡村、同样的生活，这世界将变得多么乏味。因此，保护人类文化的多样性，乃是二十一世纪具有战略意义的重大课题。在此背景下，中华文明关于和谐的思想，更加闪耀出超越时空的智慧光芒。人们只要放弃种种狭隘、固执和偏激的想法，站在平等互利的立场上，展开不同文明间的对话和交流，以欣赏取代鄙视，以馈赠取代侵蚀，那么全人类就一定可以共享多元文化所带来的繁荣，并最终创造一个物质文化高度发达、精神文化丰富多彩、不同文化和谐共存的美好的新世界。

中华文明走向世界的姿态

　　中华文明要走向世界，这已成为具有战略意义的共识。但如何走向世界？以怎样的姿态走向世界？是摆在我们面前的一个关键问题。

　　文明总是借助一定的载体而展现并传播的。从文明载体的角度，来探讨这个问题，或许是一种可供参考的思路。

　　一般来说，文明的载体主要有四个，其一是物质产品，其二是创意设计，其三是声音图像，其四是语言文字。其中，"物质产品"主要承载着一个民族科学技术的发展，与之相关的是物化了的文明成果；"创意设计"主要承载着一个民族的想象力与创新力，与之相关的是建筑设计、服装设计、电子软件等；"声音图像"主要承载着一个民族的情感与审美能力，与之相关的是音乐、美术之类的作品；而"语言文字"则主要承载着一个民族的理性思维和感性思维的成果，与之相关的是学术论著和文学作品。如果载体不完善，则文明行之不远，所产生的影响也会受到很大的局限。

今天不可能就这个问题全面展开详加论述，仅就如何充分利用"语言文字"这个载体，将中国的学术介绍给世界，发表一点粗浅的看法，向诸位请教。

在我看来，语言文字的差异可能是中国学术走向世界的一个巨大障碍，这或许也是造成国际社会对中国当今的发展产生误解和疑虑的一个深层的原因。汉语跟目前国际上通用的英语，以及其他较大的语种属于完全不同的语系，汉字又迥别于拼音文字，凡此都增加了互相沟通的难度。中国古代的典籍，以及当代的人文社科论著，译成流畅的外文十分困难，即使是优秀的翻译也难以表达那些微妙之处。在国际会议上，中国学者与外国学者的交流也存在着一些语言的障碍。国内一些学者热衷于翻译西方的著作，连同西方的观念、术语、方法和表述习惯一并介绍过来，并在文化界和学术界产生了广泛的影响。而西方对中国文化界和学术界的论著，特别是当代居于主流地位的研究成果并不热心翻译介绍。在中外文化交流方面出现明显的入超，国际文化交流的话语权基本上不在我们这边。

可喜的是，近年来中央从中国传统文化中提炼出来的"和谐"思想，已经产生了广泛的影响，"构建和谐世界"这句响亮的话，已经传到世界的许多地方，并得到积极的响应。这对改善中国在国际社会中的形象，抵制妖魔化中国的企图，起到了巨大的作用。同时，随着中国综合国力的增强与国际地位的提高，在世界范围内出现了一个学习汉语的热潮。

中华文明走向世界，主要依靠我们自身的不懈努力。我们要采取更为积极主动的姿态，把承载中华文明精髓的著作，有计划、有选择地译介到外国去。这包括中国古代的经典，譬如《老子》《论语》、唐诗、宋词、《牡丹亭》和《红楼梦》等，近年来由国家新闻出版署主持推出了汉英对译本《大中华文库》，便在这方面迈出了可喜的一步。此外，还包括当代中国人文社科学者的优秀论著，应当把这些论著翻译介绍出去，使全世界能够完整地了解中国当前的内外政策、中华文明的当代形态和最新成果，这对于消除国际社会对中国和平发展的疑虑和偏见，是至关重要的。我坚信，中华文明不仅是中国人民的宝贵遗产，也是全人类的精神财富，其中所包含的智慧可以提供重要的启示，来纾解当前世界所遇到的困境。在国际社会上中国的声音应当更多、更响亮；在当代人类文明的交流中，中国文化应取得更多的话语权。在具体操作时，我们要充分考虑外国受众的习惯，采取他们喜闻乐见的形式，使他们自然而然地吸收接纳。我们既要发挥自己的主观能动性，也要调动国外汉学家的积极性，可以提倡国内外学者合作进行翻译，这样既能忠实于原文，也更适合国外读者的阅读习惯，容易取得较好的效果。

强调中华文明走向世界，不是说要把中华文明的价值观强加给世界；但也决不能为了走向世界，而牺牲中华文明的独特个性。中华文明应当在自信和尊严中走向世界。近百年丧权辱国被动挨打的历史，以及十年"文革"的自我文化摧残，大大削弱了国人对中华文明的自信心。反映在中外文化交流中，我们或许存在着某种隐蔽的文化焦虑和自信不足，值得我们认真思考。

这种焦虑和自信不足，在中国学术领域也有表现，这就是对西方学术思潮和理论工具，存在过度崇信与盲目追捧的现象。吸收和借鉴国外的学术资源，当然是十分必要的，我们必须以开放的态度，吸取世界上各民族的优秀文化成果，这是毫无疑问的。但也要防止盲目的跟风与模仿，不能亦步亦趋追赶时髦。有的学者感叹中国学术界的某些领域存在着一种"失语症"，值得我们注意。中国的人文社科，尤其是传统文史哲领域的研究者，需要以踏实严谨的态度，真正承担起传承、弘扬中华文明的历史使命，不趋炎，不媚俗，不跟风，不照搬，从中国正在进行的伟大变革与和平发展的现实出发，用具有独创性的高质量的学术成果，为中国赢得应有的学术尊严和话语权。中国文化界和学术界要继续拓展自己的国际空间，进一步加强与国外学者的对话、交流、合作，以促成和谐世界的建立。我还有一个希望，就是在政府有关部门的支持下，逐步建立起一批高水平的、具有国际视野的中国文化研究机构，吸引世界各国的汉学家以及对中国文化有兴趣的学者，来到中国本土从事学术研究。

最近，我应邀访问了几个欧洲国家的大学及文化机构，再一次强烈地感受到：最能吸引和感染外国民众的，乃是中国文化中独具特色的、可以与其他文化互补的部分。在对外交往中，我们应当有足够的文化自信，保持高度的文化尊严感，只有这样才能赢得世界的尊敬。

　　总之，中华文明必须走向世界，中华文明必须在自信和尊严中走向世界。

中国古典诗歌的意境

上

意境是中国古典美学的重要范畴。在西方文论里恐怕还难以找到一个与它相当的概念和术语。人或以为"意境"一词创自王国维,其实不然。早在王国维提倡意境说之前,已经有人使用意境一词,并对诗歌的意境作过论述。研究意境固然不能抛开王国维的意境说,但也不可为它所囿。从中国古典诗歌的创作实践出发,联系古代文艺理论,我们可以在广阔的范围内总结古代诗人创造意境的艺术经验,探索古典诗歌表现意境的艺术规律,为今天的诗歌创作和诗歌评论提供有益的借鉴。

意与境的交融

在中国古代传统的文艺理论中，意境是指作者的主观情意与客观物境互相交融而形成的艺术境界。这个美学范畴的形成，是总结了长期创作实践经验的积极成果。

较早的诗论还没有注意到创作中主客观两方面的关系。《尚书·虞书·舜典》说："诗言志。"《荀子·儒效篇》说："诗言是其志也。"《庄子·天下篇》说："诗以道志。"都仅仅把诗看作主观情志的表现。《礼记·乐记》在讲到音乐时说："凡音之起，由人心生也。人心之动，物使之然也。"虽然涉及客观物境，但是也只讲到感物动心为止，至于人心与物境相互交融的关系也未曾加以论述。魏晋以后，随着诗歌的繁荣，在总结创作经验的基础上，对于文学创作中主客观的关系才有了较深入的认识。陆机《文赋》已经从情思与物境互相交融的角度谈论艺术构思的过程："遵四时以叹逝，瞻万物而思纷。悲落叶于劲秋，喜柔条于芳春。心懔懔以怀霜，志眇眇而临云。"刘勰《文心雕龙·神思篇》也说：

> 故思理为妙，神与物游。神居胸臆，而志气统其关键；物沿耳目，而辞令管其枢机。

他指出构思规律的奥妙在"神与物游"，也就是作家的主观精神与客观物境的契合交融。① 唐代著名诗人王昌龄说，作诗要"处心于境，视境于心"（《唐音癸签》卷二），要求心与物相"感会"②，景与意"相兼""相惬"③，更强调了主客观交融的关系。他又说：

> 诗思有三。搜求于象，心入于境，神会于物，因心而得，曰取思。久用精思，未契意象，力疲智竭，放安神思，心偶照境，率然而生，曰生思。寻味前言，吟讽古制，感而生思，曰感思。（《唐音癸签》卷二）

这里讲了诗思产生的三种过程。取思是以主观精神积极搜求客观物象，以达到心入于境；生思是并不积极搜求，不期然而然地达到心与境的照会。感思是受前人作品的启发而产生的诗思。其中，取思与生思，都是心与境的融合。《文镜秘府论·论文意》抄自传为王昌龄的《诗格》，其中也多次讲到思与境的关系。如：

① 黄侃《文心雕龙札记》："此言内心与外境相接也。"中华书局上海编辑所编辑，1962 年版，第 91 页。

② 《文镜秘府论·十七势》是王昌龄的著述，第九"感兴势"曰："感兴势者，人心至感，必有应说，物色万象，爽然有如感会。"见［日］弘法大师原撰，王利器校注：《文镜秘府论校注》，中国社会科学出版社 1983 年版，第 126 页。

③ 第十六"景入理势"曰："景入理势者，诗一向言意，则不清及无味；一向言景，亦无味。事须景与意相兼始好。"第十"含思落句势"曰："上句为意语，下句以一景物堪愁，与深意相惬便道。"同上，第 132、128—129 页。

夫置意作诗，即须凝心；目击其物，便以心击之，深穿其境。

唐末司空图在《与王驾评诗书》中讲"思与境偕"；宋代苏轼在《东坡题跋》卷二中评陶诗说"境与意会"；明代何景明在《与李空同论诗书》中讲"意象应"；王世贞在《艺苑卮言》中讲"神与境合"；清初王夫之在《姜斋诗话》中讲"心中目中"互相融浃，情景"妙合无垠"，都接触到了意境的实质。

至于意境这个词，在《诗格》中也已经出现了。《诗格》以意境与物境、情境并举，称三境：

诗有三境：一曰物境。欲为山水诗，则张泉石云峰之境，极丽艳秀者，神之于心，处身于境，视境于心，莹然掌中，然后用思，了然境象，故得形似。二曰情境。娱乐愁怨，皆张于意而处于身，然后驰思，深得其情。三曰意境。亦张之于意，而思之于心，则得其真矣。

后来，明朱承爵《存余堂诗话》说：

作诗之妙，全在意境融彻，出音声之外，乃得真味。

清潘德舆《养一斋诗话》说：

> 《三百篇》之体制音节，不必学，不能学；《三百篇》之
> 神理意境，不可不学也。

况周颐《蕙风词话》也说：

> 《云庄词·酹江月》云："一年好处，是霜轻尘敛，山川
> 如洗。"较"橘绿橙黄"句有意境。

不过，大力标举意境，并且深入探讨了意境含义的，却是王国
维。"意境"这个词也是经他提倡才流行起来的。意境，他有时
称境界。《人间词话》说：

> 沧浪所谓兴趣，阮亭所谓神韵，犹不过道其面目，不若
> 鄙人拈出境界二字，为探其本也。

> 言气质，言神韵，不如言境界。有境界，本也；气质、
> 神韵，末也。有境界而二者随之矣。

这话似乎有自诩之嫌，但并不是毫无道理。中国古代诗论中影响
较大的几家，如严羽的兴趣说，王士祯的神韵说，袁枚的性灵
说，虽然各有其独到之处，但是都只强调了诗人主观情意的一

面。所谓兴趣，指诗人的创作冲动，兴致勃发时那种欣喜激动的感觉。所谓神韵，指诗人寄诸言外的风神气度。所谓性灵，指诗人进行创作时那一片真情、一点灵犀。而这些都是属于诗人主观精神方面的东西。王国维高出他们的地方，就在于他不仅注意到诗人主观情意的一面，同时又注意到客观物境的一面；必须二者交融才能产生意境。他在《人间词乙稿序》①中说：

> 文学之事，其内足以摅己而外足以感人者，意与境二者而已。上焉者，意与境浑，其次或以境胜，或以意胜。苟缺其一，不足以言文学。

在《人间词话》里他又说：

> 能写真景物、真感情者，谓之有境界，否则谓之无境界。

> 有造境，有写境，此理想与写实二派之所由分。然二者颇难分别，因大诗人所造之境，必合乎自然；所写之境，亦必邻于理想故也。

境界乃是由真景物与真感情两者合成。理想中有现实，现实中有理想，造境和写境都是主客观交融的结果。王国维在前人的基础

---

① 据赵万里《静安先生年谱》，此序乃王国维所作而托名樊志厚的。

上，多方面探讨了意境的含义，深入揭示了诗歌创作的契机，建立了一个新的评论诗歌的标准，从而丰富了中国的诗歌理论。他的贡献是应当充分肯定的。

在中国古典诗歌里，意与境的交融有三种不同的方式。

一是情随境生。诗人先并没有自觉的情思意念，生活中遇到某种物境，忽有所悟，思绪满怀，于是借着对物境的描写把自己的情意表达出来，达到意与境的交融。《文心雕龙·物色篇》说："物色之动，心亦摇焉。"讲的就是这由境及意的过程。在古典诗歌中这类例子很多，如王昌龄的《闺怨》：

闺中少妇不知愁，春日凝妆上翠楼。忽见陌头杨柳色，悔教夫婿觅封侯。

那闺中的少妇原来无忧无虑，高高兴兴地打扮了一番，登上翠楼去观赏春景。街头杨柳的新绿忽然使她联想到自己和夫婿的离别，这孤单的生活辜负了大好春光，也辜负了自己的韶华，她后悔真不该让夫婿远去了。这少妇的愁是由陌头柳色触发的，又是与陌头柳色交织在一起的。这是诗中人物的随境生情。诗人自己随境生情，达到意境浑融的例子，如孟浩然《秋登万山寄张五》："相望试登高，心随雁飞灭。愁因薄暮起，兴是清秋发。"《宿桐庐江寄广陵旧游》："山暝听猿愁，沧江急夜流。风鸣两岸叶，月照一孤舟。"崔颢《黄鹤楼》："晴川历历汉阳树，芳草萋萋鹦鹉洲。日暮乡关何处是，烟波江上使人愁。"在这类诗里，诗人的情思意念都是由客观物境触发的，由境及意的脉络比较分明。有的诗更写出情意随着物境的转换而变化的过程。如柳永《夜半乐》：

> 冻云黯淡天气，扁舟一叶，乘兴离江渚。渡万壑千岩，越溪深处，怒涛渐息，樵风乍起。更闻商旅相呼，片帆高举，泛画鹢、翩翩过南浦。
>
> 望中酒旆闪闪，一簇烟村，数行霜树。残日下、渔人鸣榔归去。败荷零落，衰杨掩映。岸边两两三三，浣纱游女，避行客，含羞相笑语。
>
> 到此因念，绣阁轻抛，浪萍难驻。叹后约丁宁竟何据！惨离怀、空恨岁晚归期阻。凝泪眼、杳杳神京路，断鸿声远长天暮。

这首词先写自己"乘兴"出发，欣赏着山川胜境，又遇上浪平风顺，船儿翩翩驶过，心情原是很轻快的。但是当转过南浦，看到酒旆、烟村、渔人、浣女，那一片和平宁静的生活环境不禁引起他的羁旅之愁："到此因念，绣阁轻抛，浪萍难驻。"这时再看周围的景物，竟是"断鸿声远长天暮"，也染上了愁苦之色。这首词共三叠，层次很分明，景物的转换引起感情的变化，感情的变化又反过来改换了景物的色调，可以说是达到"意与境浑"的地步了。

　　情随境生，这情固然是随境而生，但往往是原先就已有了，不过隐蔽着不很自觉而已。耳目一旦触及外境，遂如吹皱的一池春水，唤醒了心中的意绪。关于这个过程，李贽描述得很细致：

　　　　且夫世之真能文者，比其初，皆非有意于文也。其胸中有如许无状可怪之事，其喉间有如许欲吐而不敢吐之物，其口头又时时有许多欲语而莫可所以告语之处，蓄极积久，势不能遏。一旦见景生情，触目兴叹；夺他人之酒杯，浇自己之垒块；诉心中之不平，感数奇于千载。（《焚书·杂述·杂说》）

若没有触景之前感情的蓄积，就不会有触景之后感情的迸发。所谓情随境生也还是离不开日常的生活体验的。

　　意与境交融的第二种方式是移情入境。诗人带着强烈的主观感情接触外界的物境，把自己的感情注入其中，又借着对物境的描写将它抒发出来，客观物境遂亦带上了诗人主观的情意。葛立方《韵语阳秋》说：

　　　　竹未尝香也，而杜子美诗云："雨洗娟娟静，风吹细细香。"雪未尝香也，而李太白诗云："瑶台雪花数千点，片片吹落春风香。"

李杜诗中的香竹、香雪，显然已不是纯客观的存在，诗人把自己的感情移注其中，使它带上强烈的主观色彩，具有浓郁的诗意。

诗里移情入境的例子很多，如李白："山花向我笑，正好衔杯时。"（《待酒不至》）杜甫："感时花溅泪，恨别鸟惊心。"（《春望》）白居易："汴水流，泗水流，流到瓜洲古渡头，吴山点点愁。"（《长相思》其一）杜牧："蜡烛有心还惜别，替人垂泪到天明。"（《赠别》）柳永："自春来，惨绿愁红，芳心是事可可。"（《定风波·自春来》）辛弃疾："红莲相倚浑如醉，白鸟无言定自愁。"（《鹧鸪天·鹅湖归病起作》）这些诗句所写的物境都带有诗人的主观色彩，是以主观感染了客观，统一了客观，达到意与境的交融。《论语·先进篇》载，子路、曾晳、冉有、公西华侍坐，孔子让他们各言其志。其他几个人都是直截了当地述说，只有曾晳的回答与众不同："暮春者，春服既成，冠者五六人，童子六七人，浴乎沂，风乎舞雩，咏而归。"他借着对物境的描述来表达自己的情志，移情入境，意与境融，他的话虽不是诗，但已带有浓郁的诗意。

移情入境，这境不过是达情的媒介。谢榛《四溟诗话》论情景关系说：

> 景乃诗之媒，情乃诗之胚，合而为诗。

情仅仅是诗的胚胎，要将它培育成诗，必须找到适合于它的媒介物，这就是景。诗由情胚而孕育，借景媒以表现，情胚与景媒交融契合才产生诗的意境。至于哪一类情胚借哪一类景媒表现，不同的民族有不同的传统。中国诗歌常借兰以示高洁，借柳以示惜别，外国就不一定如此。同一民族在不同时代也有不同的习惯。《诗经》里用石表示动摇："我心匪石，不可转也。"（《邶风·柏舟》）今天则用石表示坚定，发生了变化。

意与境交融的第三种方式是体贴物情，物我情融。上面所说的情随境生和移情入境，那情都是诗人之情。物有没有情呢？应当说也是有的。山川草木，日月星辰，它们在形态色调上的差异，使人产生某种共同的印象，仿佛它们本身便具有性格和感情一样。这固然出自人的想象，但又是长期以来公认的，带有一定的客观性，与诗人临时注入的感情不同。我们不妨把它们当成物境本身固有的性格和感情来看待。正如宋郭熙《林泉高致》所说：

> 身即山川而取之，则山水之意度见矣……春山淡冶而如笑，夏山苍翠而如滴，秋山明净而如妆，冬山惨澹而如睡。

明沈颢《画麈》也说：

> 山于春如庆，于夏如竞，于秋如病，于冬如定。

他们指出四时之山各自不同的性情，要求作画时既画出它们不同的形态，又画出它们不同神情，以达到形神兼备。作诗又何尝不是同样的道理呢？

有的诗人长于体贴物情，将物情与我情融合起来，构成诗的意境。陶渊明和杜甫在这方面尤其突出。陶渊明的"众鸟欣有托，吾亦爱吾庐"（《读山海经》）、"平畴交远风，良苗亦怀新"（《癸卯岁始春怀古田舍》），杜甫的"岸花飞送客，樯燕语留人"（《发潭州》）、"随风潜入夜，润物细无声"（《春夜喜雨》）、"江山如有待，花柳更无私"（《后游》），都达到了物我情融的地步。陶渊明《饮酒》其八：

> 青松在东园，众草没其姿。凝霜殄异类，卓然见高枝。连林人不觉，独树众乃奇。提壶抚寒柯，远望时复为。吾生梦幻间，何事绁尘羁！

青松即渊明，渊明即青松，"语语自负，语语自怜"（温汝能《陶诗汇评》），诗人和青松融而为一了。又如杜甫的《三绝句》之二：

> 门外鸬鹚去不来，沙头忽见眼相猜。自今已后知人意，一日须来一百回。

诗人体贴鸬鹚那种欲近人又畏人的心情，向它表示亲近，欢迎它常来做客。诗人和鸬鹚达成了谅解，建立了友谊，他们的感情交融在一起。

意境的深化与开拓

意境的深化与开拓，是诗歌构思过程中重要的步骤。《文赋》曾把构思分成两个阶段：

> 其始也，皆收视反听，耽思傍讯，精骛八极，心游万仞。其致也，情曈昽而弥鲜，物昭晰而互进；倾群言之沥液，漱六艺之芳润；浮天渊以安流，濯下泉而潜浸。

构思的第一阶段，精骛心游，追求意与境的交融。第二阶段，意境逐渐鲜明清晰，进而寻找适当的语言加以表现。陆机在这里所讲的是一般的构思过程，在诗歌创作中，意境的形成并不这样简单。诗人的写作有时十分迅捷，信手拈来，即成妙趣，意境一下子就达到鲜明清晰的地步。这种意境天真自然，是艺术中的神品。神来之笔看似容易，其实不然，没有长期的生活积累和高度的艺术修养是达不到的。但意境的初始阶段多半不够鲜明清晰，需要再加提炼；或虽鲜明清晰而失之于浅，失之于狭，需要继续深化与开拓，以求在始境的基础上另辟新境。《人间词话》说：

> 古今之成大事业大学问者，必经过三种之境界："昨夜西风凋碧树，独上高楼，望尽天涯路"，此第一境也。"衣带渐宽终不悔，为伊消得人憔悴"，此第二境也。"众里寻他千百度，回头蓦见，那人正在灯火阑珊处"①，此第三境也。

王国维所说成大事业大学问的三种境界，正可借以说明诗歌构思的过程。构思的初始阶段，诗人运用艺术的联想与想象，上下求索，追求意与境的交融，好比是"独上高楼，望尽天涯路"。当意境初步形成之后，继续挖掘开辟，熔铸锻炼，这是构思过程中最艰苦的一步。"衣带渐宽终不悔，为伊消得人憔悴"，恰好形容此中的苦况。当意境的深化与开拓达到一定程度，眼前豁然开朗，"土地平旷，屋舍俨然"，进入一个新的境界。此所谓"众里寻他千百度，蓦然回首，那人却在灯火阑珊处"。"蓦然"二字恰切地说明，意境的完成是不期然而然的一次飞跃。

古人有炼字、炼句、炼意之说。所谓炼意，就是意境的深化与开拓。而炼字、炼句又何尝不是在炼意？前人有"炼字不如炼意"（《诗人玉屑》卷八引《诗眼》）的话，其实，哪有离开炼意单独炼字的呢？杜甫"语不惊人死不休"（《江上值水如海势聊短述》）、"新诗改罢自长吟"（《解闷》），韦庄"卧看南山改旧诗"（《晏起》），欧阳修作文"先贴于壁，时加窜定，有终篇不留一字者"（《吕氏童蒙训》）。他们在锤炼字句的过程中，不是同时也在

① "回头蓦见"应作"蓦然回首"，"正"应作"却"。

改变构思、另辟新境吗？《漫叟诗话》说：

> "桃花细逐杨花落，黄鸟时兼白鸟飞。"李商老云："尝见
> 徐师川说，一士大夫家有老杜墨迹，其初云：'桃花欲共杨花
> 语'，自以淡墨改三字，乃知古人字不厌改也。不然，何以
> 有日锻月炼之语？"（《苕溪渔隐丛话》前集卷八）

这两句诗见于《曲江对酒》，是杜甫乾元元年在长安任拾遗时所
作。"中兴"以后，杜甫对肃宗满怀希望，但仍不能有所作为。
他既不屑于从俗，又不甘于出世，心情十分矛盾。他久坐江头，
细视花落鸟飞，感到难堪的寂寞与无聊。这首诗就是在这种心情
中写的。原先的"桃花欲共杨花语"，偏于想象，意境活泼，与
诗人此时此地的心情不合。改为"桃花细逐杨花落"，偏于写实，
但是意境清寂，正好表现久坐无聊的心情。虽然只改了三个字，
但是意境却大不相同了。又如宋陈世崇《随隐漫录》卷四载：

> "白玉堂中曾草诏，水晶宫里近题诗"，韩子苍易为"堂
> 深""宫冷"。……古词云："春归也，只消戴一朵荼蘼。"宇
> 文元质易"戴"为"更"，皆一字师也。

"堂中""宫里"，意浅境近；改为"堂深""宫冷"，意境深远。
"戴一朵荼蘼"，意境也嫌浅露，"更一朵荼蘼"，从戴花的更替中

体现了时序的变迁，意境就深入多了。清顾嗣立《寒厅诗话》载：

> 张橘轩诗："半篙流水夜来雨，一树早梅何处春？"元
> 遗山曰："佳则佳矣，而有未安。既曰'一树'，乌得为'何
> 处'？不如改'一树'为'几点'，便觉飞动。"

"一树早梅"，固定指一处，显得呆板；"几点早梅"，着眼于广阔的空间，而且未限定数量，所以意境飞动。

意境的深化与开拓必须适度，加工不足失之浅露，加工太过失之雕琢，过犹不及都是毛病。最高的境界是虽经深化开拓而不露痕迹，深入浅出，返璞归真。譬如李白的《子夜吴歌》：

> 长安一片月，万户捣衣声。秋风吹不尽，总是玉关情。
> 何日平胡虏？良人罢远征。

这首诗的语言是再浅显真率不过了，意境却极其深沉阔大。开头两句境界就不凡，在一片月色的背景上，长安城家家户户传出捣衣之声，那急促而凄凉的声音散布出多么浓郁的秋意啊！何况这寒衣是预备送给戍守边关的亲人的，声声寒砧都传递着对于边关的思念。"秋风"二句，通过秋风将长安、玉关两地遥遥连接在一起，意境更加开阔。北朝温子升有一首《捣衣》诗，构思与此诗相似："长安城中秋夜长，佳人锦石捣流黄。香杵纹砧知近远，

传声递响何凄凉。七夕长河烂，中秋明月光。蠮螉塞边绝候雁，鸳鸯楼上望天狼。"这首诗的意境也经过深化与开拓，但用力太过，雕琢太甚，绮丽而不动人。不像李白那首之自然纯朴，能够一下子打入读者心坎。

意境的深化与开拓，也就是意境典型化的过程。初始之境可能是印象最强烈的，但不一定是最本质的。初始之意可能是最有兴味的，但不一定是最深刻的。在意境的深化与开拓过程中，略去那些偶然的、表面的东西，强调本质的、深刻的东西，最后才能熔铸成为具有典型性的意境。典型化的程度，即决定着意境的深浅与高下。清许印芳在《与李生论诗书跋》中论王孟韦柳四家诗说："人但见其澄澹精致，而不知其几经淘洗而后得澄澹，几经熔炼而后得精致。""平者易之以拗峭，板者易之以灵活，繁者易之以简约，疏者易之以缜密，哑者易之以铿锵，露者易之以浑融，此熔炼之功也。"可见意境的深化与开拓，须付出艰辛的劳动，不是轻易可以成功的。

意境的个性化

因为意境中有诗人主观的成分，所以好诗的意境总是个性化的。诗人独特的观察事物的角度，独特的情趣和性格，构成意境的个性。陶渊明笔下的菊，简直就是诗人自己的化身，以致一提起陶就想起菊，一提起菊就想起陶，陶和菊已融为一体。李白笔下的月，陆游笔下的梅，也莫不如此。李白说："山衔好月来"
（《与夏十二登岳阳楼》），"举杯邀明月"（《月下独酌》），"欲上
青天揽明月"（《宣州谢朓楼饯别校书叔云》），"我寄愁心与明月"
（《闻王昌龄左迁龙标遥有此寄》），"且就洞庭赊月色"（《陪族叔
晔游洞庭》其二），他和月的关系多么密切！那一轮皎洁的明月
不就是诗人的自我形象吗？陆游一生写了许多咏梅诗，"驿外断
桥边，寂寞开无主"，是他自身的写照。《梅花绝句》："闻道梅花
坼晓风，雪堆遍满四山中。何方可化身千亿，一树梅花一放翁。"
这雪白的梅花也体现了陆游自己的高傲与纯洁。又如辛弃疾的
《菩萨蛮·金陵赏心亭为叶丞相赋》："青山欲共高人语"；秦少游
的《鹊桥仙》："金风玉露一相逢，便胜却人间无数"，"两情若是
久长时，又岂在朝朝暮暮"；龚自珍的《己亥杂诗》："落红不是
无情物，化作春泥更护花"，这些意境都是多么富有个性！正像
中国古代绘画注重写意传神一样，中国古代诗歌也不追求对客观
物境作逼真的模仿，而是力求创造和表现具有个性特点的意境，
这是中国古典诗歌的一条重要的艺术规律。

　　在这里有一个问题不能不略加辨析，就是王国维所说的"有
我之境"与"无我之境"。他说：

　　　　有有我之境，有无我之境。"泪眼问花花不语，乱红飞
　　过秋千去。""可堪孤馆闭春寒，杜鹃声里斜阳暮。"有我之境
　　也。"采菊东篱下，悠然见南山。""寒波澹澹起，白鸟悠悠

下。"无我之境也。有我之境，以我观物，故物我皆著我之色彩。无我之境，以物观物，故不知何者为我，何者为物。

这个说法很精巧，但违反了创作与欣赏的一般经验。朱光潜先生认为他所用的名词似待商酌，"王氏所谓'有我之境'其实是'无我之境'（即忘我之境）。他的'无我之境'的实例……实是'有我之境'。与其说'有我之境'与'无我之境'，似不如说'超物之境'和'同物之境'，因为严格地说，诗在任何境界中都必须有我，都必须为自我性格、情趣和经验的返照。"（《诗论》）名词问题姑且不论，朱先生指出任何境界中都必须有我，这是很精辟的。其实，在真正的艺术品里，"无我之境"并不存在。"有我之境"固然寓有诗人的个性；"无我之境"也并非没有诗人主观的情趣在内，不过诗人已融入物境之中，成为物境的一部分，暂时忘却了自我而已。关于这种境界，借用柳宗元在《始得西山宴游记》里说的一句话，叫作"心凝神释，与万化冥合"。罗大经《鹤林玉露》所载曾云巢论画的一段话，也恰好可以说明这种境界的形成：

> 某自少时取草虫笼而观之，穷昼夜不厌。又恐其神之不完也，复就草地之间观之，于是始得其天。方其落笔之际，不知我之为草虫耶，草虫之为我也。此与造化生物之机缄盖无以异。岂有可传之法哉！

稗史称韩幹画马，人入其斋，见幹身作马形，凝思之极，理或然也。作诗文亦必如此始工。如史邦卿咏燕，几于形神俱似矣。

可见真正的艺术家是在物我交融的陶醉中进行创造的，这样创造的意境怎么可能无我呢？王国维所举的"无我之境"的例子，一见于陶渊明的《饮酒》诗："采菊东篱下，悠然见南山。山气日夕佳，飞鸟相与还。此中有真意，欲辨已忘言。"诗人当采菊之始心情原是很平静的，偶一举首，望见南山的日夕气象，悟出其中的真意。此时，南山归鸟仿佛就是陶渊明，陶渊明仿佛也进入了南山，和南山融成一片了。你说这是无我吗？其实是有我，只是我已与物融成一体了。王国维所举的另一个无我的例子，见于元好问的《颖亭留别》："寒波澹澹起，白鸟悠悠下。怀归人自急，物志本闲暇。"诗人以寒波白鸟的悠闲反衬人事之仓卒。"寒波"二句寄托了诗人的向往之情，他希望自己也化作寒波、白鸟，融入那画面中去。这意境中也有诗人自我的个性。

意境既然是个性化的，那么它必然同风格有密切的关系。古人评论诗的风格，大都着眼于意境。唐皎然《诗式》说：

夫诗人之思初发，取境偏高，则一首举体便高；取境偏逸，则一首举体便逸。

他所谓体是指风格而言，高、逸是他所列十九体中最推崇的两体。他认为体的不同，是由于诗思初发所取之境不同，也就是意境的不同造成的。这是很有见地的。《文心雕龙·体性》将各种风格总括为八体：

> 一曰典雅，二曰远奥，三曰精约，四曰显附，五曰繁缛，六曰壮丽，七曰新奇，八曰轻靡。

其中精约、显附、繁缛三种偏重于语言的运用方面。其他五种都是结合文思讲的，既是五种不同的风格，也可视为五种不同的境界。司空图《诗品》列雄浑、冲淡等二十四品，从他本人的解释看来，这二十四品既是风格的差异，也是意境的不同。

意境的创新

社会不断发展，人的思想感情也不断变化，所以诗的意境永远不会被前人写尽。然而诗人往往囿于旧的传统，蹈袭前人的老路，不敢从变化了的现实生活出发，大胆创造新的意境。而诗歌没有新意境，便失去了生命，好比一截枯木，不能引起人的兴趣了。诗歌史上的拟古派之所以失败，症结即在于此，明代李梦阳倡言"文必秦汉，诗必盛唐"①，成为前后七子拟古主义的纲领。这个口号虽有反对台阁体的积极意义，但像李梦阳那样"刻意古范，铸形宿镆（模），而独守尺寸"②，亦步亦趋地模仿古人，却是从另一个方面毁坏了艺术。袁枚《答沈大宗伯论诗书》批评拟古主义说：

> 尝谓诗有工拙，而无今古。……未必古人皆工，今人皆拙……至于性情遭遇，人人有我在焉，不可貌古人而袭之，畏古人而拘之也。

写诗要从各自的性情遭遇出发，从自我的真实感受出发，生动活泼地创造自己的意境，而不要让古人束缚了自己。关于这一点，他在《与稚存论诗书》中说得更加痛快：

> 昔人笑王朗好学华子鱼，惟其即之过近，是以离之愈远。董文敏跋张即之帖，称其佳处不在能与古人合，而在能与古人离。诗文之道，何独不然？足下前年学杜，今年又复学韩。鄙意以洪子之心思学力，何不为洪子之诗，而必为韩子、杜子之诗哉！无论仪神袭貌，终嫌似是而非，就令是韩

---

① 《明史·李梦阳传》："弘治时，宰相李东阳主文柄，天下翕然宗之。梦阳独讥其萎弱，倡言文必秦汉，诗必盛唐，非是者弗道。"中华书局1974年版，第7348页。

② ［明］何景明：《与李空同论诗书》，赐策堂本《何大复先生全集》卷三二。

是杜矣，恐千百世后人，仍读韩、杜之诗，必不读类韩类杜之诗。使韩、杜生于今日，亦必别有一番境界，而断不肯为从前韩、杜之诗。

时代变了，环境变了，诗的意境也应变古创新。杜甫就是一位创新的能手，他处于安史之乱前后动荡变乱的环境之中，以真情与至诚创造出他自己特有的新意境。他最善于描绘大江，渲染秋色，在其中倾注忧国忧民的深意。像《秋兴》八首那种沉郁苍凉的意境，的确是他的独创。杜甫既是一位勇于创新的诗人，学杜首先就要学他的创新，而不是模拟他的意境。杜甫倘生于后世，也一定会另辟新境，而不肯重弹往日的老调了。

创造新意境，需要艺术的勇气。谢榛《四溟诗话》说："赋诗要有英雄气象；人不敢道，我则道之；人不肯为，我则为之。厉鬼不能夺其正，利剑不能折其刚。"叶燮在《原诗·内篇》中针对拟古主义，提倡诗胆，最能振聋发聩：

昔人有言："不恨我不见古人，恨古人不见我。"又云："不恨臣无二王法，但恨二王无臣法。"[1] 斯言特论书法耳，而其人自命如此。等而上之，可以推矣。……昔贤有言：

---

[1]《南史·张融传》："融善草书，常自美其能。帝曰：'卿书殊有骨力，但恨无二王法。'答曰：'非恨臣无二王法，亦恨二王无臣法。'""常叹云：'不恨我不见古人，所恨古人又不见我。'"中华书局 1975 年版，第 835 页。

成事在胆。文章千古事，苟无胆，何以能千古乎？故吾曰：
无胆则笔墨畏缩。胆既诎矣，才何由而得伸乎？

这段话今天读来仍有鼓动人心的力量。新时代需要新意境，也能
产生新意境。今天同旧社会相比，社会制度、生活方式、风俗习
惯都发生了巨变，大自然也得到改造。可惜我们的诗歌还没有创
造更多的足以和新时代相媲美的、令人难以忘怀的新意境。叶燮
论诗讲才、胆、识、力四字。我们的诗人生于科学昌明的今日，
论识，远出于古人千百倍之上；论才、论力，也未必逊于古人。
所缺的恐怕就是一个胆字。唯有摆脱羁绊，大胆探索，大胆前
进，才能创造出新的意境，出现新时代的屈原、李白和杜甫，使
我们这古老的诗国的诗坛重放异彩！

下

有无意境不是衡量艺术高低的唯一标尺

本文上篇论意境有一个出发点，即把意境视为中国古典美学
的一个重要范畴，研究它的内涵和构成，从而揭示中国诗歌艺术
的民族特色。在这里我要强调的是，意境虽然很重要，但是不能
把有无意境当成衡量艺术高低的唯一标尺。中国古典诗歌有以意
境胜者，有不以意境胜者。有意境者固然高，无意境者未必低。

屈原的《天问》，曹操的《龟虽寿》，李白的《扶风豪士歌》，王维的《老将行》，杜甫的《北征》《又呈吴郎》，辛弃疾的《贺新郎·同父见和再用韵答之》，陈亮的《水调歌头·送章德茂大卿使虏》，以及文天祥的《正气歌》，这些脍炙人口的名篇，很难说它们的意境如何，但谁也不能否认它们是第一流的佳构。仅用意境这一根标尺去衡量丰富多彩的古典诗歌，显然是不妥的。

这种观点源自王国维的一句话："词以境界为最上。"然而这句话怎样理解、是否正确，都值得深思。《人间词话》不仅标举意境，而且不止一次讲到气象，甚至说："太白纯以气象胜。'西风残照，汉家陵阙'寥寥八字，遂关千古登临之口。"可见王国维并没有狭隘到只认意境不认其他的地步。果真如此，也只能说这是他个人的艺术趣味，而不能当成科学的论断。

不仅有无意境不是衡量诗歌艺术高下的唯一标尺，而且意境本身也有高下之别。不辨意境之高下，是难与谈诗的。意境包含着诗人主观的思想、感情和个性，不是一个纯艺术的概念；意境的高下，不仅仅是艺术水平的表现。正如风格取决于人格，艺术境界的高下在很大程度上取决于诗人的思想境界。不同的诗人面对同一景物会写出意境不同的作品，如王之涣的《登鹳雀楼》与畅当的同题之作，杜甫的《同诸公登慈恩寺塔》与高适、岑参、薛据的同题之作。而同一诗人在不同时期也会创造出美学价值不同的意境，如王维前后期山水诗意境之不同。由于诗人的思想感情具有复杂性，所以即使是同一个诗人在同一个时期所写的作品，其意境的高下也未必相同。此外，体裁对意境也有一定的影响，所谓诗庄词媚，不仅是风格的差异，也是诗境与词境的区别。把意境仅仅局限于艺术的范围，既不考察诗人的思想境界，又不区别意境的高下，唯以意境为上，这无助于诗歌的理解、评论和欣赏。

讨论意境的文章很多，大致可以分为两类。一类是研究中国古典诗歌的意境。参考前人关于意境的论述，偏重于从诗歌创作的实践出发，联系创作心理和欣赏心理，归纳众多的诗例，得出自己的结论。另一类是研究王国维的意境说。对王氏的观点加以阐释、评论，或溯其源流，或探其精微。以上两类文章研究的对象既有联系又有区别，前者属于中国诗歌的艺术理论与艺术分析，目的是总结中国诗歌的艺术经验，找出中国诗歌的艺术特点。后者属于中国文学批评史的范围，目的是对王国维的文艺思想作出恰当的评价。这两种研究都是必要的。但不论采取哪一种方法，都有一个如何对待王国维的问题。王国维在前人的基础上，多方面探讨了意境的含义，建立了一个新的评论诗歌的标准，他的贡献是卓著的。但王国维对意境的论述远未臻于完善。我们可以用王国维的意境说去阐释古代的诗歌，但不应拘守王氏之说。我们完全可以从古典诗歌的实际出发，提出一套更完整更系统更能揭示中国诗歌艺术规律的意境说来。王国维作了总结的，我们仍可在更高的层次上加以总结；在他涉及的领域之外，我们还可以开拓新的领域。只有这样，对意境的研究才能逐步深入。

诗人之意境　诗歌之意境　读者之意境

有诗人之意境，有诗歌之意境，有读者之意境。这三种意境应当是统一的，但事实上并不统一。诗人之意境在未诉诸语言之前，除了他本人之外，谁也不能体会。而诗人一旦将自己头脑中浮现的意境诉诸语言以诗的形式凝固下来，就成为一个客观的存在，这诗歌之意境和诗人之意境就不一定完全相同，诗人头脑中浮现的意境未必能完美地诉诸语言符号。而读者接受这些语言符号，在自己头脑中再现的意境又必定带着读者主观的成分。因为读者必须借助自己的想象、联想和类比，才能把凝固的语言符号还原为生动感人的画面，所以读者之意境也不一定能与诗人之意境相吻合。"作者之用心未必然，而读者之用心何必不然。"[1] 所说的就是这种差异。在从诗人到读者的这个链条中，诗歌虽然是一个中间环节，对它的解释难免带有解释者的主观性，但是它毕竟无须依赖读者而存在。读者不一定都能进入意境。读者不能进入意境，不等于诗就没有意境。读者之意境对诗人之意境、诗歌之意境并没有规定作用。后者可以不同于前二者，但不能界定和改变前二者。

---

[1] 谭献：《复堂词话》，人民文学出版社 1959 年版，第 19 页。

因此，若论意境就应该首先确定所论是哪一个层次上的意境。如果是论诗人之意境，那么也就是论意境之形成。如果是论诗歌之意境，那么也就是论意境之表现。如果是论读者之意境，那么也就是论意境之感受。这是互相联系着的各不相同的问题。本文上篇只限于论述诗人之意境与诗歌之意境，从其中的几个小标题"意与境的交融""意境的深化与开拓""意境的个性化""意境的创新"，可以看出我是从形成意境与表现意境这两个角度立论的。现在再就读者之意境略陈己见。

　　既然读者之意境是一种感受，那么就应该分析这是一种怎样的感受。这种感受，如果笼统地说，可称之为沉浸感。暂时忽略了周围的一切，视而不见，听而不闻，整个心灵沉浸在一个想象的世界之中，得到美的满足。具体地说是以下三种感觉。

　　（一）熟稔感。这是一种温馨而亲切的感觉，自己过去的审美经验被唤起，并和诗人取得了共鸣。读李白之诗则己身为李白，读杜甫之诗则己身为杜甫，或若亲践南亩，或若身居辋川，一切历历在目，宛如身临其境。自己本来有过某种审美经验，但那是模糊的、潜在的，找不到恰当的语言去表述它，忽然读到一首诗，它说出了自己想说却说不出的话，遂沉浸其中得到快慰。况周颐《蕙风词话》说："读词之法，取前人名句意境绝佳者，将此意境缔构于吾想望中。然后澄思渺虑，以吾身入乎其中而涵泳玩索之。吾性灵与相浃而俱化，乃真实为吾有而外物不能夺。"这段话里所说的涵泳玩索之际得到的那种美感，接近于我所说的熟稔感。

熟稔感之所以使人感到快慰，是由于以下三种原因：一是对以往审美经验的再体验。读者被带回到自己所熟悉的环境和气氛之中，得以重新去温习它、回忆它，就像故友重逢、旧地重游、旧梦重温所得到的快慰一样。二是诗人既然说出了自己也曾感受过却说不出的经验，遂对他产生一种知己与信任的感情。千古之诗人先得我心，当然是一件快事。三是伴随着对往日经验的回忆，而加深了对这经验的认识与理解，感到自己的理智更成熟了，从而得到满足。

在中国古典诗歌里，能引起熟稔之感的作品不胜枚举。陶渊明那些表现劳动生活、描写田园风光的诗歌，只要是在农村劳动过的人，无论什么时候读来都是亲切的。"暖暖远人村，依依墟里烟"（《归园田居》其一），每读此二句，则神游冥想，如置身于村舍篱落之间，沉浸到一片绿色的宁静里去。杜甫以仁人之心体察自然界的景物，在诗中创造了许多隽永深邃的意境。诸如"细雨鱼儿出，微风燕子斜"（《水槛遣心二首》之一）之写自然界的小动物；"江碧鸟逾白，山青花欲燃"（《绝句二首》之一）之写自然景物间彼此衬托相映成趣的一点发现，都有这种效果。此外如欧阳修的"日暮人归尽，沙禽上钓舟"（《晚过水北》）、黄庭坚的"落木千山天远大，澄江一道月分明"（《登快阁》）、陈与义的"卧看满天云不动，不知云与我俱东"（《襄邑道中》），都给人似曾相识的熟稔感。

（二）向往感。这是一种混合着惊讶、希望与追求的感觉。一种新的生活、新的性格，对人生、宇宙的新的理解，忽然展现在眼前，既夺目又夺心，使人兴奋而愉快。李白的《蜀道难》，贺知章读后称他为"谪仙人"，解金龟换酒为乐，就是沉浸于这种向往感，既向往他的诗又向往他的人。光怪陆离的李贺歌诗在读者心目中所引出的意境，也多伴有这种感觉。那由羲和敲打着的发出玻璃声的太阳，那因满布寒霜而敲不响的战鼓，那天河之中像石子一样漂流着的星星，那由老兔寒蟾泣成的天色，都能把读者带入从未经验过的境界中去，使人产生惊奇之感与向往之情。岑参的边塞诗为读者揭示了一个新的天地，在白雪的辉映下那冻不翻的红旗，由一夜大雪引出的春风与梨花的联想，都使人赞叹向往。并不仅仅是所谓浪漫主义的诗歌才会有这样的效果，凡是诗人独特的发现、完美的创造，都有磁石一般的力量，使人心向往之。如"潮平两岸阔，风正一帆悬"（王湾《次北固山下》）、"烟销日出不见人，欸乃一声山水绿"（柳宗元《渔翁》）、"绿蚁新醅酒，红泥小火炉"（白居易《问刘十九》）、"小楼一夜听春雨，深巷明朝卖杏花"（陆游《临安春雨初霁》）、"春雨断桥人不度，小舟撑出柳荫来"（徐俯《春游湖》），读者从这些诗句中所得到的意境，也都带着向往之情，几乎是读一遍便永远铭记在心了。

　　（三）超越感。这是在人格上或智力上走向完美的一种喜悦之感。诗人为我们打开一扇大门，展现了一个光明和智慧的世界。我们在诗人的引导下步入其中，原来的苦恼、困惑，名利之欲，怯懦之情，像抖去衣上的灰尘似的抖掉了。我们感到超越了故我，变得更纯净、更聪明、对人生更有信心了。熟稔感是回顾，向往感是追求，超越感是即时即刻向真善美的靠近。

超越感的建立，依赖诗人高尚的人格，对宇宙、社会、人生的深切理解，及其高超的艺术表现力，也依赖读者自身向上的要求。没有这种要求，就不会得到这种美感。

屈原的《离骚》为什么至今仍能激动我们的心？就因为诗人在其中表现的高尚人格对我们有一种净化的作用。"路漫漫其修远兮，吾将上下而求索。"读着这样的诗句，我们仿佛跟着屈原一起向着一个美好的目标奋力迈进，在追求的过程中不断得到超越的喜悦。陶渊明的诗自然淡泊，与他的人品是一致的。焦竑说："靖节先生人品最高，平生任真推分，忘怀得失，每念其人，辄慨然有天际真人之想。"（《陶靖节先生集序》）所谓"天际真人之想"，就是焦竑读陶诗所得到的超越感。又如杜甫的《春夜喜雨》，当读到"随风潜入夜，润物细无声"这两句的时候，所浮现的意境里也有这样一种超越感。春雨在最需要她的时候就悄悄地来了，脚步是那样轻柔，不惊动任何人。她滋润着万物，默默地，无声无息。既不想让人知道，也不是存心不让人知道。"润物"乃是她的天职，已化成她的本性。这样的诗当然会使人的精神超凡升华，并从而得到快感。

以上论述了诗人之意境、诗歌之意境和读者之意境这三个不同层次的意境。如果把读者即审美主体这个因素也考虑进去，我愿意对意境作如下的表述：意境是指诗人的主观情意与客观物象互相交融而形成的、足以使读者沉浸其中的想象世界。

境生于象而超乎象

所谓主观情意与客观物境的交融，不能简单地理解为情景交融或意境相加。情景交融，这四个字本没有什么不好，也许因为用滥了，反给人以肤浅的感觉。但我所说的"主观情意"，不只是"情"，而是包括了思想、感情、志趣、个性等许多因素。所以我有时索性用"情志"这个提法。我所谓"物境"也不等于"景"，"景"只是"物境"的一种，这是常识，无须赘言。至于意境相加则是一种很肤浅的说法，任何一部辞典，也不会把"交融"解释为"相加"。上篇所论意与境交融的三种方式：情随境生、移情入境、物我情融，没有一种是简单的加法。意与境交融之后所生成的这个"意境"是一个新的生命，不明白这一点，就很难讨论关于意境的其他问题了。

这里还有一个境和象的关系问题。刘禹锡所谓"境生于象外"[1]常被人引用和发挥。然而，只要从中国古典诗歌的实际出发（而不是作概念的演绎），联系自己欣赏诗歌的心理活动（离开自己的欣赏和涵泳，怎能体会古代诗论的真谛）来考察这个问题，

---

[1]《刘宾客文集》卷一九，《四部备要》本。

就不难发现，境和象的关系并不这样简单，对刘禹锡这句话的发挥也未必符合他的原意。若论境与象的关系，首先应当承认境生于象，没有象就没有境。刘禹锡虽然说"境生于象外"，但也不否认这一点。细读其《董氏武陵集纪》全文，其中有一段话称赞董侹的诗："心源为炉，笔端为炭，锻炼元本，雕镂群形，纠纷舛错，逐意奔走。"① 可见刘禹锡也十分重视象的摄取与加工。

可是，境生于象只说到了问题的一个方面，还有另一个方面就是境超乎象。由象生成的境，并不是一个个象的和，而是一种新的质。意境超出于具体的象之上，也就超越了具体的时间与空间，而有了更大的自由、更多的想象余地。由象到境，犹如从地面飞升到天空。人站在地上，被周围的东西包围着、壅塞着，所看到的是一些具体的景物。一旦翱翔于广袤的天空，就能看到超越于具体景物的一片气象。杜甫登上高高的慈恩寺塔，"俯视但一气，焉能辨皇州"。借用这两句诗可以说明超乎象而进入境的情况。没有大地就没有飞升的起点，但不飞离地面也不能进入意境。善于读诗和鉴赏诗的人都有类似的体验，读诗进入意境的时候，自己的心好像长上了翅膀，自由地飞翔于一个超越时空的无涯无涘的世界之中。刘禹锡在《董氏武陵集纪》中说他读董侹诗时的感受也正是这样的："杳如搏翠屏、浮层澜，视听所遇，非风尘间物。亦犹明金粹羽，得于遐裔。"②

---

① 《刘宾客文集》卷一九，《四部备要》本。

② 《刘宾客文集》卷一九，《四部备要》本。《全唐文》"搏"作"抟"，"粹"作"淬"。

所谓境超乎象，并不意味着意境的形成必须借助意象的比喻、象征、暗示作用。的确，英美意象派所讲的意象多指那些具有比喻、象征、暗示作用的艺术形象，中国古典诗歌中的松、菊、香草、美人，庶几近之。但中国一向对意象的理解却不限于此，那种具有比喻、象征、暗示作用的意象也不很普遍。只要是熟悉中国诗歌的人都知道，意境的形成不一定要靠比喻、象征和暗示。诸如："池塘生春草""明月照积雪""野旷天低树，江清月近人""大漠孤烟直，长河落日圆""孤帆远影碧空尽，唯见长江天际流""纷纷暮雪下辕门，风掣红旗冻不翻""岱宗夫如何，齐鲁青未了""落日照大旗，马鸣风萧萧""无边落木萧萧下，不尽长江滚滚来""半卷红旗临易水，霜重鼓寒声不起""雨后却斜阳，杏花零落香""暝色入高楼，有人楼上愁""楼船夜雪瓜州渡，铁马秋风大散关"。以上这些最见意境的诗句都不是靠比喻、象征、暗示形成的。把英美意象派所讲的意象硬搬过来套在中国传统诗歌的意境上，总显得不那么合身。

　　总之，境与象的关系全面而确切的表述应该是：境生于象而超乎象。意象是形成意境的材料，意境是意象组合之后的升华。意象好比细微的水珠，意境则是飘浮于天上的云。云是由水珠聚集而成的，但水珠一旦凝聚为云，则有了云的千姿百态。那飘忽的、变幻的、色彩斑斓的、千姿百态的云，它的魅力恰如诗的意境。这恐怕是每一个善于读诗，可以与之谈诗的人都会有的体验。

中国古典诗歌的意象

　　王国维在《人间词话》里说："言气质、言神韵，不如言境界。"境界是中国古典诗歌美学的一个重要范畴，讲境界的确比讲气质、讲神韵更能揭示中国诗歌艺术的精髓，也更易于把握。但是，讲诗歌艺术仅仅讲到境界这个范畴，仍然显得笼统。能不能再深入一步，在中国古典诗歌里找出一种更基本的艺术范畴，通过对这个范畴的分析揭示中国古典诗歌的某些艺术规律呢？我摸索的结果，找到了"意象"。

　　提起意象，也许有人以为是一个外来词，是英文 Image 的译文，并把它和英美意象派诗歌联系起来。其实，意象是中国古代文艺理论固有的概念和词语，并不是外来的东西。英美意象派所提倡的 Image 是指运用想象、幻想、譬喻所构成的各种具体鲜明的、可以感知的诗歌形象。意象派主张把自己的情绪全部隐藏在意象背后，通过意象将它们暗示出来。这恰恰是受了中国古典诗歌的影响。意象派的代表人物艾兹拉·庞德（Ezra Pound）和爱米·罗威尔（Amy Lowell）都是中国古典诗歌的爱好者。庞德认为中国古典诗歌整个儿浸泡在意象之中，是意象派应该学习的典范。他于1915年4月曾出过一本《神州集》，将厄内斯特·费诺罗萨（Ernest Fenollosa）一部分笔记中的日译汉诗翻译成英文，一共十九首。其中包括《诗经》一首、古乐府二首、陶潜诗一首、卢照邻诗一首、王维诗一首、李白诗十三首。《神州集》被誉为"用英语写成的最美的书"，其中的诗有"至高无上的美"。艾略特（T.S.Eliot）甚至说他是"为当代发现了中国诗的人"。罗威尔与人合译了中国古典诗歌一百五十首，取名《松花笺》（*Fir-flower Tablets*）。另一位著名翻译家阿瑟·韦利（Arthur Waley）所译的《中国诗一百七十首》，被文学史家誉为"至今尚有生命力的唯一意象派诗集"。[①] 尽管英美意象派标榜中国古典诗歌的意象，但他们对中国诗歌的理解毕竟是肤浅的。庞德的译诗单就语言艺术而论，在英诗中自当推为上乘之作。但他不谙中文，译诗是依据厄内斯特·费诺罗萨的日译本转译的，所以误译之处颇多，有时甚至自作主张地加上一些原诗里没有的意思。今天，我们立足于中国古典诗歌的实际来研究意象，当然可以取得较之古

---

① 参看赵毅衡《意象派与中国古典诗歌》，《外国文学研究》1979年第4期；杨熙龄《美国现代派诗歌举隅》，《世界文学》1979年第6期；张隆溪《弗莱的批评理论》，《外国文学研究》1980年第4期；艾兹拉·庞德《回顾》（老安、张子清译），《诗探索》1981年第1期；袁可嘉《外国现代派作品选》序言，上海文艺出版社1980年版。

人和庞德等人都更完满的成果。

一

意象是中国古代文艺理论固有的概念，然而这个概念也像中国古代文艺理论中其他一些概念一样，既没有确定的含义，也没有一致的用法。

有的指意中之象，如：

> 使玄解之宰，寻声律而定墨；独照之匠，窥意象而运斤。此盖驭文之首术，谋篇之大端。（刘勰《文心雕龙·神思》）
>
> 是有真迹，如不可知。意象欲出，造化已奇。（司空图《诗品·缜密》）

刘勰所谓意象，显然是指意中之象，即意念中的形象，刘勰用《庄子·天道》中轮扁斫轮的典故，说明意象在创作过程中的重要性。轮扁斫轮时，头脑中必定先有车轮的具体形状，然后依据这意中之象来运斤。作家在进行创作时，头脑中也必然先有清晰的形象，然后依据这意中之象下笔写作。刘勰认为形成意象是驭文谋篇首要的关键。司空图所谓意象比较费解，但既然说"意象欲出"，可见是尚未显现成形的，也即意念之中的形象。这意象虽有真迹可寻，却又缥缈恍惚，难以捕捉。当它即将呈现出来的时候，连造化也感到非常惊奇（意谓：意象有巧夺天工之妙）。
以上两例的意象，都是尚未进入作品的意中之象。

有的意象指意和象，如：

> 久用精思，未契意象，力疲智竭，放安神思，心偶照
> 境，率然而生，曰生思。（《唐音癸签》卷二引王昌龄语）
> 意象应曰合，意象乖曰离。（何景明《与李空同论诗书》）

王昌龄所谓"未契意象"，这意象就是指意和象、主观和客
观两个方面。因此才有一个契合与否的问题。何景明说"意象
应""意象乖"，也是从这两方面的关系上着眼的。

有的意象接近于境界，如：

> 予与二三友日荡舟其间，薄荷花而饮。意象幽闲，不类
> 人境。（姜夔《念奴娇》序）

上句说"意象幽闲"，下一句紧跟着又说"不类人境"，这意象显
然是指人境之外的另一种境界而言。

有的意象接近于今天所说的艺术形象，如：

> 意象大小远近，皆令逼真。（方东树《昭昧詹言》卷八）
> 孟东野诗，亦从风骚中出，特意象孤峻，元气不无斫削

耳。（沈德潜《说诗晬语》卷上）

或若擒虎豹，有强梁拿攫之形；执蛟螭，见蚴蟉盘旋之势。探彼意象，入此规模。（张彦远《法书要录》载张怀瓘《文字论》）

画之意象变化不可胜穷，约之，不出神、能、逸、妙四品而已。（刘熙载《艺概·书概》）

这几例意象都可以用艺术形象替换，它们的含义也接近于艺术形象。

如上所述，在古代意象这个概念虽被广泛使用，却没有确定的含义。我们不可能从古人的用例中归纳出一个明确的定义，但是把意和象这两个字连在一起而形成的这个词，又让我们觉得它所表示的概念是其他概念所不能替代的，借助它可以比较方便地揭示出中国古代诗歌艺术中某种规律性的东西。那么，能不能将古人所使用的意象这一概念的含义，加以整理、引申和发展，由我们给它以明确的解释，并用它来说明中国古典诗歌的艺术特点和艺术规律呢？我想是可以的。

要解决这个问题，首先应当划清意象和其他近似概念的界限，从比较中规定它的含义。但又要避免从概念到概念的演绎，而应从诗歌创作的实际出发，联系诗歌作品的实例来说明问题。下面我就试着用这种方法对中国古典诗歌的意象加以论述。

二

先看意象和物象的关系。

古人所谓意象，尽管有种种不同的用法，但有一点是共同的，就是必须呈现为象。那种纯概念的说理、直抒胸臆的抒情，都不能构成意象。因此可以说意象赖以存在的要素是象，是物象。

物象是客观的，它不依赖人的存在而存在，也不因人的喜怒哀乐而发生变化。但是物象一旦进入诗人的构思，就带上了诗人主观的色彩。这时它要受到两方面的加工：一方面，经过诗人审美经验的淘洗与筛选，以符合诗人的美学理想和美学趣味；另一方面，又经过诗人思想感情的化合与点染，渗入诗人的人格和情趣。经过这两方面加工的物象进入诗中就是意象。诗人的审美经验和人格情趣，即意象中那个意的内容。因此可以说，意象是融入了主观情意的客观物象，或者是借助客观物象表现出来的主观情意。

例如，"梅"这个词表示一种客观的事物，它有形状有颜色，具备某种象。当诗人将它写入作品之中，并融入自己的人格情趣、美学理想时，它就成为诗歌的意象。由于古代诗人反复地运用，"梅"这一意象已经固定地带上了清高芳洁、傲雪凌霜的意趣。

意象可分为五大类：自然界的，如天文、地理、动物、植物等；社会生活的，如战争、游宦、渔猎、婚丧等；人类自身的，如四肢、五官、脏腑、心理等；人的创造物，如建筑、器物、服饰、城市等；人的虚构物，如神仙、鬼怪、灵异、冥界等。

一个物象可以构成意趣各不相同的许多意象。由"云"所构成的意象，例如"孤云"，带着贫士幽人的孤高，陶渊明《咏贫士》："万族各有托，孤云独无依。"杜甫《幽人》："孤云亦群游，神物有所归。""暖云"则带着春天的感受，罗隐《寄渭北徐从事》："暖云慵堕柳垂条，骢马徐郎过渭桥。""停云"却带着对亲友的思念，陶渊明《停云》："霭霭停云，濛濛时雨。八表同昏，平路伊阻。"辛弃疾《贺新郎》："一樽搔首东窗里，想渊明、《停云》诗就，此时风味。"由"柳"构成的意象，如"杨柳依依"（《诗·小雅·采薇》），这意象带着离愁别绪。"柳丝无力袅烟空"（毛文锡《酒泉子》），这意象带着慵倦的意味。"千条弱柳垂青琐，百啭流莺绕建章"（贾至《早朝大明宫呈两省僚友》），这意象带着诗人早朝时的肃穆感。同一个物象，由于融入的情意不同，所构成的意象也就大异其趣。

诗人在构成意象时，可以夸张物象某一方面的特点，以加强诗的艺术效果，如"白发三千丈"（李白《秋浦歌》其十五），"黄河之水天上来"（李白《将进酒》）；也可以将另一物象的特点移到这一物象上来，如"我寄愁心与明月，随君直到夜郎西"（李白《闻王昌龄左迁龙标遥有此寄》），"丛菊两开他日泪，孤舟一系故园心"（杜甫《秋兴八首》其一），"长有归心悬马首，可堪无寐枕蛩声"（秦韬玉《长安书怀》）。这些诗都写到"心"，心本来不能离开身体，但李白的"愁心"却托给了明月，杜甫的

"故园心"却系在了孤舟上，秦韬玉的归心则悬在了马首上。这些意象都具有了"心"原来并不具备的性质。

诗人在构成意象时，还可以用某一物象为联想的起点，创造出世界上根本不存在的东西。李贺诗中的牛鬼蛇神大多属于这一类。火炬都是明亮的，李贺却说"漆炬迎新人"（《感讽五首》其三），阴间的一切都和人间颠倒着。"忆君清泪如铅水"（《金铜仙人辞汉歌》），铅泪，世间也不存在。但既然是金铜仙人流的泪，那么当然可以是铅泪了。

总之，物象是意象的基础，而意象却不是物象的客观的机械的模仿。从物象到意象是艺术的创造。

再看意象和意境的关系。

我在《中国古典诗歌的意境》里说，意境是诗人的主观情意和客观物象互相交融而形成的艺术境界。现在又说意象是主客观的交融契合，那么意象和意境有什么区别呢？我认为可以这样区别它们：意境的范围比较大，通常指整首诗，几句诗，或一句诗所造成的境界；而意象只不过是构成诗歌意境的一些具体的、细小的单位。意境好比一座完整的建筑，意象只是构成这建筑的一些砖石。

把意象和意境这样区别开来并不是没有依据的，依据就在"象"和"境"的区别上。"象"和"境"是互相关联却又不尽相同的两个概念。《周易·系辞》说："圣人立象以尽意。"王弼《周易略例·明象》说："夫象者出意者也，言者明象者也。"象，本指《周易》里的卦象，它的含义从一开始就是具体的。而境却有境界、境地的意思，它的范围超出于象之上。古人有时以象和境对举，很能见出它们的区别，如王昌龄说："圆通无有象，圣境不能侵。"（《同王维集青龙寺昙壁上人兄院五韵》）刘禹锡说："义得而言丧，故微而难能；境生于象外，故精而寡和。"[1] 显而易见，象指个别的事物，境指达到的品地。象是具体的物象，境是综合的效应。象比较实，境比较虚。

陆游的《临安春雨初霁》："小楼一夜听春雨，深巷明朝卖杏花。"这两句诗构成一种意境，其中有春天到来的喜悦，也有流光易逝的感喟。春的脚步随着雨声来到深巷，进入小楼，给诗人带来一个不眠之夜，诗人设想明天早晨该能听到深巷传来的卖花声了。如果把这两句诗再加分析，就可以看到它包含四个意象："小楼""深巷""春雨""杏花"。"小楼""深巷"，有静谧幽邃之感，衬托出诗人客居临安的寂寞。"春雨""杏花"，带着江南早春的气息，预告一个万紫千红的局面即将到来。陆游这两句诗的意境，就是借助这些富有情趣的意象以及它们的交互作用而形成的。

最后还要说明意象和辞藻的关系。

语言是意象的外壳。在诗人的构思过程中，意象浮现于诗人的脑海里，由模糊渐渐趋向明晰，由飘忽渐渐趋向定型，同时借着辞藻固定下来。而读者在欣赏诗歌的时候，则运用自己的艺术联想和想象，把这些辞藻还原为一个个生动的意象，进而体会

[1]《董氏武陵集纪》，见《刘宾客文集》卷一九。

诗人的思想感情。在创作和欣赏的过程中，辞藻和意象，一表一里，共同担负着交流思想感情的任务。

意象多半附着在词或词组上。一句诗可以有两个或两个以上的意象，如"孤舟——蓑笠翁"，"云破——月来——花弄影"，"风急——天高——猿啸哀"，"楼船——夜雪——瓜洲渡，铁马——秋风——大散关"。也有一句诗只包含一个意象的，如"北斗七星高"，"楼上晴天碧四垂"。意象有描写性的，或称之为静态的，如"孤舟""蓑笠翁"；也有叙述性的，或称之为动态的，如"云破""月来""花弄影"。意象有比喻性的，如"若问闲情都几许？一川烟草，满城风絮，梅子黄时雨"（贺铸《青玉案》）。也有象征性的，如《离骚》中的香草、美人。

一个意象不止有一个相应的词语，诗人不仅追求新的意象，也追求新的辞藻。"东家蝴蝶西家飞，白骑少年今日归。"（李贺《蝴蝶舞》）用"白骑少年"四字写思妇心中的游子，增强了游子给人的美感。辞藻新，意象也新。"绿蚁新醅酒，红泥小火炉。晚来天欲雪，能饮一杯无？"（白居易《问刘十九》）以"红泥小火炉"入诗，辞藻意象都新。

诗的意象和与之相适应的辞藻都具有个性特点，可以体现诗人的风格。一个诗人有没有独特的风格，在一定程度上即取决于是否建立了他个人的意象群。屈原的风格，与他诗中的香草、美人，以及众多取自神话的意象有很大关系。李白的风格，与他诗中的大鹏、黄河、明月、剑、侠，以及许多想象、夸张的意象是分不开的。杜甫的风格，与他诗中一系列带有沉郁情调的意象联系在一起。李贺的风格，与他诗中那些光怪陆离、幽僻冷峭的意象密不可分。各不相同的意象和辞藻，体现出各不相同的风格。它们虽然只是构成诗歌的砖瓦木石，但不同的建筑材料正可以体现不同的建筑风格。意象和辞藻还具有时代特点。同一个时代的诗人，由于大的生活环境相同，由于思想上和创作上相互的影响和交流，总有那个时代惯用的一些意象和辞藻。时代改变了，又会有新的创造出来。这是不难理解的。

三

确定了意象的含义以后，就可以进一步研究意象之间的组合规律，并从这个角度探讨中国古典诗歌的艺术特点。

一首诗从字面看是词语的连缀，从艺术构思的角度看则是意象的组合。在中国古典诗歌特别是近体诗和词里，意象可以直接拼合，无须乎中间的媒介。起连接作用的虚词，如连词、介词可以省略，因而意象之间的逻辑关系不很确定。一个意象接一个意象，一个画面接一个画面，有类似电影蒙太奇的艺术效果。例如杜牧的《过华清宫》后两句：

一骑红尘妃子笑，无人知是荔枝来。

"一骑红尘"和"妃子笑"这两个意象中间没有任何关联词，就那么直接地拼在一起。它们是什么关系呢？诗人并没有交代。可以说是"一骑红尘"逗得"妃子笑"了；也可以说是妃子在"一骑红尘"之中露出了笑脸，好像两个电影镜头的叠印。这两种理解似乎都可以，但又都不太恰切。诗人只说"一骑红尘妃子笑"，把两个具有对比性的意象摆在读者面前，意象之间的联系既要你去想象、补充，又不允许你把它凝固起来。一凝固起来就失去了诗味。再如欧阳修的《蝶恋花》，它写少妇的孤独迟暮之感，其中有这样几句：

雨横风狂三月暮，门掩黄昏，无计留春住。

"门掩"和"黄昏"之间省去了关联词，它们的关系也是不确定的。可以理解为黄昏时分将门掩上（因为她估计今天丈夫不会回来了）。也可以理解为将黄昏掩于门外。又可以理解为：在此黄昏时分，将春光掩于门内，关住春光使它不要离去。或许三方面的意思都有，诗人本不想把读者的想象固定在一处，我们也就不必把它讲死。反正那少妇有一个关门的动作，时间又是黄昏，而这个动作正表现了她的寂寞、失望和惆怅。又如温庭筠《商山早行》里的这两句：

鸡声茅店月，人迹板桥霜。

"人迹"和"板桥霜"之间虽然也没有连接词，但是这两个意象的关系比较清楚：人的足迹留在板桥霜上。"鸡声"和"茅店月"的关系就不那么清楚了。我们可以这样理解："鸡声"是报晓的鸡声，"茅店月"是晓天的残月，这两个意象属于同一个时间。另外，"鸡声"是从茅店传来的，残"月"也低挂在茅店的屋角上，耳闻的鸡声和目睹的残月又是属于同一个地点的。但是，也许不把"鸡声"和"茅店月"的关系固定下来更好。这句诗只不过借着一个声的意象和一个色的意象的直接拼合，表现了一个早行旅人的孤独感和空旷感。意象之间不确定的关系，正是留给读者进行想象的余地。

其他如"落日心犹壮，秋风病欲苏"（杜甫《江汉》）、"大漠孤烟直，长河落日圆"（王维《使至塞上》）、"落花人独立，微雨燕双飞"（晏几道《临江仙》），这一类例子不胜枚举。

中国古典诗歌的意象虽然可以直接拼合，意象之间似乎没有关联，其实在深层上却互相勾连着，只是那起连接作用的纽带隐蔽着，并不显露出来。这就是前人所谓峰断云连，辞断意属。也就是说，从象的方面看去好像是孤立的，从意的方面寻找却有一条纽带。这是一种内在的、深层的联系。意象之间似离实合，似断实续，给读者留下许多想象的余地和进行再创造的可能，因此读起来便有一种涵泳不尽的余味。

例如杜甫的"钩帘宿鹭起，丸药流莺啭"（《水阁朝霁奉简云安严明府》），王安石奉为五字之模楷①，它的好处就在于意象之间离合断续的关系。"钩帘"和"宿鹭起"一写自己，一写宿鹭，表面看来没有联系，其实不然。这是同时发生的两个动作，当诗人卷起帘子并把它钩上的时候，看到宿鹭飞起。也许是钩帘时惊动了宿鹭，也许不是。但帘的钩起和鹭的飞起难道没有一点类似的联想吗？"丸药"和"流莺啭"似乎也不相干，其实不然。诗人一边团药丸一边听到莺啼，团药丸时的触觉和莺啼圆啭的听觉，也有一点类似。表面看来互相孤立的意象，在深层的意义上就这样互相沟通着。

传为李白的词《忆秦娥》，也是一个很好的例子：

> 箫声咽，秦娥梦断秦楼月。秦楼月，年年柳色，霸陵伤别。　　乐游原上清秋节，咸阳古道音尘绝。音尘绝，西风残照，汉家陵阙。

这首词的意象跳动很大，秦楼月，霸陵柳，乐游原，咸阳古道，汉家陵阙，光是地点就换了这么多，所以浦江清先生说是"几幅长安素描的合订本"。如果再问一句，把这些孤立的意象连在一起的线索是什么呢？我想就是对长安这座古都的凭吊，对古代文

---

① ［宋］叶梦得《石林诗话》："蔡天启云：'荆公每称老杜"钩帘宿鹭起，丸药流莺啭"之句，以为用意高妙，五字之模楷。'"《历代诗话》本，中华书局1981年版，第406页。

中国古典诗歌的意象 ／

217

明的追怀，对盛世的留恋和对前途的惘然。作者仿佛是站在历史长河中间的一座孤岛上，正向着邈远的时间与空间茫然地举目四望，同时把他的一些破碎的回忆与印象编织成这首词。除了这感情的线索之外，上阕"秦楼月"和下阕"音尘绝"各自的重复，也起了连接意象的作用。

再举一首温庭筠的《更漏子》：

> 柳丝长，春雨细，花外漏声迢递。惊塞雁，起城乌，画屏金鹧鸪。　　香雾薄，透帘幕，惆怅谢家池阁。红烛背，绣帘垂，梦长君不知。

这首词写一个女子在春雨之夜，想念远在边塞的丈夫。上阕头三句，用"柳丝""春雨""漏声"写出了春夜的悠长与寂寞。漏声报时，应在室内，词里说漏声从花外传来，这是那个女子梦回初醒时的错觉，她把雨声当成漏声了。接着，词的意象跳到"塞雁""城乌"和"画屏金鹧鸪"。从边塞到城楼，从城楼再到闺房，由远及近，把不同地点的三个意象组织到一起。意象的跳跃是由漏声（即雨声）引起的，是漏声惊起了塞雁，惊起了城乌，也惊起了金鹧鸪。鹧鸪是绣在画屏上的，本不会飞，但在那女子的想象中，连它也随着塞雁、城乌一起惊飞了。这些惊飞的鸟象征着她不安的心情。她是那样容易为春雨惊动，所以在她的想象里，鸟儿也像自己一样地不安。"塞雁""城乌""金鹧鸪"这三个孤立的意象，就这样通过那女子的想象联系在一起了。下阕先写"香雾"，这芳香的、迷漫于闺阁内外的薄雾，制造了一种梦幻的、朦胧的气氛，和末句的"梦长君不知"恰好吻合。但直到最后，才出现那做梦的女子。她独卧在床，绣帘低垂着，正痴迷地思念着远在他乡的丈夫。

综观全词，柳丝、春雨、漏声、塞雁、城乌、金鹧鸪、香雾、帘幕、谢家池阁、红烛、绣帘，这些意象看来好像没有什么关联，却都由最后一句中的那个"梦"联系着，是她梦后的种种感觉。由梦串联起来的这些意象，把那女子的一片痴迷的印象很真实地表现了出来。

四

从意象组合的角度，我们可以对中国古典诗歌的一些传统技巧获得新的理解。

先说比兴。关于比兴的定义及其区别，历来众说纷纭。郑众说："比者，比方于物也；兴者，托事于物。"（《周礼·春官·大师》郑玄注引）刘勰说："故比者，附也；兴者，起也。附理者切类以指事，起情者依微以拟议。"[1] 宋代的李仲蒙说："索物以托情，谓之比，情附物者也。触物以起情，谓之兴，物动情者也。"

---

① 见［梁］刘勰著，范文澜注《文心雕龙注》卷八，人民文学出版社 1958 年版，第 601 页。

（《文心雕龙·比兴》）这是比较通达的几种说法。我在这篇文章里不想深入探究这个问题，我只想指出从意象组合的角度观察这个问题，可以说比兴就是运用艺术联想把两个或两个以上的意象连接在一起的一种诗歌技巧。这种连接是以一个意象为主，另外的意象为辅。作为辅助的意象对主要的意象起映衬、对比、类比或引发的作用。起前三种作用的是比，起后一种作用的是兴。用比所连接的意象之间的关系或明或暗，总有内在的脉络可寻。用兴所连接的意象之间的关系，没有内在的脉络可寻。比的用例，如：《诗经·卫风·伯兮》："其雨其雨，杲杲出日。愿言思伯，甘心首疾。"朱熹曰："冀其将雨，而杲然日出，以比望其君子之归而不归也。"李贺《老夫采玉歌》："杜鹃口血老夫泪"，也是比，以杜鹃鸟的啼血比采玉老夫的泪水。苏轼《太白山下早行至横渠镇书崇寿院壁》："乱山横翠幛，落月淡孤灯。"每一句都包含两个意象，而意象之间就是借助"比"连接起来的。兴的用例，如：《诗经》王风和郑风各有一首《扬之水》，都以"扬之水，不流束薪"起兴，但兴起的内容不同。王风的那首是征人思归，郑风的那首是兄弟不和。可见兴所组合的意象之间并没有内在的必然联系。

再说对偶。对偶可以把不同时间和空间的意象组合在一起，让人看了这一面习惯地再去看另一面。如"红颜弃轩冕，白首卧松云"（李白《赠孟浩然》），上句写孟浩然的青年时代，下句写他的老年时代，时间的跨度很大。而这两句诗的意象就是靠对偶连接起来的。"渭北春天树，江东日暮云"（杜甫《春日怀李白》），渭北、江东两地相去甚远，意象也是靠对偶连接的。"楼船夜雪瓜洲渡，铁马秋风大散关"（陆游《书愤》），时间和空间都有一个飞跃：一句是冬，一句是秋；一句是东南，一句是西北。因为有对偶在起连接作用，所以这两组不同时间、空间的意象放在一起，并不使人感到突兀。"无边落木萧萧下，不尽长江滚滚来"（杜甫《登高》），上句着眼于空间的广阔，下句着眼于时间的悠长。两句的意象通过对偶连接在一起，表现出一派无边无际的秋色。可见对偶是连接意象的一座很好的桥梁，有了它，意象之间虽有跳跃，而读者心理上并不感到是跳跃，只觉得是自然顺畅的过渡。中国古代的诗人常常打破时间和空间的局限，在广阔的背景上自由地抒发自己的感情。对偶便是把不同时间和空间的意象连接起来的一种很好的方法。

中国古典诗歌语言的音乐美

　　文学艺术的各种形式互相渗透、互相影响，是文艺史上带有规律性的现象。而在各种文艺形式中，诗歌是最活泼、最有亲和力的一种。它和散文结合，成为散文诗；和戏剧结合，成为歌剧。它和绘画所使用的工具虽然不同，但是互相渗透和影响的关系却显而易见。古希腊抒情诗人西蒙尼德（Simonides）说："诗为有声之画，画为无声之诗。"[1] 我国的张浮休也说："诗是无形画，画是有形诗。"[2] 苏东坡则说："少陵翰墨无形画，韩幹丹青不语诗。"[3] 都指出了诗与画的密切关系。至于诗歌和音乐的关系就更密切了。西方的文艺理论认为诗歌和音乐都属于时间艺术。音乐是借助声音构成的，诗歌也要借助声音来吟诵或歌唱，而声音

---

[1] 见普鲁塔克《伟人传》。

[2] 张舜民《画墁录·跋百之诗画》，《百川学海》本。

[3] 《王直方诗话》所引，见郭绍虞《宋诗话辑佚》。

的延续即是时间的流动。中国古代第一部诗歌总集《诗经》中的每一篇都可以合乐歌唱，《墨子·公孟篇》里"弦诗三百，歌诗三百"的话可以为证。《诗经》风、雅、颂的区分也是由于音乐的不同。诗和乐像一对孪生的姊妹，从诞生之日起就紧密地结合在一起。诗，不仅作为书面文字呈诸人的视觉，还作为吟诵或歌唱的材料诉诸人的听觉。

既然诗歌和音乐的关系如此密切，那么诗人在写诗的时候自然会注意声音的组织，既要用语言所包含的意义去影响读者的感情；又要调动语言的声音去打动读者的心灵，使诗歌产生音乐的效果。然而中国古典诗歌的音乐美是怎样构成的呢？本文拟从汉语的特点入手，结合诗例，对这个问题作一番探讨。

节　奏

合乎规律的重复形成节奏。春夏秋冬四季的代序，朝朝暮暮昼夜的交替，月的圆缺，花的开谢，水的波荡，山的起伏，肺的呼吸，心的跳动，担物时扁担的颤悠，打夯时手臂的起落，都可以形成节奏。

节奏能给人以快感和美感，能满足人们生理上和心理上的要求，每当一次新的回环重复的时候，便给人以似曾相识的感觉，好像见到老朋友一样，使人感到亲切、愉快。颐和园的长廊，每隔一段就有一座亭子，既可供人休息，又可使人驻足其中细细观赏周围的湖光山色。而在走一段停一停、走一段停一停这种交替重复中，也会感到节奏所带来的快感与美感。一种新的节奏被人熟悉之后，又会产生预期的心理，预期得中也会感到满足。节奏还可以使个体得到统一、差别达到协调、散漫趋向集中。众人一起劳动时喊的号子，队伍行进时喊的口令，都有这种作用。

可见，仅仅是节奏本身就具有一种魅力。

语言也可以形成节奏。每个人说话声音的高低、强弱、长短，各有固定的习惯，可以形成节奏感。这是语言的自然节奏，未经加工的，不很鲜明的。此外，语言还有另一种节奏即音乐的节奏，这是在语言自然节奏的基础上经过加工造成的。它强调了自然节奏的某些因素，并使之定型化，节奏感更加鲜明。诗歌的格律就建立在这种节奏之上。然而，诗歌过于迁就语言的自然节奏就显得散漫、不上口；过于追求音乐节奏，又会流于造作、不自然，只有那种既不损害自然节奏而又优于自然节奏的、富于音乐感的诗歌节奏才能被广泛接受。这种节奏一旦被找到，就会逐渐固定下来成为通行的格律。

诗歌的节奏必须符合语言的民族特点。古希腊语和拉丁语，元音长短的区别比较明显，所以古希腊诗和拉丁诗都以元音长短的有规律的交替形成节奏，有短长格、短短长格、长短格、长短短格等。荷马史诗《伊里亚特》和《奥德赛》都是由五个长短短格和一个长短格构成，叫六音步诗体。古梵文诗主要也是靠长短音构成节奏。德语、英语、俄语，语音轻重的分别明显，诗歌遂以轻重音的有规律的交替形成节奏，如轻重格、重轻格。

中国古典诗歌的节奏是依据汉语的特点建立的，既不是长短格，也不是轻重格，而是由以下两种因素决定的。

首先是音节和音节的组合。汉语一个字为一个音节，四言诗四个音节一句，五言诗五个音节一句，七言诗七个音节一句，每句的音节是固定的。而一句诗中的几个音节并不是孤立的，一般是两个两个地组合在一起形成顿。顿，有人叫音组或音步。四言二顿，每顿两个音节；五言三顿，每顿的音节是二二一或二一二；七言四顿，每顿的音节是二二二一或二二一二。必须指出，顿不一定是声音停顿的地方，通常吟诵时倒需要拖长。顿的划分既要考虑音节的整齐，又要兼顾意义的完整。

音节的组合不仅形成顿，还形成逗。逗，也就是一句之中最显著的那个顿。中国古、近体诗建立诗句的基本规则，就是一句诗必须有一个逗，这个逗把诗句分成前后两半，其音节分配是：四言二二，五言二三，七言四三。林庚先生指出这是中国诗歌在形式上的一条规律，并称之为"半逗律"。他说："'半逗律'乃是中国诗行基于自己的语言特征所遵循的基本规律，这也是中国诗歌民族形式上的普遍特征。"①

揭示了"半逗律"，我们才能解释为什么有的句子凑成了四、五、七言，却仍然不像诗，原因就在于音节的组合不符合这条规

---

① 林庚：《关于新诗形式的问题和建议》，《问路集》，北京大学出版社 1984 年版，第 247 页。

律。揭示了"半逗律",还可以解释为什么六言诗始终未能成为主要形式,就因为二二二的这种音节组合无法形成半逗,不合乎中国诗歌节奏的习惯。

还有一个有趣的现象,读四言诗觉得节奏比较呆板,五七言则显得活泼,其奥妙也在于音节的组合上。四言诗,逗的前后各有两个音节,均等的切分,没有变化。五七言诗,逗的前后相差一个音节,寓变化于整齐之中,读起来就觉得活泼。

四言二二,五言二三,七言四三,这是构成诗句的基本格律。符合了这条格律,就好像为一座建筑物竖起了柱子。至于其他格律,如平仄、对仗,不过是在这柱子上增加的装饰而已。中国诗歌的格律似乎很复杂,说穿了就这么简单。

其次,押韵也是形成中国诗歌节奏的一个要素。

押韵是字音中韵母部分的重复。按照规律在一定的位置上重复出现同一韵母,就形成韵脚产生节奏。这种节奏可以把涣散的声音组织成一个整体,使人读前一句时预想到后一句,读后一句时回想起前一句。

有些民族的诗歌,押韵并不这样重要。例如古希腊诗、古英文诗、古梵文诗。据十六世纪英国学者阿斯查姆所著的《教师论》,欧洲人写诗用韵开始于意大利,时当纪元以后,中世纪曾风行一时。德国史诗《尼伯龙根之歌》,以及法国中世纪的许多叙事诗都是押韵的。文艺复兴以后,欧洲诗人向古希腊学习,押韵又不那么流行了。十七世纪以后押韵的风气再度盛行。到近代自由诗兴起，押韵的诗又减少了。但中国古典诗歌是必须押韵的，因为汉语语音长短、轻重的区别不明显，不能借助它们形成节奏，于是押韵便成为形成节奏的一个要素。

中国古典诗歌的押韵，唐以前完全依照口语，唐以后则须依照韵书。根据先秦诗歌实际用韵的情况加以归纳，可以看出那时的韵部比较宽，作诗押韵比较容易，汉代的诗歌用韵也比较宽。魏晋以后才逐渐严格起来，并出现了一些韵书，如李登的《声类》、吕静的《韵集》、夏侯咏的《四声韵略》等，但这些私家著作不能起到统一押韵标准的作用。唐代孙愐根据《切韵》刊定《唐韵》，此书遂成为官定的韵书。《切韵》的语音系统是综合了古今的读音和南北的读音，加以整理决定的，和当时任何一个地区的实际读音都不完全吻合。作诗押韵既然要以它为依据，自然就离开了口语的实际情形。这是古典诗歌用韵的一大变化。到了宋代，陈彭年等奉诏修了一部《广韵》，它的语音系统基本上根据《唐韵》，分四声，共二百零六韵，比较烦琐。但作诗允许"同用"，相近的韵可以通押，所以实际上只有一百一十二韵。宋淳祐年间平水刘渊增修《壬子新刊礼部韵略》，索性把《广韵》中可以同用的韵部合并起来，成为一百零七韵，这就是"平水韵"。元末阴时夫考订"平水韵"，著《韵府群玉》，又并为一百零六韵。明清以来诗人作诗基本上是按这一百零六韵。但"平水韵"保存着隋唐时代的语音，和当时的口语有距离。所以在元代另有一种"曲韵"，是完全按照当时北方的语音系统编定的，以供写作北曲的需要。最著名的就是周德清的《中原音韵》，此书四声通押，共十九个韵部。现代北方曲艺按"十三辙"押韵，就是承袭《中原音韵》的。"十三辙"符合现代普通话的语音系统，可以作为新诗韵的基础。

总之，押韵是同一韵母的有规律的重复，犹如乐曲中反复出现的一个主音，整首乐曲可以由它贯穿起来。中国诗歌的押韵是在句尾，句尾总是意义和声音较大的停顿之处，再配上韵，所以造成的节奏感就更强烈。

音　调

色有色调，音有音调。一幅图画往往用各种色相组成，色与色之间的整体关系，构成色彩的调子，称为色调。一首乐曲由各种声音组成，声音之间的整体关系，构成不同风格的音调。一首诗由许多字词的声音组成，字词声音之间的整体关系，也就构成了诗的音调。

声音的组合受审美规律支配，符合规律的谐，违背规律的拗。音乐中有协和音程与不协和音程，中国古典诗歌有律句与拗句。音程协和与否，取决于两音间的距离。诗句谐拗的区别，在于平仄的搭配。

中国古典诗歌的音调主要是借助平仄组织起来的。平仄是字音声调的区别，平仄有规律地交替和重复，也可以形成节奏，但并不鲜明。它的主要作用在于造成音调的和谐。

那么，平仄的区别究竟是什么呢？音韵学家的回答并不一致。有的说是长短之分，有的说是高低之别。赵元任先生经过实验认为："一字声调之构成，可以此字之音高与时间之函数关系为完全适度之准确定义。"[1] 这就是说平仄与声音的长短、高低都有关系。但这种测定并没有考虑上下文的影响。拿诗来说，一句诗里每个字读音的长短，要受诗句节顿规律的制约。同一个字在不同的位置上读音的长短并非固定不变的。例如，平声字应当是较长的音，但若在诗句的第一个音节的位置上就不能拖长。"君问归期未有期，巴山夜雨涨秋池。"这两句诗中的"君"字、"巴"字如果读成长音岂不可笑？相反地，一个仄声字本来应该读得比较短，如果在一句五言诗的第二个音节的位置，或七言诗第四个音节的位置，却须适当拖长。例如："君家何处住？妾住在横塘"第二句的那个"住"字，"劝君更尽一杯酒，西出阳关无故人"中的那个"尽"字，都是仄声，却要读成长音。这样看来，在诗句之中平仄的区别主要不在声音的长短上，而在声音的高低上。可以说平仄律是借助有规律的抑扬变化，以造成音调的和谐优美。

齐梁以前并不知道声调的区别，齐梁之际才发现平上去入四种声调。《南史·陆厥传》云：永明间，"盛为文章。……汝南周颙善识声韵。约等文皆用宫商，将平上去入四声，以此制韵，有

---

[1] 赵元任：《中国言语字调底实验研究法》，《科学》1922年第9期。

平头、上尾、蜂腰、鹤膝。……世呼为'永明体'。"《梁书·沈约传》云：约"撰《四声谱》，以为在昔词人累千载而不寤，而独得胸衿，穷其妙旨，自谓入神之作"。《梁书·庾肩吾传》云："齐永明中，文士王融、谢朓、沈约文章始用四声，以为新变。"从以上材料可以看出，周颙偏重于四声本身的研究，沈约致力于四声在诗中的应用。沈约在《宋书·谢灵运传论》中的一段话，可以说是运用四声的总纲领："欲使宫羽相变，低昂互节，若前有浮声，则后须切响。一简之内，音韵尽殊；两句之中，轻重悉异。妙达此旨，始可言文。"所谓宫羽、低昂、浮切、轻重，都是指平仄而言。简单地说就是要求一句之内或两句之间各字的声调要有符合规律的变化。沈约还创立了"八病"说，规定了八种应当避忌的声律方面的毛病。前四病"平头""上尾""蜂腰""鹤膝"，都是属于声调方面的。"八病"是消极的避忌，转到正面就是平仄格律的建立。从永明年间的沈约到初唐的沈佺期、宋之问，这个过程大概有两百年。平仄的格律配上押韵和对偶的格律，再固定每首诗的句数、字数，就形成了律诗、绝句等近体诗。

声病说的提出和永明体的出现，是中国诗歌史上的一件大事，它标志着诗人们寻求诗歌的音乐美已经取得重大的进展。从永明体到近体诗又是一大进步。单论诗歌音调的和谐，近体诗可以说是达到完美的地步了。它充分利用了汉语的特点，把诗歌可能具有的音乐美充分体现出来。

初学者往往觉得近体诗的平仄格律很难掌握，这是因为没有抓住它的基本规律，只是死记平仄的格式。它的基本规律只有四条，只要掌握了这四条，自己也可以把平仄的格律排列出来。这四条规律是：一句之中平平仄仄相间，一联之内上下两句平仄相对，下联的上句与上联的下句平仄相粘，句末不可出现三平或三仄。概括起来只有一条原则，就是寓变化于整齐之中。《文心雕龙·声律篇》有"同声相应""异音相从"的话，"同声相应"是求整齐，"异音相从"是求变化。整齐中有变化，变化中有整齐，抑与扬有规律地交替和重复着，造成和谐的音调。和谐的音调对于思想内容的表达，无疑会增添艺术的力量。这样说绝没有否定古体诗艺术表现力的意思，音调和谐只是诗歌艺术性的一个方面。从表现思想内容的需要出发，有时反而需要拗。是谐是拗，全在诗人的恰当运用。

除了平仄之外，古典诗歌还常常借助双声词、叠韵词、叠音词和象声词来求得音调的和谐。

双声词和叠韵词是由部分声音相同的字组成的词，声母相同的叫双声词，韵母相同的叫叠韵词。叠音词是声音完全相同的词。李重华《贞一斋诗说》云："叠韵如两玉相叩，取其铿锵；双声如贯珠相联，取其宛转。"王国维《人间词话》云："余谓苟于词之荡漾处多用叠韵，促节处用双声，则其铿锵可诵，必有过于前人者。"铿锵、宛转，荡漾、促节的细微区别，虽未必尽然，但双声、叠韵的音乐效果是确实存在的，而且叠音词的效果也是一样。它们的音乐效果可以这样概括：即在一连串声音不同的字中，出现了声韵部分相同或完全相同的两个邻近的字，从而强调了某一个声音以及由此声音所表达的情绪，铿锵的越发铿锵，婉转的益见婉转，荡漾的更加荡漾，促节的尤为促节。至于象声词则是模仿客观世界的声音而构成的词，它只有象声的作用而不表示什么意义。象声词的效果在于直接传达客观世界的声音节奏，把人和客观世界的距离缩短，使人有身临其境之感。

双声、叠韵、叠音、象声，这类词在中国古典诗歌里运用得相当广泛。如"参差荇菜"；"青青子衿，悠悠我心"；"聊逍遥以相羊"；"迢迢牵牛星，皎皎河汉女"；"田园寥落干戈后，骨肉流离道路中"；"无边落木萧萧下，不尽长江滚滚来"；"寻寻觅觅，冷冷清清，凄凄惨惨戚戚"。这些词用得恰当，不但增加了音乐美，也加强了抒情的效果。

声　情

以上所说的节奏和音调，是就声音论声音，是一首诗中各个字的字音的配合组织。然而，古典诗歌的音乐美并不完全是声音组合的效果，还取决于声和情的和谐。就像作曲时要根据表达感情的需要选择和变换节奏、调式一样，写诗也要根据表达感情的需要安排和组织字词的声音。只有达到声情和谐、声情并茂的地步，诗歌的音乐美才算是完善了。下面就以两首诗歌为例，作一番具体的分析。

　　崔颢的《黄鹤楼》，严羽《沧浪诗话》评为唐人七言律诗第一，但没有讲出道理。沈德潜《唐诗别裁》评曰："意得象先，神行语外，纵笔写去，遂擅千古之奇。"着眼于意象神气，就进了一步。我看这首诗的好处还可以从声情上去分析。诗人登楼远眺引起怀古思乡之情，"白云千载空悠悠"这一句将前半的怀古很自然地过渡到后半的思乡。望了汉阳树，望了鹦鹉洲，再往北望去就是诗人的家乡汴州了。但乡关是望不见的，所见只是烟波浩渺而已。末句"烟波江上使人愁"，既是思乡之愁，又是怀古之愁，客游他乡的寂寞与流光易逝的惆怅交融在一起。诗的感情不是停滞于一点，而是由古及今、由此及彼地流动着。或者说是从黄鹤楼这个点向外辐射开去，既有对历史的回顾又有对乡关的思念。感情悠悠，云水悠悠，诗所押的韵（楼、悠、洲、愁）读起来也是徐缓而悠长的。再看前四句中的"黄鹤"，竟重复出现了三次："昔人已乘黄鹤去，此地空余黄鹤楼。黄鹤一去不复返，白云千载空悠悠。"诗人打破了律诗平仄的格律，放弃了平仄协调的音乐美，却取得另一种回肠荡气的音乐效果。"黄鹤"这个双声词连续出现，造成一种新的节奏感，恰当地表现了因登黄鹤楼而产生的思古之幽情。相传李白的《鹦鹉洲》和《登金陵凤凰台》是仿效崔颢的《黄鹤楼》，不知是不是这样，但这两首诗的情感、声吻以及声情的配合的确和《黄鹤楼》近似。

　　又如白居易的《上阳白发人》，以七言为主，间以三言，在整饬中求变化。"上阳人，红颜暗老白发新。绿衣监使守官门，一闭上阳多少春！""秋夜长，夜长无寐天不明。耿耿残灯背壁影，萧萧暗雨打窗声。"句式的错落，节奏的变换，造成感情的高潮一个又一个地迭起。而频繁地换韵，又造成感情的曲折与回荡，的确是一首声情并茂的佳作。

博采　精鉴　深味　妙悟

——研究中国诗歌艺术的点滴体会

　　诗是中国文学的主流。中国诗歌源远流长，积累了丰富的艺术经验。研究中国古代诗歌的艺术，不仅有助于加深对全部中国古代文学的认识，也可以为当代诗歌创作提供有益的借鉴。遗憾的是，长期以来这方面被忽略了。我们习惯于从社会学、历史学、政治学的角度去研究诗，这当然是必要的，但不善于把诗作为诗，从它所具有的艺术特点、艺术魅力这个方面入手去进行研究。艺术分析的方法比较简单，使用的词语显得贫乏，具有民族特色的系统的诗歌理论也未能建立起来。有鉴于此，我选择了中国诗歌艺术作为自己的一项研究课题。

　　我为自己规定了几条准则。第一，从中国诗歌的实际出发，多掌握和研究第一手资料。第二，吸取中国古代诗歌理论中的精华，但不因循守旧；有的需要改造和发展，就加以改造发展，使之臻于完善。第三，借鉴外国诗论中适用于中国诗歌的成分，但决不赶时髦。第四，尝试着建立一种较系统的诗歌艺术理论，并用以进行诗歌的艺术分析。我的方法是兼顾诗歌艺术论和诗歌艺术史两方面，先选出若干题目撰成论文，然后加以汇集整理。好比下围棋，布子的时候看上去是散漫的，然而心中始终有个整体的格局。现在这项研究工作已经告一段落，尚未取得使自己满意的成果，但这几条准则始终没有违背。我是研究文学史的，理论素养不高，常为理论问题而困惑。正因为这样，就更逼着自己去研究理论。于是我写了《魏晋玄学中的言意之辨与中国古代文艺理论》《论意境》等文章。如果在文学史方面有根底，资料比较熟，研究理论也许会有点新的发现。我们研究诗歌艺术，不能像古人那样，偏重直观的印象而不注意理论的建树。但是搞理论如果脱离中国诗歌的实际，对诗人和诗歌作品不进行深入的研究，那理论将会是贫血的、苍白的，隔靴搔痒，无济于事。诗歌艺术论的探讨和诗歌艺术史的考察互相结合，互相印证，互相发明，有可能取得比较圆满的成果。而这项研究也就可以成为建立中国诗学的第一步。

研究中国诗歌艺术和研究其他学问一样，需要足够的知识储备和顽强的钻研精神。不要以为研究对象具有可欣赏性，研究本身就会轻松些。我以前所做的文言小说考证固然艰苦，研究诗歌艺术也同样艰苦，因为这项工作带有理论性，所以有时觉得难度更大。治学无轻松之路。这大概是每一位严肃的学者共同的体会。

博采与精鉴是治学的普遍要求，对诗歌艺术研究也完全适用。章学诚曾批评诗话之末流曰："以不能名家之学，入趋风好名之习；挟人尽可能之笔，著惟意所欲之言。"这批评是否恰当姑且不论，我们研究诗歌艺术倒是不能不引以为戒的。避免这弊病的方法即在于博采和精鉴，也就是采取科学的态度。诗歌艺术不等于平常所谓写作技巧，它的范围很广泛，制约因素也很多。就一个诗人来说，人格、气质、心理、阅历、教养、师承等等都起作用。就一个时代来说，政治、宗教、哲学、绘画、音乐、民俗等等都有影响。把诗人及其作品放到广阔的时代背景上，特别是放到当时的文化背景上，才有可能看到其艺术的奥秘。我写《王维诗歌的禅意与画意》《李白诗歌与盛唐文化》，就是这方面的尝试。找到诗歌与其他文化形态相通的地方，着眼于横向的比较，可能看到平时不易看到的东西。见识广、采撷博，眼界才能高，诗歌艺术的研究才能不局限于写作技巧的范围之内，而在更广阔的领域里、更深层的意义上展开，同时研究的水平也就可以随之而提高起来。

所谓精鉴，包括两个方面。一方面是指资料的鉴别与考订，如善本的选择、字句的校勘、作品真伪的判别、作品年代的考证、作品内容的笺释等等。在上述各方面都要下一番实实在在的功夫。如能把考证的功夫运用到诗歌艺术的研究上，诗歌艺术研究就有了坚实的基础。如果能从资料的鉴别考订引申到诗歌艺术的品评上来，会感到更有兴味。我写《词风的转变与苏词的风格》，曾朝这个目标努力过。写《温词艺术研究》，为了弄清"小山重叠金明灭"这一句里的"小山"究竟指什么，曾经参考各家的注释和时贤的文章，遍检《花间集》和《唐五代词》，作了认真的考证，并由此看出这句诗含有双重意象，体现了温词构图精巧、富于装饰美的特点。精鉴的另一方面是善于鉴别作品的优劣。趣味要高，眼力要好。《文心雕龙·知音》曰："凡操千曲而后晓声，观千剑而后识器；故圆照之象，务先博观。"看得多了才有比较，亲自从事创作实践才更精于鉴赏。刘勰的话是很有道理的。

深味与妙悟是研究诗歌艺术的特殊要求。

中国古典诗歌多为短小的抒情诗，篇幅短小而意蕴丰富。那言外的韵味，尤其需要细细咀嚼。所以钟嵘在《诗品序》里提出"滋味"二字，并用以说诗。诗歌艺术是极其精微的，得失往往只在一字之差。而要用语言道出它的精微，又绝非易事，就连诗人自己也常为此感到困惑。欧阳修《书梅圣俞稿后》曰："余尝问诗于圣俞。其声律之高下，文语之疵病，可以指而告余也；至其心之得者，不可以言而告也。余亦将以心得意会，而未能至之者也。"我们研究古人的诗歌艺术，如果拘于字句的表层意义，而不能品尝出声吻之间字句之外更多的滋味，就无法深入。许多长于诗词的前辈都曾指出吟诵涵泳的重要，在吟诵涵泳之际可以深深品味到诗的意蕴情趣，得诗人之用心。诗歌的品味，既不能穿凿附会，也不能停留在字句上。可以从语言开始，进而至于意象，再进而达于意境，复进而臻于风格。品味到风格，就达到了对诗人的总体把握。

　　"妙悟"二字出自《涅槃无名论》，是指超越寻常的、特别颖慧的悟觉、悟性。严羽在《沧浪诗话》里说："大抵禅道惟在妙悟，诗道亦在妙悟。"把妙悟用到了诗歌的创作上。妙悟并不是什么神秘的东西，我们不妨也借用一下，并赋予它以特定的含义。我们可以说妙悟是对诗歌的一种超常的感受能力和共鸣效果。诗歌创作需要妙悟，诗歌的阅读、欣赏和诗歌艺术研究也需要妙悟。这和诗的特点有关。不同体裁的文学作品满足读者不同的阅读心理，读者对不同体裁的文学作品也有不同的心理期待和不同的接受方式。我们有时从书架上抽出一本诗集来读，有时抽出一本小说来读，有时抽出一本回忆录来读。抽取不同的书，我们的心境不同，心理期待也不同。诗和读者的关系是心灵间直接的呼唤与应和，无须借助故事情节和人物形象，所以读者有时会不知不觉地把自己当成了诗人。我们登上庐山，情不自禁地吟诵"登高壮观天地间，大江茫茫去不还"；此时自己仿佛成了李白。我们给远方的朋友写信时，信手引了陶渊明的"情通万里外，形迹滞江山"；仿佛这两句诗是从自己肺腑中自然流出的。当然，小说中的人物也可以引起读者的同情，但那是小说家让他所创造的人物去叩打读者的心扉。而诗人却是亲自前来，并把自己的心直接贴在读者心上。所以当读者沉浸在诗里的时候，和诗人已是浑然一体不分彼此了。阅读任何文学作品都需要感受，都可能产生共鸣。而诗的特点规定了诗歌鉴赏在更大程度上依赖于感受能力和共鸣效果。诗歌艺术的研究也是这样。妙悟虽可得之于天赋，但主要还是得之于后天的培养，是由于反复的实践而获得的敏捷性。在正确指导下多读多思，并练习写作，是很有好处的。

博采、精鉴、深味、妙悟，四者结合起来，就有希望打开中国诗歌艺术这座宝库，看到其中璀璨的珍宝，并为我们自己民族的文化而自豪。我的研究工作也许微不足道，但自信方向和道路是不错的。我希望更多的青年朋友和我一道从事这项研究工作，分享我在研究过程中所得到的喜悦。

古典诗词与性情的陶冶

　　首先要说明一点：中国是一个诗的国度，我们是在谈论诗词对我们这些生活在诗的国度中的人所产生的陶冶作用。那么，为什么说中国是一个诗的国度呢？

　　第一，诗歌的传统源远流长。《诗经》中的诗篇最早可以追溯到公元前十一世纪，与荷马史诗或印度史诗《罗摩衍那》相比，都是早的。而且中国的诗歌传统，从《诗经》、《楚辞》、汉魏六朝古诗、唐宋诗词，一直到元、明、清，从来没有中断过。

　　第二，中国重视"诗教"。孔子曰："入其国，其教可知也。其为人也温柔敦厚，诗教也。"（《礼记·经解》）孔子又说："小子何莫学夫诗，诗可以兴，可以观，可以群，可以怨。迩之事父，远之事君，多识于鸟兽草木之名。"（《论语·阳货》）《论语》里还有这样一段记载："尝独立，鲤趋而过庭。曰：'学诗乎？'对曰：'未也。'曰：'不学诗，无以言。'鲤退而学诗。"（《论语·季氏》）孔子的这些话既反映了当时的情况，又对后代产生了很大的影响。

第三，中国在春秋时代各诸侯国会盟的时候，或者其他外交场合，常常会赋诗言志，通过赋诗的方式，把一些不愿意或者不便直接表达的意思，委婉地表达出来。在《左传》里就有不少这样的记载，例如《左传》僖公二十三年记载晋文公秦穆公赋诗："他日公享之，子犯曰：'吾不如衰之文也，请使衰从。'公子赋《河水》（《河水》，逸诗，义取河水朝宗于海，海喻秦），公赋《六月》（六月，《诗小雅》，道尹吉甫佐宣王征伐，喻公子还晋，必能匡王国）。赵衰曰：'重耳拜赐。'公子降拜稽首，公降一级而辞焉。衰曰：'君称所以佐天子者命重耳，重耳敢不拜。'"孔子所谓"不学诗无以言"，其实也和这种诗歌外交有关。我把这种情况称之为"诗歌外交"，在其他的国家大概是没有的。

第四，唐代考进士的时候要考作诗作赋，以诗赋取士，这种情况在其他的国家恐怕也没有。唐朝钱起《省试湘灵鼓瑟》就是一首著名的省试诗，在尚书省礼部参加考试时所作的："善鼓云和瑟，常闻帝子灵。冯夷空自舞，楚客不堪听。苦调凄金石，清音入杳冥。苍梧来怨慕，白芷动芳馨。流水传潇浦，悲风过洞庭。曲终人不见，江上数峰青。"

第五，诗歌对其他文学体裁以及艺术有深远的影响。诗歌影响散文，形成骈文，骈文是散文诗。在南朝，不但叙事、抒情用骈文，如江淹的《恨赋》《别赋》；议论也用骈文，就连诏令、奏议、书启等应用文，也都用骈文。著名的文学理论著作《文心雕龙》也是用骈文写成的。唐传奇是诗化的小说，正是在唐代诗歌发展的高潮中，小说汲取了诗歌的营养，成长为具有鲜明人物形象和完整故事情节的传奇。唐传奇那种秀异的意绪、瑰奇的想象、华赡的辞采、清新的风格，借自诗歌艺术的实在不少。唐传奇的许多作者本身就是诗人，他们以诗人的眼睛观察生活，用小说的形式抒写诗情。可以说唐传奇是诗意很浓的小说。宋元以后的白话小说中也穿插有诗，即"有诗为证"，其中有些诗歌成为小说有机的组成部分。中国的戏曲是歌剧，曲词就是诗，《西厢记》中那段优美的唱词便是诗歌的上乘之作："碧云天，黄花地，西风紧，北雁南飞。晓来谁染霜林醉？总是离人泪。"此外，诗歌与绘画的关系也很密切，或者是画家在自己的画上题诗，或者是收藏者、观画者题诗。这里题画诗的数量很多，其中的佳作也很多，康熙《御定题画诗类》（陈邦彦编）一百二十卷，收诗 8900 多首。李白写过《当涂赵炎少府粉图山水歌》、杜甫写过《戏题王宰画山水图歌》，都是值得注意的作品。杜甫在这首诗里说："尤工远势古莫比，咫尺应须论万里。"可见他是很懂画的。古代的画论和诗论有许多相同之处，如提倡自然，推崇天趣，可以互相发明。中国的绘画讲究诗意，诗歌讲究画意，苏轼所谓"味摩诘之诗，诗中有画；观摩诘之画，画中有诗"（宋胡仔《苕溪渔隐丛话》前集卷一五）已成为一句经典性的评论。

第六，中国人的思维有一个特点就是重直觉，中国人的表达方式也有一个特点就是重含蓄，这都是诗性的。这也可以使我们认识到中国是一个诗的国度。

我说这些情况就是想告诉各位，诗歌对于中国文化来说是多么重要，对于中国人来说是多么重要。我们学习中国文化，不能不注意学习中国的诗歌；我们做一个中国人，不能不注意用诗歌来陶冶自己的性情。

下边就进入正题：古典诗歌和情趣的陶冶。

我在 1957 年从北大毕业留校后，一直都在教中国古典文学，主要是六朝的诗歌、唐诗、宋词等等。我越来越深切地感到，诗词的教学对学生情趣的培养很有作用，而情趣又是伴随同学一生的，我越来越觉得我不仅是在传授知识，而且是在培养同学们的情趣。所谓情趣，包括情调和趣味两个方面。学生情趣的高低直接地影响着一个人素质的高低，也体现我们教育水平的高低。古典诗词的陶冶作用是潜移默化的，它的作用可以跟随学生一生，并且随时随地表现出来。我们看一个人，是否受过古典诗词的陶冶是不一样的，哪里不一样？情调、趣味不一样。那么古典诗词是怎么样陶冶人的情趣呢？结合我个人的体验，从四个方面展开来说一下。

一

古典诗词可以使我们和古代优秀的诗人在心灵上相沟通。欣赏他们的诗歌，好像是和朋友对话。我觉得我这几十年在教书的时候，讲李白也好，讲杜甫也好，讲苏东坡也好，都是向同学们介绍我的好朋友，我是用这种态度和心情来讲课的。因为我自己读他们的作品的过程，就是和他们交朋友的过程。有这么多优秀的人物做自己的朋友，那是多么幸福的事情！读他们的诗，欣赏他们的诗，就好像是跟他们对话，他们的人格感染了我们，也提高了我们的情趣。在古代的诗人里，我可以很骄傲地说有很多可以跟我分享快乐、分担忧愁的朋友。现在我就举几位介绍给大家。

我的第一位朋友就是屈原。他把自己整个的生命融入诗里去了，通过他的诗，我们可以看到他人格的美，这种人格美主要表现在两个方面。

第一个方面是独立不迁。"独立不迁"这四个字是出自屈原的一篇作品叫《橘颂》，其中有这样四句："嗟尔幼志，有以异兮。独立不迁，岂不可喜兮？"（洪兴祖《楚辞补注》）大家知道"橘过淮而为枳"[1]，屈原用橘树的这种本性来表现他对养育了自己的故乡的热爱和依恋，以及在政治斗争中坚持原则、决不随波逐流的严正态度。屈原一生的所作所为，就是独立不迁的最好的注释。当时的楚国，在腐朽贵族集团的控制下日益衰微，屈原的改革主张不能实现，反而受到诽谤和打击，处境很困难。在《离骚》这首诗里，他倾诉了自己的苦闷，他曾想到别的国家去寻找

---

[1]《晏子春秋》卷六（影印文渊阁《四库全书》本）："橘生淮南则为橘，生于淮北则为枳，叶徒相似，其实味不同。所以然者何？水土异也。"

古典诗词与性情的陶冶

机会，想象自己升上了天空，有八条龙为他驾车，云彩所编织的旗子在车上迎风招展，有上千辆的车跟在后面，浩浩荡荡地飞向远方……就在这个时候，他忽然从天空看到了自己的故乡，他的仆人悲伤起来了，就连为他驾车的马也蜷着身子不肯前进了，屈原自己当然更不忍心离开自己的祖国。这就是屈原在那篇有名的作品《离骚》最后所写的情形："陟升皇之赫戏兮，忽临睨夫旧乡。仆夫悲余马怀兮，蜷局顾而不行。乱曰：已矣哉！国无人莫我知兮，又何怀乎故都？既莫足与为美政兮，吾将从彭咸之所居！"（洪兴祖《楚辞补注》）在楚国没有人理解我，我何必怀念故国呢？但他还是不能离开。他宁肯效法那位古代的贤人彭咸自杀，也不肯离开。

怎么样才能独立不迁呢？屈原有两条原则，就是无求和苏世。《橘颂》里说："嗟尔幼志，有以异兮。独立不迁，岂不可喜兮？深固难徙，廓其无求兮。苏世独立，横而不流兮。"首先是无求。凡是随波逐流的人，都是有求的，如果不图私利，就能够做到不屈己不甘人，顶天立地，保持独立的人格。"苏世独立，横而不流兮。"苏是醒悟的意思，在人世间必须头脑清醒、是非明辨，才能保持自己的独立而不至于随波逐流。屈原这几句诗很值得我们仔细地去体味。

屈原人格美的另一个方面是上下求索的精神。我们都读过他的《天问》，这篇作品里一共提出了一百七十多个问题，涉及天文、地理、历史、政治等许多方面。《天问》是屈原站在哲学的高度探索宇宙和社会的规律所留下的一份记录。屈原的代表作《离骚》，在我看来整首诗就是一个大问号，围绕着两个问题：一个问题是楚国的出路何在，另一个问题是自己的出路何在。整首诗就是围绕着这两个重大的问题来写的。这两个问题好像一首乐曲里的两个主旋律，反复地出现，不断地寻求着合理的答案："路漫漫其修远兮，吾将上下而求索。"寻找的是什么？就是这两个问题的答案。这两句诗也就成为千古之名句。

我还有一个好朋友，就是陶渊明。我为这位朋友，倾注了二十年的时间和精力写了两本书：一本是《陶渊明研究》①，一本是《陶渊明集笺注》②。研究陶渊明，是我跟陶渊明对话、交朋友的过程。我不敢把话说得太绝对，大概陶渊明集的各种重要的版本，特别是善本，我都认真地研究过了，关于陶渊明的资料、关于陶渊明的研究论著凡是我能找到的都读过了，当然还会有遗漏。现在保存下来的陶集，有好几种宋代的刻本，还有元代的刻本，明清的刻本就更多了。

我对陶渊明有这样一个基本的看法，就是他一方面延续着魏晋诗歌的古朴作风，而进入更加纯熟的境地，像一座里程碑，标志着古朴的诗歌所能达到的高度；另一方面他又是一位创新的先锋，他成功地将"自然"提升为一种美的至境，使诗歌和日常生活相结合，并且开创了田园诗这种新的体裁，他的清高、他的耿

---

① 《陶渊明研究》，北京大学出版社 1997 年版。

② 《陶渊明集笺注》，中华书局 2003 年版。

介、他的洒脱、他的恬淡、他的质朴、他的真率、他的淳厚、他的善良，还有他的幽默，他对人生所作的哲学思考，这一切连同他的作品一起，为后世的士大夫构筑了一个巢，构筑了一个精神的家园，一方面可以掩护他们和虚伪、丑恶划清界限，另一方面也可以使他们得到休息和逃避。所以在中国，特别是从宋代以后，知识分子对陶渊明有强烈的认同感。北宋苏东坡开始写和陶诗，陶渊明有《饮酒二十首》，苏东坡就写《和饮酒二十首》；陶渊明有《归去来兮辞》，苏东坡就写《和归去来兮辞》。苏东坡和了以后，他的弟弟苏辙再继续和。这件事情在当时的文坛上引起一阵轰动，宋代的许多著名文人也都和陶诗，这种风气延续到元朝，元朝的刘因写过和陶诗；延续到明朝，明朝的戴良等人写过和陶诗，明朝末年的方以智也写了和陶诗；清朝山东曲阜的孔继镣也写过和陶诗。和陶诗已经成为一个传统，在我所做的那本《陶渊明集笺注》里就附了九种和陶诗，一共是十家，其实和陶诗的数量远远超过这九种十家。这个现象说明什么？说明后人对他认同，有认同感。所以我说陶渊明已经成为中国文化的一种符号，代表着中国文化里一部分精粹的东西。

陶渊明有其哲学思考，他所思考的是什么呢？是有关宇宙、历史、人生的重大问题，譬如什么才是真实的？人生的价值何在？怎样的生活才完美？如何对待死亡？等等。他的思想既融会了儒家和道家两家的思想，又来自个人的生活实践，具有独特的视点、方式和结论。而他所思考的结论，又都付诸实践，身体力行，他认为应该怎么生活就怎么生活，不只是说说而已。如果再进一步加以概括，陶渊明思考人生得出两个主要的结论：一个结论是安贫乐道，物质生活并不是最重要的，道才是最重要的，理想、人格才是重要的；另外一个主要的结论就是崇尚自然，痛恨虚伪。安贫乐道和崇尚自然也是陶渊明人生的两大支柱。陶渊明的思想可以这样概括：就是通过泯去后天的经过世俗熏染的伪我，以求返归一个真我。陶渊明是魏晋风流的一位代表，魏晋风流是魏晋士人所追求的一种人格美，或者说是他们所追求的一种艺术化的人生，也就是用自己的言行、诗文使自己的人生艺术化。我们从世俗的眼光看来，陶渊明的一生是很枯槁的；但是以超俗的眼光看来，他的一生却是很艺术的，他的《五柳先生传》《归去来兮辞》《归园田居》《时运》，这些作品都是他的艺术化人生的写照。他求为彭泽县令和辞去彭泽县令的过程，他对江州刺史王弘的态度，他抚弄无弦琴的故事，还有他取头上的葛巾滤酒的趣闻，也是他的艺术化人生的表现。我很想写一部关于陶渊明的小说，不过我没有自信，恐怕写不好。因为写小说需要"啰唆"，要有细节，一句话敷衍成一百句；写诗要精练，一百句话凝练成一句，我是研究诗歌的，习惯了凝练，大概是写不出小说来了。但是我真的有一个愿望，如果能写一部以陶渊明为题材的小说，把我对陶渊明的理解和感情，结合当时的复杂的社会局面写出来，也许还有点看头。

李白也是我的好朋友。这个人很有个性，很有才华，也很有魅力。李白是在四川长大的，二十五岁出蜀——四川是很好的人才的摇篮，但是要充分施展才能呢，最好还是出三峡。从四川出来的人，譬如说司马相如，了不起吧？扬雄，了不起吧？陈子昂，了不起吧？《登幽州台歌》多么好！我曾经建议在北京幽州台的故址立一块石碑，把《登幽州台歌》刻在上面。不必像琅琊台那样搞一群雕像，也不必把那个石碑弄得整整齐齐的，就选一块自然形状的大石头，刻上："前不见古人，后不见来者，念天地之悠悠，独怆然而涕下。"宋代的三苏，苏东坡和他的父亲、弟弟，四川人。再往后，巴金，四川人。郭沫若，四川人。他们都是在四川孕育了才能，然后出夔门求发展，都取得很大的成就。李白离开四川的时候二十五岁，他带了三十万金，不到一年就花完了，接济了穷苦的朋友们，他是一个很仗义的人。李白很有魅力，贺知章第一次跟李白见面，读了他的《蜀道难》，惊呼他是"谪仙人"：你哪里是一个普通的人啊？你是天上的神仙，犯了过错被贬谪到人间的，要不然怎么能写出《蜀道难》这么好的诗来？马上就解金龟换酒来招待李白（金龟是当时官员佩戴的一种装饰品）。杜甫是在洛阳遇上李白的，杜甫比李白小十一岁，大概会把李白当作一个前辈的诗人看待。那时候李白刚离开长安，经过洛阳，碰上了杜甫。李白去长安可不是他自己要去的。唐朝的读书人都要参加科举考试，中了进士，然后再经过诠选，才授一个官。李白不参加科举考试，他要直取卿相。经过别人推荐，唐玄宗知道了他的大名，把他请到长安。可是以他的性格，跟那些权贵是合不来的，所以待了三年，他就自动请还。玄宗给他做了什么官呢？叫供奉翰林，大概属于侍从文人之类。李白干了三年不干了，就从长安出来，在洛阳碰到了杜甫。杜甫居然就跟着李白，漫游了很多地方。杜甫非常珍惜这一份回忆，他有两句诗说："醉眠秋共被，携手日同行。"（《与李十二白同寻范十隐居》）这段生活给杜甫留下了很深的印象。杜甫一生，大概写了十一首诗，是送给李白的或者是怀念李白的。李白因为参加永王李璘的军队失败，先关在浔阳监狱里，后来流放到夜郎。在李白最困难的时候，杜甫写了《不见》，诗里说："世人皆欲杀，吾意独怜才。""落月满屋梁，犹疑照颜色。"（《梦李白二首》其一）写得多么好。当时还有一位年轻人，姓魏，叫魏万，又叫魏颢，他非常崇拜李白。李白不是到处漫游吗？他就一路去追赶。追踪数千里，最后终于在扬州见到了李白。这个情形，有点像我们现在的追星族。李白很赏识他，就把自己的作品都交给他，请他为自己编一部集子，而且说："尔后必著大名于天下。"① 你以后一定会成大名。后来魏万果真替李白编了一个集子，写了一篇序。他编的集子，那个版本已经失传了，但是那篇序保存下来了，这个过程就是那篇序里所写的。我举魏万这个例子，也可以说明李白的魅力。

我尤其欣赏李白，他在腐朽的权贵面前，是一种桀骜不驯的

① ［唐］魏万《李翰林集序》（《李白集校注》附录三"序跋"，瞿蜕园、朱金城校注，上海古籍出版社 1980 年版，第 1791 页）。

不肯摧眉折腰的态度，可是他对朋友却是满腔热情。他有一首诗叫《金乡送韦八之西京》，他的这位朋友姓韦，行八。唐朝有个习惯，把姓和排行连起来称呼，叫他韦八。金乡是山东的地名。《金乡送韦八之西京》中有这么两句："狂风吹我心，西挂咸阳树。"（《全唐诗》卷一七五）他说你到长安，到咸阳那一带，我不能一路送你去，但是我的心会跟着你飞到长安，好像他的心就是一个风筝，随着风飘啊飘啊，飘到咸阳，挂在咸阳的树上。"狂风吹我心，西挂咸阳树"，多么深情，李白随时可以把他的心掏出来给朋友的。他听说王昌龄贬官到龙标，他就把自己的心寄托给明月，送王昌龄一路到龙标。"我寄愁心与明月，随君直到夜郎西。"（《闻王昌龄左迁龙标遥有此寄》）

尤其使我感动的是他对贫苦人民的态度。他有一首诗题目叫《宿五松山下荀媪家》。五松山在安徽铜陵县（现铜陵市义安区）。前几年我到安徽去，经过铜陵县，我就想起李白，心里有一种抑制不住的冲动，这是李白来过的地方啊！铜陵山下有一位姓荀的老太太，有一天，李白晚上投宿在这位荀媪家，他写了这首诗表达自己当时的感受。这是一首五言诗，我念给大家听："我宿五松下，寂寥无所欢。田家秋作苦，邻女夜舂寒。跪进雕胡饭，月光明素盘。令人惭漂母，三谢不能餐。"（《全唐诗》卷一八一）有些书讲李白会忽略这首诗，不讲，但我特别喜欢。我们要有一个对比，就是李白在那些权贵面前是什么态度，而对五松山下的荀老太太又是什么态度，这是一个普通的贫苦的农民！

李白说：我晚上投宿在五松山下，这里生活很艰苦，我感到很寂寞，"寂寥无所欢"，没有什么让我高兴的事情。那些农民秋天要收割庄稼，他们的劳动很辛苦，"田家秋作苦"；邻居的妇女，白天干了一天活，晚上还要舂米，"邻女夜舂寒"。请同学们注意这个"寒"字，想象那个邻女，在秋天，衣服很单薄，她身上是会感到寒冷的；另外一方面，"寒"也是声音的寒，李白听到隔壁传来了舂米的声音，他感到声音的寒冷和凄凉。荀老太太怎么招待他呢？把自己仅有的最好的食物奉献给他，就是雕胡饭。雕胡是一种水生植物，它结的果实叫菰米，白色的，那是一种产量很低的很难得的食品。荀媪"跪进雕胡饭"，把家里最好的东西拿出来招待李白。"月光明素盘"，月亮照到这个盛雕胡饭的盘子上，盘子是素盘，白的，雕胡饭也是白的，月光也是白的，在月光的照耀下，这一盘雕胡饭更加显得晶莹剔透。李白什么态度呢？他说"令人惭漂母"，这是用韩信的典故。韩信在贫穷的时候，走投无路的时候，有一个老太太，一个漂母，救济了他，给了他食物，后来他封了侯，就很重地报答了这位漂母。李白说我不像韩信那样，我没有希望封侯，没有机会报答那位老太太，我对这样的招待非常地惭愧。"三谢不能餐"，一而再、再而三地推辞，"谢"可以当推辞讲，也可以当感谢讲。一而再、再而三地推辞、感谢，实在不忍心把这雕胡饭吃下去。"令人惭漂母，三谢不能餐。"这是李白的另外一面，加以对比，你们看李白多么可爱。在王公大人面前桀骜不驯的李白，在一位乡下老太太面前却是这样的谦逊，这才显示了李白的伟大。

我还有一位朋友，就是杜甫。我喜欢李白，也喜欢杜甫。喜欢他什么？喜欢他两条。第一，是他那种面对现实积极入世的态度。古代的士大夫都信奉这样两句话，叫"穷则独善其身，达则兼济天下"。(《孟子·尽心上》) 杜甫突破了这种局限，不管是穷还是达，都要兼济天下。实际上杜甫一辈子没有达过，他非常地坎坷。考进士没考上，那一年的考试李林甫说"野无遗贤"，一个都不录取。杜甫向唐玄宗献三大礼赋，希望得到唐玄宗的信任，也没有结果，在长安等了十年，才等到一个很小的官，看守兵器库，右卫率府兵曹参军。紧接着就爆发安史之乱了。安史之乱以后，他跑到凤翔去见唐肃宗，做了拾遗。他这个人太直，为了营救房琯得罪了皇帝，就来到四川投靠他的朋友严武，严武在四川做节度使，过了一段比较安定的生活，严武给他求了一个工部员外郎的官衔。后来他又沿江而下，在夔州住了一段时间，最后死在湖南。他一辈子都穷——同学们注意，在古汉语里的"穷"和现代汉语里的"穷"意思不一样。现代汉语里"穷"是什么意思？就是没钱花，这个古代叫"贫"。古代的"穷"是穷途末路，路走不通叫穷。"穷则独善其身，达则兼济天下。"但是杜甫不管是穷还是达都要兼济天下，都忧国忧民，都要想办法出主意改善人民的生活，用诗歌来抨击弊端。我欣赏杜甫的这种面对现实积极入世的态度。我还喜欢他另一点，就是那种坚强乐观的精神。杜甫虽然有悲观的时候，但是他绝不是一个悲观主义者。不管时局多么恶劣，自己的遭遇多么不幸，他从来也没有丧失信心，即使是那些揭露政治黑暗、反映人民疾苦的诗，仍然是含着希望的。坚强乐观，也可以说是整个中国古典文学的基调。有些作家的命运很悲惨，但是他们对人生的态度并不悲观，创作主体的悲剧性和作品的乐观精神这两方面的统一，是中国古典文学的一个重要特点，这在戏剧里面表现得最明显。古希腊的悲剧，主人公无法抗拒命运的支配，一再遭到命运的打击，一败涂地，一惨到底，让人产生畏惧和悲悯之情。而中国的戏剧，即使主体的部分很悲惨，往往也带有一个喜庆的结尾，叫作"大团圆"。像关汉卿，他所写的那些被侮辱与被损害的弱者，最后总是战胜残暴的压迫者。有些戏正反两方面力量的对比太悬殊了，观众以为必定是以悲剧告终无疑，但是出乎意料，关汉卿还是让正义战胜邪恶，在欢乐中结束他的戏剧。他似乎不愿意让观众带着一种沉重的感情离开。在古代的诗词里，乐观的精神也很突出，这主要是对人生的肯定和对生活的热爱。中国有入世的诗歌，也有出世的诗歌，就是山林、隐逸这一派，但是少有厌弃人生的诗歌。出世并不是厌弃人生，只是厌弃世俗社会，要到大自然里建立一种理想的生活。陶渊明被称为"隐逸诗人之宗"，可是他的田园诗绝不是厌世之作，相反的，处处洋溢着对大自然的热爱，对田园生活的热爱。他的诗富有浓郁的生活气息，像村舍、鸡犬、豆苗、桑麻，这些日常生活中的事物，在陶渊明笔下无不生意盎然。

以上就是我要讲的第一部分，我们可以通过阅读欣赏古典诗词，跟古人交朋友，从而提升我们自己的人格，丰富我们的情趣。

二

古典诗词可以给人以诗的眼光，去观察自然和生活并且体味自然和人生的多姿多彩。诗的眼光，对于一个人来说很重要。

古典诗词里有大量的山水诗，这些作品可以引导我们热爱和欣赏大自然。不是任何人都能够欣赏大自然的，欣赏大自然也要有一种能力，古典诗歌可以启发我们。日月、星辰、风云、雨露、山川、草木、花鸟、虫鱼……这一切构成人类赖以生存的自然环境。人类当然要开发和改造大自然，但是不能破坏人与大自然的和谐，不能做大自然的掠夺者。相反的，要学会和大自然相协调，在心灵上和大自然沟通，而且要学会欣赏它。一个没有古典诗词修养的人，当然也会欣赏，但是有了这方面的修养，情趣就更高雅了。我们大概都有这种经验，来到一处风景优美的地方，赞叹之余，脱口道出一句古诗来，这时候我们觉得古代的诗人先得我心，于是进入一个诗的境界。古典诗词里这一类的名句是不胜枚举的。中国古代写海的诗比较少，写海的好诗尤其少，好的如曹操的《观沧海》："东临碣石，以观沧海。水何澹澹，山岛竦峙。树木丛生，百草丰茂。秋风萧瑟，洪波涌起。日月之行，若出其中。星汉灿烂，若出其里。幸甚至哉，歌以咏志。"

（《步出夏门行》）古代的诗里写长江的多，写汉江的也多。盛唐诗人王湾的《次北固山下》："客路青山外，行舟绿水前。潮平两岸阔，风正一帆悬。海日生残夜，江春入旧年。乡书何处达，归雁洛阳边。"（《全唐诗》卷一一五）北固山在现在的江苏镇江，三面临江，诗人坐船在北固山下停了一夜，早上起来继续前进。"客路青山外，行舟绿水前。"这两句起得很平稳，五律开头要起得平稳一点，好给后边留有余地，以便掀起波澜。"海日生残夜，江春入旧年。"在他笔下，海日和江春都是那么迫不及待地、提前地到来。在黑夜将尽未尽的时候，大海上的太阳就提前地、迫不及待地升起来了。长江两岸的春天，在旧年里、腊月里就提前来了！"潮平两岸阔，风正一帆悬。"春潮涣涣，江水上涨，王湾的船也跟着水位上涨，从船上往两岸看去，视野开阔。风向正好跟自己前进的方向是一致的，扬起帆来，鼓满了风。王湾当时写这首诗的时候未必有意来表现他的时代，但是我们今天读这两句诗，会觉得这就是盛唐气象的写照。王湾最后说：要写一封家书寄到家乡，寄到哪里去呢？大雁都在北飞，就托大雁带一封家信，告诉远在洛阳的家人我很平安。又如王维的《汉江临眺》："楚塞三湘接，荆门九派通。江流天地外，山色有无中。郡邑浮前浦，波澜动远空。襄阳好风日，留醉与山翁。"（《全唐诗》卷一二六）其中这两句："江流天地外，山色有无中。"写得很精彩，气魄很大。他不说山色是青的，或者山色是绿的，而说"山色有无中"，若有若无，好像有山色，好像又没有山色，就是那么朦朦胧胧，写出了南方阴雨之际的景色。再看李白的《望天门山》："天门中断楚江开，碧水东流至此回。两岸青山相对出，孤帆一片日边来。"(《全唐诗》卷一八〇)天门山在安徽，在马鞍山市附近，夹着长江，一边一座，好像一座门。附近还有采石矶，相传李白坐船在采石矶附近的长江中，晚上喝醉了，看到江水里有月亮的影子，他就投到江水里，入水捉月而死。李白非常喜欢月亮，他的诗里多次地描写月亮，明月是光明皎洁的象征，他大概是要去拥抱那一轮明月吧。1985 年我参加在马鞍山召开的中日学者李白研讨会，游览了天门山和采石矶，在那里摆着笔墨纸砚，让参加会的人作诗、题字。我有一首即兴的五言绝句："双峰云汉外，绝壁大江前。"——前一句讲天门山，后一句讲采石矶。采石矶是一个悬崖峭壁，在长江边上。"太白今何在，犹疑抱月眠。"太白如今在哪儿呢？他死了吗？不是说他穿着宫锦袍入水捉月而死吗？我不相信！他还活着，我猜想他还抱着月亮在那儿睡觉呢。"犹疑"这两个字是用杜甫《梦李白》中的词语："落月满屋梁，犹疑照颜色。"杜甫梦到李白，梦醒了以后，看到月亮已经西沉了，月光照到屋梁上，似乎是照着李白的面孔。李白是不会死的，他没有死，我们每天都在读他的诗，每天都有李白的声音。还有杜甫的《登高》：第一句"风急天高猿啸哀"，七个字，写了风，写了天，写了猿。第二句"渚清沙白鸟飞回"，又是七个字写了三样事物。"无边落木萧萧下，不尽长江滚滚来。万里悲秋常作客，百年多病独登台。艰难苦恨繁霜鬓，潦倒新停浊酒杯。"(《全唐诗》卷二二七）我的老师林庚先生有一篇文章叫《说"木叶"》①，说"木叶"这个词好，如果说"无边树叶萧萧下"，感觉就不好了。"袅袅兮秋风，洞庭波兮木叶下"，非得"木叶"不可，它有那种干枯的感觉，秋天的感觉。还有黄庭坚的《登快阁》："落木千山天远大，澄江一道月分明。"其中的"落木"也好。

还有一些描写日常生活的诗歌，也能增加我们生活的情趣。例如陶渊明的田园诗，我本来就喜欢。1959 年下放农村劳动，1964 年又到农村住了大半年，1970 年又去"五七干校"劳动了一年多，有了这些劳动的体验，农村生活的体验，就更觉得陶渊明的田园诗好。譬如说，他有一首诗叫《庚戌岁九月中于西田获早稻》，在庚戌那一年的九月中，他在西田收割早稻。我个人的一孔之见，认为"早稻"这个词是不对的，因为九月中怎么还收早稻呢？阴历的九月中，阳历的十月中了，天已经挺冷了。我们在江西鄱阳湖边上"五七干校"劳动，是在阳历的七月，阴历的六月，收割早稻，接着再播种晚稻，双抢。那时候最累了，早上天不亮就得起来干活，一直到天黑了才收工。所以我觉得九月中获早稻的这个"早"字，大概是个错字。我做陶渊明集的注，不敢轻易地改动原文，要改动必须有版本的根据，没有版本根据不敢轻易改动。当然也可以改，这叫作"理校"，通过推理，证实错误。理校是最见学问的，但是也最容易犯错误。《庚戌岁九月

① 收录于《唐诗综论》一书的"唐诗远音"部分，人民文学出版社 1987 年版。

古典诗词与性情的陶冶 /

中于西田获早稻》，这个"早稻"，无论如何不对，九月中不会获早稻，我觉得应该是"旱稻"，干旱的旱，因形近而致误。诗里写的那片西田是在山上，很可能是旱田。那么会不会"九"字错了，是"七"月中呢？也不对，因为诗里头说道："山中饶霜露，风气亦先寒。"这样的气候不会是七月，应该是九月。中国种植旱稻的历史很悠久，《齐民要术》里就写到旱稻。在南方，一些山区种植旱稻；北方，像山东，有的地方也种植旱稻。我把话岔开了，再回到陶渊明这首诗上来，其中有两句是这样写的："盥濯息檐下，斗酒散襟颜。"劳动一天以后，在房檐底下，休息一下，洗洗脸，洗洗脚，再喝点酒，"斗酒散襟颜"。什么叫"散襟颜"呢？心情放松了，脸上的表情也放松了。我原来也觉得这两句诗好，可是到江西鄱阳湖边的五七干校劳动以后，才觉得这两句诗更好。我劳动的那个地方，跟陶渊明的家乡隔着一个鄱阳湖，我一边劳动一边看着鄱阳湖对岸陶渊明的家乡，劳动一天以后，回到住处打一盆热水，到房檐底下洗洗脸泡泡脚，再喝上一杯茶，虽然没有酒喝，可是一天的辛苦好像已经消解了许多。"盥濯息檐下，斗酒散襟颜"，写出了这种生活体验，读这样的诗句可以帮助我们体会生活的情趣。

类似这样富有生活情趣的诗还可以举很多，像杜甫的《江村》："老妻画纸为棋局，稚子敲针作钓钩。"（《全唐诗》卷二二六）这是他在成都的时候写的，那段生活比较安定。他说他的老妻在纸上画了一个棋盘；他的小孩呢，要钓鱼，没有鱼钩，就敲针作钓钩。杜甫对他的妻子是非常的忠诚的，你们看那首《月夜》怎么写的："今夜鄜州月，闺中只独看。遥怜小儿女，未解忆长安。香雾云鬟湿，清辉玉臂寒。何当倚虚幌，双照泪痕干。"（《全唐诗》卷二二四）他想象自己的老伴儿很漂亮。他一个人被安史的军队俘虏到长安，和他的家人分开了，家人都在鄜州，他在长安写了这首诗表达对家人的思念。"今夜鄜州月"，今天晚上鄜州的那一轮月亮，只有我老伴儿一个人在看。我在长安看着月亮，她在鄜州看着月亮，我们都很孤独。"遥怜小儿女，未解忆长安。"这两句有两种讲法，一种讲法是：我那些孩子们还小，还不懂得想念在长安的我，不能像妈妈那样想念我。还有一种讲法，就是小儿女不理解妈妈想念我的那种心情。这就更显得他的老妻孤独。杜甫进一步想象，"香雾云鬟湿，清辉玉臂寒"，雾本来没有什么香和不香的分别，她的蓬松的两鬓是香的，所以就连雾也都香了。"清辉玉臂寒"，清辉指月光，在月光之下，老妻的洁白的双臂会感到寒冷吧。"何当倚虚幌，双照泪痕干。"什么时候我能够跟她一起，靠着窗帘，共同来欣赏月亮，让月光把我们两个人的泪痕照干呢？

还有刘攽《新晴》中的两句："惟有南风旧相识，偷开门户又翻书。"（《全宋诗》卷六一五）南风是我的老朋友，它偷开门户倒也罢了，还要翻我的书，很有生活的情趣。陆游的《临安春雨初霁》中的这两句："小楼一夜听春雨，深巷明朝卖杏花。"（《全宋诗》卷二一七〇）他有一种期待，晚上听到下雨的雨声，期待着明天早上杏花开放，会听到卖花声。还有宋朝陈师道的两句诗：
"书当快意读易尽，客有可人期不来。"（《绝句四首》其四，全宋
诗卷一一一八）我常常也有这种感受，一本好看的书，不知不觉
很快就读完了，还想再多读一天两天，但是已经读完了。盼着有
客人来，可是可人不来，自己喜欢的客人不来，志趣相投的人不
来，来的都是一些俗客。对生活的观察很细腻，感受也很细腻。
还有赵师秀的《约客》："黄梅时节家家雨，青草池塘处处蛙。有
约不来过夜半，闲敲棋子落灯花。"（《全宋诗》卷二八四一）这
些诗都是描写日常生活的，在日常生活中发现了诗意，用很平常
的语言表现出来，很有情趣。这类诗我们读多了，背多了，我们
自己的情趣也会丰富起来的。

三

古典诗词可以使我们感觉更细腻。以李白的《金陵酒肆留别》
为例："风吹柳花满店香，吴姬压酒唤客尝。金陵子弟来相送，欲
行不行各尽觞。请君试问东流水，别意与之谁短长。"（《全唐诗》
卷一七四）平常的景物，平常的情事，怎么到了李白笔下就能生
花呢？李白善于把日常生活加以诗化，善于发掘隐藏在生活中的
情趣，用他生花的妙笔点染为诗。就以这首诗而论，内容无非是
人们在金陵的一家酒店为李白送行，李白写诗留别。可是李白抓
住了那场面中若干有趣的细节，融入自己的感情，遂使这首诗情

趣盎然，至今读来仍如才脱笔砚者。首二句"风吹柳花满店香，吴姬压酒唤客尝"。十四个字就把暮春时节酒店的气氛烘托出来了。"风吹柳花"，何其平常的事物，李白照直说来，却比任何雕饰都好。"满店香"接在"柳花"后面，很容易使人想象是柳花之香，但柳花并不香，是店中的酒香。那"香"是属于下一句的，但抢先冒了出来。李白的感觉是满店的柳花、满店的酒香，柳花与酒香在风的吹拂下溢满全店。但是因为"香"和柳花接得那么紧，总让人觉得柳花也是香的。第三句写出颇有地方色彩的场面，"吴姬"犹言吴地的姑娘，正操着吴侬软语在压酒劝客。"压酒"以言酒之新，新醅之酒味道已不寻常，何况有吴姬相劝，饮者的快意自不待言了。"尽觞"二字扣上句"劝"酒。"欲行不行"把所有的人轻轻拢起。五六句"请君试问东流水，别意与之谁短长"。请您问问东流水，是它长呢，还是分别的情意长？一般人可以想到用东流水来衡量别意，但不一定会想到让东流水回答问题。这样的问法，答案已在不言之中，很有情趣。

又如刘禹锡《春词》："新妆宜面下朱楼，深锁春光一院愁。行到中庭数花朵，蜻蜓飞上玉搔头。"（《和乐天春词》，全唐诗卷三六五）这首诗写一个居住在深院朱楼的年轻女子，春愁难耐、百无聊赖的寂寞孤独之感。但若直笔写来，说她如何孤单，有何意趣？诗人通过一系列画面来写，他的"摄像镜头"对准了她，从楼上跟到庭院，以女子的行动和周围环境表现她的春愁。她在朱楼上细心地梳妆了一番，那新妆的样式、色调和她的面庞恰好相宜，更衬出她的娇美。然后她走下楼来，步入庭院。庭院里满是春光，但大门紧闭着，那春光好似被锁在深院之中也带上了愁绪。当然，春光无所谓愁与不愁，是她的愁移到景物上，此所谓移情。"一院愁"，意谓满院之中处处是愁。"一院"似乎成了"愁"的数量单位，颇耐人寻味。镜头随着她移动，她已来到庭院的中央，在那儿数着花朵的多少。没有人陪伴她，只有蜻蜓悄悄飞上她的发簪，是特意来伴她呢，还是把她戴的玉搔头当成了一株草、一朵花？"蜻蜓飞上玉搔头"是全诗之警策，不仅因为衬出了她的心情，单就这画面而言也很新颖有趣。这句诗好像是一个特写镜头，拍下了极有趣的一个发现。诗到此遂亦完结，这又好像以一个"定格"结束了一部电影，而给读者留下不尽的回味。这首诗的感觉是非常细腻的。

一个人感情细腻好不好？总的来说是好事，当然也不要神经过敏。至少语感要细腻，就是对语言的感觉要细腻，这对我们日常的交流、写文章都有好处，因为古典诗词用字很讲究，一个字的改动可以使得意思更深化，这样的例子很多。我在这里举一个例子，宋代有一部诗话，叫《竹坡诗话》，这是宋代的周紫芝写的，在这部诗话里有这么一条①，说有这样两句诗："白玉堂中

① 《竹坡诗话》："汪内相将赴临川，曾吉父以诗送之，有'白玉堂中曾草诏，水晶宫里近题诗'之句。韩子苍改云：'白玉堂深曾草诏，水晶宫冷近题诗。'吉父闻之，以子苍为一字师。"（［清］何文焕辑《历代诗话》，中华书局1981年版，第357页）案：《苕溪渔隐丛话》《诗人玉屑》《随隐漫录》等书载曾吉父原诗作"白玉堂中曾草诏，水晶宫里近题诗"。

曾草诏，水晶宫里近题诗。"两句很好的诗：过去曾经在白玉堂中替皇帝起草文件，近来又在水晶宫里题诗。有个人姓韩，叫韩子苍，他说这两句诗有可以修改之处，"白玉堂中曾草诏"，这个"中"字可以斟酌；"水晶宫里近题诗"，这个"里"字也可以斟酌。韩子苍改得好："白玉堂深曾草诏"，——白玉堂深，不是一个容易进去的地方；"水晶宫冷近题诗"——水晶宫嘛，当然是冷的，这个"冷"字用得好！我们读古典诗词，可以结合一些诗话、词话，培养我们的语感，培养我们对语言的那种细腻的感受能力。还有一个例子，宋人陈世崇编撰的《随隐漫录》里说，有一首古词，有这样两句："春归也，只消戴一朵荼蘼。"①荼蘼是一种花的名字，春天回去了，只消戴一朵荼蘼，没有别的花可戴了啊。有人说这个句子不好，要改，"只消戴一朵荼蘼"中的这个"戴"字不好，他改成："只消更一朵荼蘼。"原来戴的是别的花，现在换成一朵荼蘼。荼蘼五月才开花，是开花最晚的，荼蘼开过，花事就结束了，春天就结束了。所以，春去也，只需"更"一朵荼蘼。你们读《红楼梦》第六十三回，曾写到荼蘼，记不记得？第六十三回《寿怡红群芳开夜宴》，大家一边喝酒一边抽诗签行酒令，签上规定罚谁喝酒，而且签的文字，也多少暗示抽签人的命运、身世。麝月抽到了一个签，上面的诗句是"开到荼蘼花事了"，开到荼蘼，花事就结束了。贾宝玉大概觉得这个签不

---

① 《随隐漫录》卷四（影印文渊阁《四库全书》本）："古词云：'春归也，只消戴一朵荼蘼。'宇文元质易'戴'为'更'。皆一字师也。"

古典诗词与性情的陶冶 /

265

太吉利，而且这个签是表示宴会到此结束，贾宝玉愿意再继续热闹，所以他就把话岔开了。这句诗见于宋代王琪写的一首诗（《暮春游小园》，《全宋诗》卷一八七），你们只要看一下宋人谢枋得编的《千家诗》就知道了。

四

　　古典诗词可以启发我们体会人生的道理，有不少诗词本身就含有这样的道理，例如："少壮不努力，老大徒伤悲。"（《长歌行》）又如朱熹的"问渠那得清如许，为有源头活水来"（《观书有感二首》其一）。还有像苏东坡的《水调歌头》："人有悲欢离合，月有阴晴圆缺，此事古难全。但愿人长久，千里共婵娟。"（《全宋词》）"勿轻直折剑，犹胜曲全钩。"（白居易《折剑头》）这些诗直接告诉我们一种道理，但是更多的诗，要靠我们自己去体会，挖掘出它们的内涵。我觉得也不妨加以引申，作者未必有这样的含义，但是我们可以通过引申，从中得到启发。譬如说我很喜欢杜甫的《春夜喜雨》，前四句："好雨知时节，当春乃发生。随风潜入夜，润物细无声。"（《全唐诗》卷二二六）老杜写出了春雨的性格和特点：她知道春天万物生长需要她的滋养，于是就及时来了。她知道什么时候该来，在该来的时候她就来了，这就是"当春乃发生"的含义。她是那样的轻柔，随着春风，默默地在夜间滋润着万物，连一点声音都没有。"润物细无声"这句诗，让我们联想到做人，做人也应该像春雨这样。润物并不难，我们每个人都做过好事，都润过物；但是"润物细无声"，不容易。杜甫说春雨的性格是"润物细无声"，这才是春雨的可贵之处。这让我想起老子的一句话："善行无辙迹"，善行是不留痕迹的。还想起老子的另外一句话："上善若水"，最高的善像水一样，水是怎么样的？"水善利万物而不争"。它善于造福万物却不为自己争什么。我们知道生命离不开水，但水不争着占据高的地方。这给我们许多启发，启发我们做人的道理。陶渊明有两句诗："虽未量岁功，即事多所欣。"（《癸卯岁始春怀古田舍诗二首》其二）大家知道陶渊明归隐田园，他是真的下田干活，用他自己的话说叫作"力耕"。他喜欢这种劳动的生活，从中得到人生的乐趣。这两句诗的意思是说：虽然没有计算这一年将会有多少收成，但是这种劳动的过程本身就给我带来很多的快乐。我想我们做事不能不考虑功利，但是功利主义就不好了，读书、做学问尤其不能讲功利，不能讲功利主义。追求和发现真理的过程，是一种自我完善、自我满足的过程，快乐就在这个过程当中。如果把读书、做学问，当成一种谋取利益的手段，当成敲门砖，那还有什么快乐可言？又怎么能够读好书、做好学问？我希望同学们把陶渊明的这两句诗记住："虽未量岁功，即事多所欣。"

南宋词人张孝祥有一首《念奴娇》（《全宋词》第三册），题目叫《过洞庭》。这是张孝祥在广南西路做官，遭到了谗毁，罢了官，从广南西路北上，经过洞庭湖，在临近中秋的一个夜晚，荡舟洞庭湖中所写的。

> 洞庭青草，近中秋，更无一点风色。玉鉴琼田三万顷，著我扁舟一叶。素月分辉，明河共影，表里俱澄澈。悠然心会，妙处难与君说。　　应念岭表经年，孤光自照，肝胆皆冰雪。短发萧骚襟袖冷，稳泛沧溟空阔。尽挹西江，细斟北斗，万象为宾客。扣舷独啸，不知今夕何夕。

这首词的上片，写洞庭湖月下的景色，突出它的澄澈，在三万顷的湖面上安置我的一叶扁舟，有力地衬托了词人的豪迈气概。"玉鉴琼田三万顷"，因为湖水很明亮，在月光的照耀下，好像是玉石一样。在三万顷的湖水上安置我的一叶扁舟，很有气概。接下来说，皎洁的月亮照在湖上，湖水的反光十分明亮，好像素月把自己的光辉分了一些给湖水，天上的银河投影到湖中，很清晰，上下两道银河同样的明亮。"素月分辉，明河共影"，天空和湖面是一片通明，所以接下来说"表里俱澄澈"，这一句是全词的主旨所在。说来说去，洞庭湖美在哪里呢？就美在澄澈上，这是表里如一的美，是光洁透明的美，是最上一等的境界。我觉得这已经不仅是写景，还寄予了深意，这五个字标示着一种极其高尚的思想境界，诸如光明磊落、胸怀坦荡、言行一致、表里如一，这些意思都包含在里边。杜甫有一句诗："心迹喜双清"，迹是什么？迹是自己走过的路，也就是自己的行为。心，我的内心，我的灵魂，心和迹两者都是清的，我为此感到高兴。"表里俱澄澈"和"心迹喜双清"，恰好可以集成一副对联，为我们树立一个为人处世的准则。上联：表里俱澄澈。下联：心迹喜双清。我们把它当座右铭好不好？词的下片，进一步写自己内心的澄澈，用"肝胆皆冰雪"比喻内心的纯洁。又说自己安稳地泛舟在浩渺的洞庭之上，举起北斗星斟了长江的水当酒喝，自己当主人，把宇宙间的万物请来做客，多么豪放的气概！"尽挹西江"，西江是长江西边的一段，我把它都舀来了，拿北斗星作勺，把西江的水完全舀起来当酒喝，而且还有客人："万象为宾客"，月亮啦，星星啦，云彩啦，山脉啦……一切的一切，都是我的客人，这是多么豪放的气概。我们都知道王国维先生曾经借用宋词，说"古今之成大事业、大学问者，必经过三种之境界"，见于《人间词话》。我们做学问，不但要有境界，也要有气象，气象有大有小，同学们要建立大家气象，而张孝祥这首词里的这三句，正可以用来说明学问的气象。"尽挹西江"，我给它一个新解，就是要把有关的资料全部搜集来，竭泽而渔，不管做一个什么课题，要把有关的资料都搜集来。"细斟北斗"，是说要对资料细细地分析研究，慢慢地品评。"万象为宾客"呢，是说要把相关学科都用来为自己研究的课题服务。我们研究文学，要跟史学打通，跟哲学打通，跟考古学打通，跟邻近的学科都打通，"万象为宾客"，都借用来。我们要成就大学问，就要有这种气象，这当然不是张孝祥的原意，是我的发挥。可是我们读古典诗词，是允许就诗人的原意加以引申发挥的，这也是阅读古典诗词的一种乐趣，是我们的一种再创造。王国维先生已经这样做过了，我们也可以这样做。

阅读古典诗词应当注意的几个问题

古典诗词的分析欣赏，是一种文学批评能力和审美能力的表现，而这两方面能力的提高，要靠平时的修养。这里所说的修养，包括生活阅历、理论水平、文学史知识、阅读古文的能力等等。本文结合同学们学习中遇到的问题，讲一讲阅读诗词时应该注意的几个问题。

从字、词、句入手

阅读古典诗词首先要弄懂作品的字句。遇到典故，要了解它的出处、原意，以及它在这首诗中的意义。这是进一步分析和欣赏作品的基础。如果字句都不懂，或者是理解错了，哪些地方用了典故也不知道，就谈不上阅读和欣赏了。

在古代汉语里，单音节词的数量很多，往往一个字（一个音节）就是一个词，就有它独立的意义。而古典诗词的篇幅又多半是短小的，很讲究用字的简洁。优秀的作品，每个字都有每个字的作用，都是经过认真选择的。所以，在阅读古典诗词的时候，就要一个字一个字地琢磨、体会，不要满足于了解大意。只了解一首诗大概的意思，或者只了解诗里每一句大概的意思，都不算弄懂了这首诗，也就无从分析欣赏。所谓"咬文嚼字"带有一点贬义，但对分析欣赏古典诗词却是很有用的。

例如，张若虚的《春江花月夜》开头两句："春江潮水连海平，海上明月共潮生。"这个"生"字就很容易忽略过去。"共潮生"是什么意思呢？为什么不用"升起"的"升"，而要用"生长"的"生"呢？仔细想一想就会感到诗人用字之妙。诗人是要告诉我们，那一轮明月是伴随着海潮一同生长的。用"升起"的"升"比较平淡，"明月共潮升"不过是很平常的景色，很平常的说法。用"生长"的"生"就加进了诗人主观的想象。仿佛明月和潮水都具有生命，它们像一对孪生的姊妹，一同生长，一同嬉戏。这个"生"字使整个诗句变活了。

诗词里的虚词在表达感情和语气上常常起着重要的作用，不要忽略过去。例如，杜甫的《又呈吴郎》中间两联："不为困穷宁有此？只缘恐惧转须亲。即防远客虽多事，便插疏篱却甚真。"其中，"不为……宁""只缘……转须""虽……却"都是虚词，这些虚词用得很好，使语气委婉、含蓄，便于吴郎接受。"不为困穷宁有此？"是问句，其中包含着这样的意思：西邻的妇人到你那儿打枣确实是不对的，发生这样的事，当然是不好的。进而又为妇人辩护："她不是因为困穷怎么会干出这样的事来呢？"顺便说一下，"困穷"这个词在古代是窘蹙、艰难的意思，如《周易》中的"刚健而不陷，其义不困穷矣"，和今天所说的"穷"意思不同。"困穷"这个词的意思，重点在表示走投无路。今天所说的"穷"的意思，古代用"贫"来表示。杜甫在这首诗的第七句说："已诉征求贫到骨"，可见杜甫用"穷"和"贫"是有区别的。"贫到骨"就毫无办法了，走投无路了，就"穷"了。《荀子·大略》："多有之者富，少有之者贫，至无有者穷。"由此可见"困穷"究竟是什么意思。"不为困穷宁有此？"杜甫这句诗的意思是说，那个妇人实在是毫无办法了，走投无路了，不得已才来打枣的。我们可以设想，打人家几个枣是不能救贫的，那妇人也不是因为一般的贫就去人家院子里打枣。她是已经到了山穷水尽一点儿办法也没有的地步，已经"贫到骨"了，也许快要饿死了，所以才来打几个枣子充饥。杜甫用"困穷"这个词恐怕是费了一番斟酌的，我们也不可轻易放过。再看"只缘恐惧转须亲"这一句，只因她心怀恐惧，反而要对她格外亲切，使她可以放心地来打枣。"转"是转而、反而的意思。一般情况下，有人偷偷来打枣，顶多不阻止就是了。这个妇人自己知道打人家的枣不对，心里怀着恐惧，倒是应该亲切地对待她才是。这个"转"字，表现了杜甫对劳苦人民的体贴。"即防远客虽多事，便插疏篱却甚真。"上句的"虽"字和下句的"却"字搭配起来，一句批评西邻的妇人，一句批评吴

阅读古典诗词应当注意的几个问题 /

郎：妇人的顾虑虽然是多余的，可是你的举动也欠考虑。重点还是在后一句对吴郎的批评上。因为有上一句作陪衬，所以一点也不显得生硬。杜甫这首诗对虚词的运用，很值得我们注意研究。

我们常常遇到这种情况，一句诗字词都懂了，但整个句子还是不懂，不知道这些词之间的关系，不知道它们合起来说明什么意思。这就涉及诗词的特殊句法的问题了。比如杨炯的《从军行》："牙璋辞凤阙，铁骑绕龙城。"上句的主语显然不是"牙璋"，"牙璋"是古代发兵用的兵符，"牙璋"自己不能"辞凤阙"，是出征的主将接受了"牙璋"，率领军队离开凤阙（朝廷）。为了和下句"铁骑绕龙城"对仗，上句真正的主语省略了，变成"牙璋辞凤阙"。又如王维的《陇西行》："十里一走马，五里一扬鞭。"这十个字没有什么难懂的，但句子的组织有点特别。诗人的意思是，一走马就是十里，一扬鞭就是五里，报警的马飞快地奔驰而来。这是两个倒装句，按一般的写法是：一走马十里，一扬鞭五里。但是这样写，一个五言的句子上三下二，不符合诗歌语言的正常节奏，读起来拗口。像现在这样，"十里一走马，五里一扬鞭"，不但上口，也因为将"十里""五里"提前，加以强调，而突出了马的速度之快。

在研究字、词、句的时候，有两点必须注意。

（一）不要望文生义，主观臆断。对字词的解释要有依据，不能让诗人迁就自己。有的同学读左思的《咏史》诗，认为"振衣千仞冈，濯足万里流"这两句中的"振衣"不是抖衣去尘的意思，而是"山风掀起衣襟"，以为这样才能显出诗人的"雄气"。这种解释就缺乏训诂上的根据。"振衣"这个词只能当"抖衣去尘"讲，不能当风吹衣襟讲。《楚辞·渔父》："新沐者必弹冠，新浴者必振衣。""沐"是洗发，"浴"是洗身。刚洗了发的人必定弹一弹帽子再戴上，刚洗了身的人必定抖一抖衣服再穿上，怕帽子上和衣服上的尘土弄脏了干净的头发和身体。"振衣"这个词的意思是很清楚的，跟风吹毫无关系。西晋诗人陆机的《赴洛道中作》里有这样两句："抚几不能寐，振衣独长想。"这个"振衣"也只能是抖衣的意思。可见把左思的"振衣千仞冈"讲成"登上高高的山冈，呼呼的山风把他的衣襟高高地掀了起来"，是没有根据的。"振衣"就是抖衣，在这里有去掉尘俗，追求高洁的意思。

（二）对诗词中的词语，不但要理解它们的意义，还要能分辨它们的色彩，体会它们的感情韵味。一个词语的感情和韵味，是由于这个词语在诗词中多次运用而附着上去的。凡是熟悉古典诗词的读者，一见到这类词语，就会想起一连串有关的诗句。这些诗句连同它们各自的感情和韵味一起浮现出来，使词语的意义变得丰富起来。而这种感情和韵味，往往难以用训诂的方法予以解释，也是一般辞典中难以包括的。

例如"白日"，除了指太阳以外，还带着一种特殊的情韵。曹植说"惊风飘白日"（《箜篌引》），左思说"皓天舒白日"（《咏史》）。"白日"这个词有一种光芒万丈的气象，用"白"来形容太阳的光亮,给人以灿烂辉煌的联想。盛唐诗人王之涣的《登鹳雀楼》:"白日依山尽,黄河入海流。欲穷千里目,更上一层楼。"一开头的"白日"二字和诗里那种乐观向上的精神正相吻合。我们只有理解和体会了"白日"这个词的这种感情和韵味,才能更好地欣赏王之涣的这首诗。

意脉和层次

字、词、典故和句子都弄懂以后,还要进一步分析全诗的结构。一首诗词,整个地囫囵地读不容易消化。我们可以进行分解,分解成几块,一块一块地研究,然后再综合归纳。怎么分解呢?最简单的方法就是寻意脉、分层次。

长诗可以分成几个段落,然后找出各段的联系:各段之间是怎样过渡的,哪是主,哪是辅;诗人的思路是怎样的;诗的脉络是怎样贯穿的;等等。经过这样一番分析,诗的感情脉络就清楚了。有的诗不是一韵到底,中间换了韵,换韵的地方可能就是划分段落的地方。例如张若虚的《春江花月夜》,全诗三十六句,共九韵,每韵构成一个小的段落。当然,分成九段太琐细了,还可以归并一下。我把曹操的《短歌行》分成四段,就是两韵并为一段。但不管怎么说,参考用韵分段不失为一种可行的方法。有的诗不换韵,那么就完全要根据内容来分段了。

下面我就举几首长诗,示范性地分一下段落。例如杜甫的

《自京赴奉先县咏怀五百字》一共一百句，我们可以分成三大段。第一段从开头到"沉饮聊自谴，放歌破愁绝"，这段的大意是自叙怀抱。第二段从"岁暮百草零，疾风高冈裂"到"荣枯咫尺异，惆怅难再述"，这段的大意是写途经骊山的感触。第三段从"北辕就泾渭，官渡又改辙"到末尾，这段的大意是叙述回家以后的情况。又如杜甫的《北征》，可以分为五大段。第一段从开头到"乾坤含疮痍，忧虞何时毕"，这段的大意是抒写离开朝廷时伤时忧国的心情。第二段从"靡靡逾阡陌，人烟眇萧瑟"到"遂令半秦民，残害为异物"，这段的大意是叙写沿途所见所感。第三段从"况我堕胡尘，及归尽华发"到"新归且慰意，生理焉得说"，这段的大意是叙写回家以后的情形。第四段从"至尊尚蒙尘，几日休练卒"到"胡命其能久，皇纲未宜绝"，这段的大意是发表平乱的政见。第五段从"忆昨狼狈初，事与古先别"到末尾，这段的大意是说唐朝中兴有希望。

短诗，四句、八句，或再长一点，可以分层次。律诗、绝句，一般是两句一个层次。短诗的各个层次之间，衔接的痕迹不明显，常常是跳跃的。所以短诗分层次并不难，但是要说明各个层次是怎样衔接过渡的，就要动动脑筋了。例如李白的《宣州谢朓楼饯别校书叔云》就是一首跳跃性很强的诗。头两句"弃我去者昨日之日不可留，乱我心者今日之日多烦忧"，感叹时光的流逝，抒写心中的烦忧。三、四句"长风万里送秋雁，对此可以酣高楼"，又换了一个角度，从时光的流逝跳到眼前这次饯别上来：面对一派秋色，正好可以在这谢朓楼上痛饮一番。这两句是不是和上两句没有关系呢？当然不是。上两句所说的心中的烦忧不正是可以借酒来消除吗？五、六句"蓬莱文章建安骨，中间小谢又清发"，这两句是由上一句的"谢朓楼"的楼名引发出来的。由谢朓楼联想到谢朓的诗，又进一步联想到汉代的文章和建安风骨，说自从西汉文章和建安诗歌呈现异彩以来，谢朓又以清秀独树一格。由一个楼名引出一段文学史来，联想得真够远了。但李白的用意并不在讲谢朓，而是抒发自己的感情。他用了"中间"这两个字，可见还是要接着往下讲的。这就是接下来的七、八句："俱怀逸兴壮思飞，欲上青天揽明月。"怀着逸兴要上青天揽明月的是哪些人呢？包括汉代的文学家们，包括谢朓，也包括诗人自己。李白是说自己和他们一样，怀着逸兴，想飞上青天去拥抱明月。以这样的志气和才情，在社会上竟没有出路，李白怎么能不愁呢？所以诗又回到"愁"字上来。最后四句说："抽刀断水水更流，举杯消愁愁更愁。人生在世不称意，明朝散发弄扁舟。"诗从忧愁说起，最后又回到忧愁上来。诗的内容跳跃得很厉害，跌宕起伏，几经转折，但感情发展的脉络仍然是可以找到的。遇到这类诗，就需要分析它的结构，分出层次来，然后找到各个层次之间的脉络。一旦找到脉络，全诗就豁然贯通了。

再讲讲词。词一般分上下两片，两片的意思常常是有转折、有发展的。只要找出上下两片的大意，再注意下片开头的地方，也就是换头的地方，其意脉是不难找到的。

知人论世

　　《孟子·万章下》曰:"颂其诗,读其书,不知其人,可乎?是以论其世也,是尚友也。"大意是说:"吟咏古人的诗歌,研究他们的著作,不了解他们的为人,可以吗?所以要讨论他们那个时代。这就是追上去和古人交朋友。"我借用孟子"知人论世"这句话是想说明,要想深入理解古人的诗词,仅仅掌握了诗词的字、词、句的种种含义以及诗词的段落层次还是不够的,应该进一步结合作者的生平、思想、文学主张,以及作品的写作背景去分析研究,这样才能深入。例如,白居易的《宿紫阁山北村》和《轻肥》,如不结合中唐时期宦官跋扈专权的历史背景,就不能深入理解它们的社会意义。白居易的《卖炭翁》,如不结合有关中唐宫市的历史资料去读,就不能理解这首诗的可贵。李白的《早发白帝城》,如果不知道它是李白流放夜郎途中遇赦放回时所写,就会把它当成一首普通的写景诗或纪行诗。如果我们知道这首诗的写作背景,就会体会到诗人那种轻松喜悦的心情,那种解放感。李白在流放途中上三峡时心情是十分沉重的,他当时写过一首题目叫《上三峡》的诗:"巫山夹青天,巴水流若兹。巴水忽可尽,青天无到时。三朝上黄牛,三暮行太迟。三朝又三暮,不觉鬓成丝。"当他遇赦回来时,顺着那条刚刚走过的流放路,重又泛舟于三峡之间,他一定想趁着这个机会饱览三峡的壮丽风光。可惜他还没有看够,没有听够,没有来得及细细领略三峡的美，船已飞驰而过："两岸猿声啼不住，轻舟已过万重山。"在喜悦之中又带有几分惋惜和遗憾，似乎嫌船走得太快了。诗里的这些复杂感情如果不知道它的写作背景，怎么能体会得出来呢？再如李白的《行路难》是政治性很强的作品。如果不知道这是他离开长安时写的，不了解他在长安遭受的诽谤打击，就不容易理解它的政治内容。杜甫的《自京赴奉先县咏怀五百字》，只有结合"安史之乱"前夕的局势去分析，才能分析得透彻。李贺的《致酒行》《天上谣》，李商隐的《回中牡丹为雨所败》《贾生》，也只有结合他们的生平遭遇去分析，才能分析得深入，否则只是隔靴搔痒。隋代诗人王绩的《野望》，一个不熟悉文学史的人也许并不觉得它有什么重要。可是如果结合南朝诗坛的情况来看，如果沿着诗歌史的顺序，从南朝的宋、齐、梁、陈一路读下来，忽然读到这首《野望》，就会为它的朴素叫好。王绩能以他的澹远朴素的诗风自拔于那种轻靡绮丽的风气，是十分难得的。陈子昂的《感遇》，也许大家觉得没有什么意思，可是结合南朝诗风来看，结合初唐整个诗坛的状况来看，结合陈子昂的文学革新主张来看，就会明白诗的意义了。

在分析作品的时候，作家的生平思想，作品的写作背景，最好融汇到你们的分析中。如果仅仅是把它们罗列出来，和后面的分析挂不上钩，仍然是没有用的。背景材料要用得恰当，在该用的时候用上，也不要讲得太多，能说明问题就行了。如果分析一首白居易的诗，先讲他的生平，从小讲起讲到老，再讲他的思想，再讲他的文学主张，再讲他写这首诗的背景，这样一股脑儿地讲下来，岂不是太啰唆了吗？

关于主题思想和艺术特点

一般说来，一首诗词的字句弄懂了，结构弄清楚了，关于这首诗词的背景材料也掌握了，那么它的主题思想是不难找到的。古典诗词虽然数量很多，写法各异，它们的主题思想也千差万别，但是仍然可以大致地归纳成几类。有的是揭露政治黑暗和民生疾苦，有的是表现爱国主义精神，有的是抒发怀才不遇的愤懑，有的是表达退隐山林、洁身自好的感情，有的是描写自然山水，有的是描写边塞风光，有的是写爱情相思，有的是写社会风俗，有的是写人生的感慨，有的是向往神仙世界厌弃现实社会。以上的分类，当然是不完善的，不能把所有诗歌的主题思想都包括进来，但普遍的主题大概就是这些了。遇到一首诗，可以先看它是属于哪一类，是写山水呢，还是写边塞？是写爱情呢，还是写求仙？确定大的类别并不难。确定了类别以后，还必须再作具体的分析说明。只说一首诗的主题思想是退隐山林，当然太简单了。还应当说出这首诗里所表现的退隐思想是怎样的，如果能指出是厌恶官场的丑恶，不肯同流合污，这就比较具体了。

分析主题思想，比较困难的是那些有寄托、有影射的作品。诗里写的是美人香草、爱情相思、历史故事，但寄托了别的思想。那些题为《咏怀》《咏史》《感遇》的作品常常是这样。遇到这类诗就要透过表面，看到实质。例如盛唐诗人张九龄的《感遇》其七（江南有丹橘），从表面上看来写的完全是橘树，但寄托着诗人自己坚贞的人格。诗人被奸相李林甫排挤在南方，失去了皇帝的信任，于是借着生长在南方的丹橘寄托自己的感情。又如李商隐的《瑶池》，写的是前代周穆王和西王母的故事，但讽刺了唐代皇帝的求仙。遇到这类作品要格外注意。但是千万不要牵强附会，像汉代的儒者解说《诗经》那样。应该结合诗人的思想，一贯的写法，参考前人的评论，实事求是地加以分析。既不失之于肤浅，也不失之于穿凿。这中间的分寸一定要掌握好。

至于诗词的艺术特点，那就更没有一定的讲法了。像借景抒情，情景交融，锤炼字句，夸张想象，比喻指代，以小见大，化虚为实，对比衬托，视听通感，动静变化，穿插烘托，对偶用事等等人们常常讲到的艺术表现手法，你们当然可以有选择地用到诗词的艺术分析中去。像雄壮、含蓄、婉约、豪放、自然、朴素、风趣、高雅等等前人归纳出来的各种艺术风格，你们也可以用来说明一首诗词的艺术特点。但是套用这些现成的说法，并不是一种好的办法。重要的是要有自己的艺术感受。有艺术感受，才有艺术欣赏。好诗，你真正觉得好，真受感动，有时会耐不住拍案叫绝，有时会感动得落泪。把你的感受具体地结合诗句说出来，让别人也觉得这首诗好，也有同样的感受，或启发别人产生他自己的感受，这就是艺术分析。如果能把你的艺术感受概括一下，就不难找出这首诗词的艺术特点。这样的分析才是真正的艺术分析，而不是一些公式化的千篇一律的东西，才不是一些陈词滥调。

把不同诗人的同一题材的作品加以比较，也许是分析艺术特点的一种可用的方法。例如李白的《送孟浩然之广陵》、岑参的《白雪歌送武判官归京》、王维的《送沈子福归江东》，都是送别诗，就可以比较。通过对比，看出每首诗的艺术特点。特别是李白和王维那两首，不但题材相同，而且体裁也相同，都是七绝，更好比较了。李白的诗说："故人西辞黄鹤楼，烟花三月下扬州。孤帆远影碧空尽，唯见长江天际流。"前两句点明送别的地点、时令和行人将去的地方，烘托了送别的气氛。后两句写自己目送老朋友的帆影渐去渐远，直到帆影消失在碧空之中，仍然舍不得离开。他望着不尽的江水滚滚东去，天水相接，浩渺无垠，其中的情意该是多么深挚啊！这情意，诗人并没有说出来，但读者从久立江边目送故人的诗人的身影完全可以体会得到。一切都在不言之中了。王维的诗说："杨柳渡头行客稀，罟师荡桨向临圻。惟有相思似春色，江南江北送君归。"诗人说，我虽然不能亲自送你到江东，但是我的相思之情却像大江两岸的春色一样，一直伴随着你，送你归去。王维的情是说出来的，不像李白。但王维也不是直说自己如何想念友人，而是通过一个巧妙的比喻抒写出来。把相思比作春色，一来见出相思之盛，二来也毫不感伤，多么新鲜！

人文无用之大用

——答新加坡《联合早报》记者李慧玲问

记者：南洋大学中文系在它的网站上说明它的方向是"关怀本土，放眼世界；继承传统，创造新境"，除了希望给学生打好基础之外，也重视海外华人研究，以及跨学科文化研究。您现在也是南大中文系的教授了，对这个发展方向有什么看法？

袁行霈：中文系的研究领域包括中国从古到今的语言、文学，乃至文化，南大中文系当然也不例外。就我初步的了解，南大有可能作出可观的成绩。中国正在蓬勃发展，世界需要了解中国，包括中国的政治、经济，也包括中国的文化；需要了解中国的现状，也需要了解中国的过去。而新加坡由于跟中国具有其他许多国家所不具备的因缘，可以成为世界其他各国深入了解中国的一条渠道。从这个意义上看南大中文系，就会多一些期待。

南大作为新加坡的一所大学，其中文系所关注的不仅仅是中国的，还包括本国的乃至整个东南亚的华人用华文所写的作品，以及华人的文化传统，这样才有自己的特色。南大中文系重视海外华人研究是有眼光的，"文"和"人"密不可分，研究"文"不能脱离"人"；研究"中文"不能脱离"华人"。南大在这方面有希望作出好成绩。

现在世界各国之间的文化交往日益频繁，即使在中国，中文系的研究对象也不必局限于中国境内，国外华人用华文所写的作品，国外非华人用华文所写的作品，都有必要关注。这样就有三个圈圈：中国境内华人的华文写作，外国华人的华文写作，外国非华人的华文写作。近年来中国学术界对域外汉学、域外华文文学加强了介绍和研究，是一个好现象。有些文化传统，在中国境内也许保存不完整了，而在新加坡等东南亚国家的华人中间反而保存得比较完整，全面而深入地加以发掘、搜集、整理、研究，对于中国的学术界也是大有裨益的。例如，中元节的各种仪式和演出活动，中国在相当长的一段时间里已经淡化了，而在新加坡的华人中仍然保留着，很热闹。要想实地考察中元节，就应当到新加坡来。

至于跨学科研究，正是我一向所提倡的。1978年我就写过一篇小文章，题为《横通与纵通》，借用章学诚《文史通义》中所用过的词，加以新的阐释，提倡打通各邻近学科的界限。我所在的北京大学国学研究院，从1992年成立以来就把跨学科研究作为一个重点，努力把文、史、哲、考古等学科打通，我们编辑的《国学研究》（已出版十五辑）、与中央电视台合作拍摄的系列电视专题片《中华文明之光》一百五十集，以及将要出版的四卷本《中华文明史》，都是在这方面所作的一点努力。因此，我对南大中文系所重视的跨学科文化研究很感兴趣，并寄予厚望。学科区分细致，是学术的进步。但是就学者而言，还是广博一些为好，博而后能深，古代的大学者如欧阳修、朱熹、王阳明、王夫之，都是跨学科的博大精深的人物。就一个系而言，也是广博一些为好。

记者：您提到"文"离不开"人"，现在是很多地方"人"好像离"文"越来越远了。在中国，因为经济发展的需要，现在大家似乎也很重视科技、重视工商，"人文"相对被冷落了。中国总理温家宝最近去看望中国航天事业的奠基人之一钱学森先生时，钱先生告诉温总理："一个有科学创新能力的人不但要有科学知识，还要有文化艺术修养。没有这些是不行的。"这段话令人看了，颇有感触。

袁行霈："人"离开"文"远了，确实值得忧虑。什么是"文"？唐朝的顾况说："经纬天地，协和神人，名之为文。"这样说来，"文"是调和自然和社会各种关系的。早在《周易》中就有这样的话："观乎天文，以察时变；观乎人文，以化成天下。"意思是说"人文"有教化的力量，可以使社会达到和谐的地步。可见古人早就看到，"人"离不开"文"，人类社会也离不开

"文"。古人的这种看法值得我们借鉴。

然而在经济远远落后时，必须把发展经济放在中心的位置。即使如此，也不可忽视"人文"的地位。而当经济发展到一定的水平时，更应当对"人文"予以高度的重视。国家富强了，如果人文精神失落了，是可悲的。有朋友问我："你们提倡'人文'，这'人文'有什么用呢？"要说没用也真没用，既不能当饭吃，也不能告诉人如何投资赚钱。但它能丰富和净化人的精神；能协调人和自然的关系，以及人和人的关系；能促使人把自己掌握的技术用到造福于人类的正道上来。这就是无用之大用。试想：如果我们的心灵中没有诗意，我们的记忆中没有历史，我们的头脑中没有哲理，我们的生活将成为什么样子？

钱学森先生向温家宝总理说文化艺术修养的重要性，语重而心长，这比我们搞人文的人说话有分量。他是从自然科学家的修养这个角度说的。据我的粗浅理解，科学家的创新既需要大量的实验，也需要灵感之光的闪现，在这一点上跟文艺创作类似。

如果把钱先生的话题放在更广阔的背景上思考，科学精神和人文精神不但不矛盾，而且是相辅相成的。欧洲文艺复兴为近代科学的发展奠定了基础，这是人文主义的杰出贡献之一。我们不要忘记，欧洲十九世纪自然科学的突飞猛进，在相当大的程度上与文艺复兴时期人文精神的高扬有关。只有打破中世纪的神学禁锢，人的价值得以确立，人的精神得以解放，近代科学才能迅速发展。现在人们常常将科学跟技术连在一起说，或者缩略为"科技"，科学和技术当然是密不可分的，这样说并不错。但同时也要看到科学和技术还是有区别的，科学似乎属于古人所谓"道"的范畴，技术则属于"术"的范畴。"道"是探索宇宙自然以及人类本身的一些根本问题，这跟人文颇有相通之处。

记者：现在谈文化，往往也要从市场的角度来谈，文化要"商品化""产业化"。甚至现在经常听到"文化搭台，经济唱戏"的说法，这个概念有什么问题？

袁行霈：我们应当发展文化产业。在美国，光是好莱坞就为他们创造了不少财富，至于其在宣传美国生活方式和价值观方面的影响力，就无法计算了。但是我不赞成文化"产业化"。如果把文化一律都当成产业来办，都以追求利润为目标，就把文化毁掉了。不可忽略文化作为事业的属性，对那些公益性的文化事业，政府应当投入足够的资金，予以保障。图书馆、博物馆，文物的发掘与保护等等，他们自己怎么赚钱？就算真的能赚钱，那要付出什么代价？这是需要政府花钱来养着的。有些文化门类，如电影、出版之类，有产业的属性，可以按照产业的方式来经营，这就是我所理解的文化产业。但是文化产业也不能只追求经济效益，必须同时注意社会效益，这又跟其他产业不同。

"文化搭台，经济唱戏"的说法大概有十几年了，似乎是地方上提出来的，目的是开展一些有地方色彩的文化活动，吸引游客，招商引资，用文化来帮助经济发展。这倒也无可厚非，提出这个口号的人至少还认为文化是有用的。但是话说回来，在某些情况下，如果文化被简单地看作"有用"之物，又令人担忧了。譬如，利用文化作为旅游资源，当然是必要的。在这个过程中，如果能将文化的真实面貌，特别是文化中所蕴含的精神，介绍给游客，就值得称赞；如果迎合一部分游客的口味，将文化庸俗化，用来多赚钱、快赚钱，那就对不起游客，更对不起文化了。因此说到底，是一个怎样对待文化的问题，文化不能被当作摇钱树随便乱用。而且，文化和经济是不是"搭台"和"唱戏"的关系呢？也值得推敲。经济与文化应当互相促进，不能单纯要求文化为经济服务，经济也应为文化的发展提供有力的支持。

记者：现在大家都很讲实用，做研究也要做现在能用得上、有广大市场的东西。您毕生研究古典文学会很寂寞吗？研究这些有用吗？

袁行霈：我不知道别人如何，我自己是一点也不寂寞的。许多古代的诗人、哲人都是我的朋友，屈原、陶渊明、李白、杜甫、苏轼，都是我的朋友。你看，有这样多的朋友，怎么会寂寞呢？我研究他们的过程就是在倾听他们说心里话，或者跟他们对话。我在课堂上讲课，也是抱着向学生介绍自己朋友的态度。再说，我研究的中国古代文学，对我的性情有陶冶的作用。做研究可以提高自己的人格修养，因此很有满足感。退一步说，做学问就要耐得住寂寞，研究的过程会是寂寞的，研究成果一时得不到承认也会有寂寞之感，做学问嘛，就要经得起这些。寂寞，有时是很美的。

文章辉五色　心迹喜双清

——专访袁行霈教授

博采、精鉴、深味、妙悟：中国诗歌艺术研究

孟飞：您的大著《中国诗歌艺术研究》建立了一整套具有民族特色的理论体系，其中提出的系列命题，如中国古典诗歌的多义性、意境、意象，诗歌的音乐美、人格美以及自然美等，一度成为风行学术界的热点话题，可以说开一代学术研究的新风。请问您将中国诗歌艺术作为最初的研究方向，是基于什么考虑？

袁行霈：中国是一个诗的国度，在诗歌艺术方面有许多值得认真总结的经验和规律，古人提出的一些诗学理论和范畴，也有待于结合诗歌创作加以深入的阐述。这项研究前人虽然做了一些，但是不够系统，特别是将诗歌理论和诗歌创作结合起来进行研究，还比较薄弱。研究文学批评史的人未必深入研究诗

歌史，而研究诗歌史的人又未必对理论有兴趣。"文革"以前我已经有兼顾这两方面的想法，还发表过论文，"文革"期间中断了。"文革"结束后，我下决心做一点有个人特色的学问。在分析了当时学术界的状况后，我选择了一向被忽视的诗歌艺术作为重点，以中国独特的诗歌艺术理论和诗歌艺术史为课题，将诗歌与哲学、宗教、绘画、音乐等邻近学科沟通起来，在广阔的文化背景下进行研究。1979 年我结合讲授"中国诗歌艺术研究"这门课程，写了一系列的论文，在此后的几年里陆续发表，后来编成《中国诗歌艺术研究》一书，于 1987 年出版。我总结出"言""意""象""境"等几个范畴，分析其间的关系，从人格、语言、意境等方面解释"风格"的形成。我又从诗歌艺术史的角度，考察了自屈原到陆游共十四位诗人的艺术特色、艺术风格和艺术成就，力求将诗人的人格与风格、诗歌主张和诗歌艺术、艺术渊源与艺术创新互相沟通起来加以研究。

孟飞：您对于研究中国诗歌艺术，有什么经验和心得可以赐教吗？

袁行霈："博采、精鉴、深味、妙悟"是我研究中国诗歌艺术的体会。诗歌艺术不等于平常所谓写作技巧，就一个诗人来说，人格、气质、心理、阅历、教养、师承等等都起作用；就一个时代来说，政治、宗教、哲学、绘画、音乐、民俗等等都有影响。把诗人、作品放到广阔的时代背景上，特别是放到当时的文化背景上，才有可能看到其艺术的奥秘。《文心雕龙·知音》说："凡操千曲而后晓声，观千剑而后识器；故圆照之象，务先博观。"这就是"博采"。看得多了才有比较，亲自从事创作实践才更精于鉴赏，而且趣味要高，眼力要好。"精鉴"一方面是指资料的鉴别与考证。考证的乐趣类似侦探推理，要善于从细微处发现问题、找出线索。"精鉴"另一方面的含义是善于鉴别作品的优劣。至于"深味"与"妙悟"，则是研究诗歌艺术的特殊要求。简单地说，"深味"是对诗歌言外的韵味细细地加以咀嚼；"妙悟"是对于诗歌的一种敏锐的感受能力和共鸣效果。既要深得诗人之用心，又要有自己独到的领悟与妙解。

孟飞：您在中文大学"诗意画的空间及其限度：以明人的作品为中心"的演讲，在分析明人《九歌》题材的画作时，曾打了一个巧妙的比方，用"过去完成时"和"现在进行时"两种状态评判构图立意的高下。我们听了很受启发，可否请您就此申言一二？

袁行霈：诗歌可以提供给读者广阔的想象空间，诗意画却只能在众多的可能性中选择一种，使开放的想象空间变成唯一的凝固的形态。诗意画应注重于诗"意"的表达，如果仅仅画出诗中写到的物象，如山川、树木、烟云、寺庙或人物，而没有画出诗意之所在，就不能算是成功之作。画景物容易，画诗人内心的波澜就很难。诗歌作品为诗意画开启了灵感之门，也筑起了限制想

文章辉五色 心迹喜双清 /

象的围墙，画家既要跨入诗人开启的门，进入诗意的境界，又不能为诗的内容所囿。诗歌求言外之意，音乐求弦外之音，绘画求象外之趣，其中的美学观念是相通的。古代绘画要求在有限的形象之外寄托不尽的意趣，往往要在画面上留出大片空白，启发观者自己去想象、补充。作诗忌太直、太露，作画也应当巧妙构思，尽量多给观者留一些想象的余地。

精神的家园：陶渊明研究

孟飞：我们知道您还是陶渊明研究的大家。您的《陶渊明集笺注》是海内外最为通行的陶集版本。您出版的专著《陶渊明研究》，得到了学界的一致好评。请问您治陶的历程是怎样的？

袁行霈：我小时候听过陶渊明许多故事，像葛巾漉酒、抚弄无弦琴、不为五斗米折腰等，对他特别感兴趣，于是就找他的诗来读，陶诗的平易和朴素也很合我的口味。进入北京大学后，我才认真地阅读陶集。后来在林庚先生的指导下，参与主编《魏晋南北朝文学史参考资料》，其中陶渊明的诗文由我注释。由于注释的需要，我曾重新阅读了陶渊明集，参考了各家的评注，加深了对他的理解。二十世纪七十年代后期，我认真读了不少思想史方面的书籍，汤用彤先生的《魏晋玄学论稿》《汉魏两晋南北朝佛教史》和冯友兰先生的《中国哲学史》，都给了我很大的启发。经过大约两年的学习和思考，我再回过头来读陶渊明，便有了一种新的眼光，这就是思想史的眼光。我力图在思想史和文学史的交叉点上确定我的研究课题，先后写了《陶渊明崇尚自然的思想与陶诗的自然美》《陶渊明与魏晋风流》《陶渊明的哲学思考》等论文。我遵循陈寅恪先生的话，不仅把陶渊明看作诗人，也把他看作哲人。我认为只有把他放到魏晋时期的思想潮流中，考察他的思考涉及哪些哲学范畴，才可以对他有更深入的理解。至于他的诗歌艺术，也只有结合他的思想才能作出更深入的分析。

1981 年，中华书局的程毅中先生又约我承担《陶渊明集编年笺注》的工作，这是当时几家出版社共同承担出版的十大作家全集的新注之一。我欣然答应了。这项工作开始进行得相当顺利，在一年多的时间完成了大半。但当我放下笔以一个读者的眼光阅读自己的书稿时，我对自己失望了。看自己的书稿，别人懂得的地方我注了，别人不懂的地方我也没有弄懂很多；别人不含糊的地方我也不含糊，别人含糊的地方我仍然有些含糊。我如果没有新的发现，没有新的开拓，则大可不作了。于是我毅然搁下笔来，重新研究陶渊明的基本资料，经过钻研有了不少新的发现。比如陶渊明的享年问题，注释陶集中遇到的许多问题，都与之相关。我一边校勘陶集版本异文，一边考证，花了六年的时间编成《陶渊明年谱汇考》，并在此基础上撰写了《陶渊明享年考辨》一文，发表在《文学遗产》。陶渊明的享年此前占主导地位的说法是六十三岁说，我则认为七十六岁说在各种说法中是比较圆通的。这一点，后来在曹道衡和傅刚两位专家为我的《陶渊明研究》所写的书评中，已经得到了认可。

《陶渊明研究》1997 年由北京大学出版社出版，这本论文集大体从思想史、政治史和诗歌史三个方面讨论一些在我看来重要的问题，考证方面包括版本、享年、年谱等。我觉得自己在写这部书时没有偷懒，也没有取巧，对得起读者，对得起自己，也对得起我所喜欢的陶渊明。2001 年我完成了《陶渊明集笺注》，2003 年由中华书局出版。这部书出版之后获得很多荣誉，读者和学术界对此书的兴趣，出乎我的意料。我本来准备此书出版以后对陶渊明的研究暂时放一放，但是欲罢不能，随后又写了《论和陶诗的文化意蕴》一文，发表在《中国社会科学》；写了《古代绘画中的陶渊明》一文，发表在《北京大学学报》。后来在朋友们的鼓励下，我扩充此文，收录一些绘画，2009 年在中华书局出版了《陶渊明影像：文学史与绘画史之交叉研究》一书。

孟飞：记得您在大著《陶渊明影像》中提出陶渊明是中国文化的一个"符号"，对此应当如何理解呢？

袁行霈：陶渊明是古代士大夫的一个精神家园，通过他我体察到古代许多士大夫的心灵。苏东坡得东林寺大字本陶集，不愿一口气读完，他"每体中不佳，辄取读，不过一篇，惟恐读尽后，无以自遣耳"。我研究陶渊明的心情跟苏东坡有近似之处。我为他倾注了二十年的时间和精力。陶渊明成了我多年相处的朋友，笺注陶集成了我跟那位真率、朴实、潇洒、倔强而不乏幽默感的诗人对话的渠道。研究陶渊明，是我聆听他的心声，与他对话、交朋友的过程。我对陶渊明有这样一个基本的看法，就是他一方面延续魏晋诗歌的古朴作风，而进入更加纯熟的境地，像一座里程碑，标志着古朴诗歌所能达到的高度；另一方面他又是一位创新的先锋，他成功地将"自然"提升为一种美的至境，使诗歌和日常生活相结合，并且开创了田园诗这种新的体裁。他的清高、耿介、洒脱、恬淡、真率、淳厚、善良，还有他的幽默，他对人生所作的哲学思考，连同他的作品一起，为后世的士大夫构筑了一个巢，构筑了一个精神家园，一方面可以提醒他们和虚伪丑恶划清界限，另一方面也可以使他们得到休息和逃避。所以在中国，特别是宋代以后，知识分子对陶渊明有强烈的认同感。苏东坡开始写和陶诗，后来形成风气和传统，有许多著名文人都写过和陶诗。取他诗文中的词语作典故，或作自己的斋号的也很多。所以我说陶渊明已经成为中国文化的一个符号，代表中国文化一部分精粹的东西。夸大一点说，懂得了陶渊明就懂得了中国古代士大夫精神世界的一半。

学问的气象：横通与纵通

孟飞：我感觉先生您的学术格局和视野、境界，就像您《学问的气象》一文中形容的那样："如释迦之说法，霁月之在天，庄严恢宏，清远雅正。不强服人而人自服，毋庸标榜而下自成蹊",很令人佩服和向往。请问先生如何才能臻就这种"学问的气象"?

袁行霈: 我写这篇文章,是缘于平时读书所感,自己差得很远,借以自勉而已。有气象的学问必有开山之功,开拓新领域,建立新学科,发凡起例,为后人树立典范。就中国近现代的学者而言,其中不乏大家气象的人物,如梁启超、王国维等。他们的共同特点是学术格局大,视野开阔,治学道路平正通达,具有总揽全局的能力。宋代词人张孝祥有首《念奴娇》词,其中有句:"尽挹西江,细斟北斗,万象为宾客",何等恢宏!如果借用来形容学问,"尽挹西江"可以说是把有关资料全部搜集起来,"细斟北斗"可以说是把有关的材料细细地加以辨析,"万象为宾客"可以说是把相关学科都用来为自己的研究服务。学问能到这一步,也就不是常人所能及的了。

孟飞: 您一向强调多学科交叉研究,教导我们"横通与纵通",做"十字路口"的学问。请问是否基于对"学问的气象"的追求?

袁行霈: 我于1978年曾在《光明日报》发表题为《横通与纵通》的文章,借用章学诚《文史通义》中"横通"这个贬义词,赋予它以褒义,加以发挥,强调多学科交叉。我的意思是,文学与史学、哲学、宗教学、艺术学、社会学、心理学等学科有密切的关系,应当在这些学科的边缘寻找新的研究课题,来推动学术的发展。"纵通"是我杜撰的词,意思是说要对研究课题的来龙去脉有纵向的把握,要能放在一条发展线索上作历史的、系统的考察。比如研究文学史,不应当只局限于一个时期、一个朝代的分段研究,要能上下打通。即使只是研究某一段或某一段的某一具体问题,也要能综合运用关于整个文学史的知识,对这个具体问题作出历史的考察和判断。"纵通"还有一层意思,就是对学术史的关注与了解。研究一个问题,必先注意已有的研究成果,看到有关这个问题的前沿,将研究工作的起点提高,这样研究工作的水平必然会更高,研究的结果才可能达到新的水平。

"三古七段"说:关于中国文学史的分期

孟飞:您主编的《中国文学史》(四卷本,1999 年出版)是国内高校中文系普遍采用的教材。与传统文学史分期不同,您在其中提出文学史"三古七段"说,令人印象深刻。请问您分期的主要依据是什么?

袁行霈:传统的文学史分期基本上是以朝代为断限,如先秦两汉、魏晋南北朝、隋唐五代、宋元、明清。这种朝代分期符合长期以来文学史研究和教学的习惯,便于操作,而且朝代的更替确实与文学的兴衰有密切的关系,因此朝代分期自有其不可替代的理由。"三古七段"是我处理中国文学史分期问题的一种新的视角,主要着眼于文学本身的发展变化,体现文学本身的发展变化所呈现的阶段性，而将其他的条件，如社会制度的变化、王朝的更替等，视为文学发展变化的背景。将文学本身的发展变化视为断限的根据，而将其他的条件视为断限的参照。王朝更替可以作为政治史的分期，至于文学史就应当以文学本身的发展作为分期的依据，这个道理其实很简单。

"三古"即上古、中古、近古，这是中国文学史大的时代断限。具体地讲，上古期可以分为先秦、秦汉两段。中国文学的各种体裁、中国文学的思想基础、中国文学思潮的主流几乎都孕育于这个时期。从文学的创作、传播、接受来看，士大夫作为创作的主体和受者，文字作为传播的主要媒介，中国文学的这个基本格局也是在上古期奠定的。中古期包括魏晋至唐中叶，唐中叶至南宋末，元初至明中叶三段。中国文学从魏晋开始了自觉的时代，并在南北朝完成了这个自觉的进程。文学语言发生了划时代的变化，由古奥转向浅近。诗、词、曲三种重要的文学体裁在这段时间达到鼎盛，文言小说在魏晋南北朝初具规模，在唐代达到成熟，白话小说在宋元两代已经相当繁荣，白话长篇在元末明初也已经出现了《三国志演义》《水浒传》等作品。文学传媒出现了印刷出版、讲唱、舞台表演等各种新的形式；文学创作的主体和受者，包括了宫廷、士林、乡村、市井等各个方面。也就是说，中国文学所有的各种因素都在这个时期具备而且成熟了。近古期包括明嘉靖初至鸦片战争，鸦片战争至五四运动两段。把明中叶看成文学新时代的开端，主要基于以下事实：一是随着商业经济的繁荣、市民的壮大、印刷术的普及，文人的市民化和文学创作的商品化成为一种新的趋势；适应市民生活和思想趣味的文学占据了重要的地位。二是在王学左派的影响下，创作主体个性高扬，对理性禁欲主义进行了强烈的冲击，晚明诗文中表现出来的重视个人性情、追求生活趣味、模仿市井俗调的倾向，也透露出一种新的气息。三是诗文等传统的文体虽然仍有发展，但是已翻不出多少新的花样，而通俗的文体则显得生机勃勃，其中又以小说最富于生命力。这些通俗文学借助日益廉价的印刷出版这个媒体，渗入社会的各个阶层，并产生了广泛的影响。

"文化的馈赠"：关于中华文明史的思考

孟飞：您主编的《中华文明史》出版后好评如潮，是北大人文学科的一个标志性项目。2012年此书被翻译成英文出版，听说还有其他几种语言的版本正在翻译。您能简单介绍一下相关情况吗？

袁行霈：《中华文明史》是一部多学科融合的学术著作，由北大文学、历史、哲学、考古、东方语言文化等学科三十六位一流教授，历经六年时间撰写而成。这部书的特点是将中华文明放到世界格局中进行考察，写出中华文明在世界文明进程中所处的地位。论述中充分注意文物考古资料与文献资料的结合，力求史笔、议论、才情三者相结合。《中华文明史》在2006年出版后，由美国华盛顿大学的康达维教授主持翻译成英文，并于 2012 年在剑桥大学出版社出版。在他的带动下，日本早稻田大学的稻畑耕一郎教授组织翻译了日文版，把原书四册变为八册，现在已经由潮出版社全部出齐。去年在东京召开新闻发布会，有近四百人出席，包括学界、政界、出版界和媒体人士。此外还有俄译本，由圣彼得堡东方研究院的一位研究员领衔翻译；韩译本、塞尔维亚文译本、匈牙利译本正在进行，都是国外汉学家和出版社来做的。

孟飞：《中华文明史》有这么多语言的译本，真是令人欢欣鼓舞，期待它们早日面世。对于中华文化走向世界，您认为应持怎样的态度？

袁行霈：我在 1998 年北大中国传统文化研究中心主办的汉学研究国际会议上，曾提出"文化的馈赠"的观点。我想这既是我们处理世界各民族之间文化关系的原则，也是我们弘扬优秀的中华传统文化、推动中外文化交流的一个准则。各种文化之间的差异是客观存在的，但差异不一定导致冲突。如果抱着强加于人的态度，就会导致冲突；如果抱着馈赠于人的态度，就不会导致冲突。馈赠是双向的，既把自己的好东西馈赠给人，也乐意接受别人的好东西。馈赠的态度是彼此尊重，尊重对方的选择，可以接受也可以不接受。馈赠的结果是多种文化的互相交融、共同繁荣。中华文化走向世界，是带着自己民族的优秀传统，融入世界文明的主流之中。

溯古亘今，体国经野：中国地域文化通览

孟飞：2013 年您主编出版了三十四卷本的《中国地域文化通览》，堪称我国第一部全版图分省文化地图，可否请先生介绍一下此书的编撰情况？

袁行霈：编写完成《中国文学史》《中华文明史》之后，我考虑以后的学术路向，开始关注中国地域文化。我深切感到对中国文化的研究需要探索一条新路，要将时与地综合起来加以考察。我想强调，中国文化史有两个坐标：一个是时间的坐标，一个是地域的坐标。一方面，黄河和长江流域的文化显示出中国文化的基本特征；另一方面，中国文化有多个发源地，其发祥与兴盛的时间也有先后之别。特色与时间不尽相同的文化板块之间互相交错、移动，呈现一幅幅色彩斑斓的文化地图，编织成中国文化的全景。我希望经过学术界的共同努力，构建一个中国文化史的立体模式，描述时与地整体演进的图景。所以我借着担任中央文史馆馆长的机会，组织中国各地文史馆，编了三十四卷《中国地域文化通览》。地域文化的区分可以按照春秋战国的分法，如齐鲁文化、燕赵文化、巴蜀文化等等，但我们为了编书的方便，按照省、自治区、直辖市的行政区划分卷，港澳台也各一卷。《中国地域文化通览》是一部多学科综合的学术著作，包括文、史、哲、考古、政治、经济、教育、科学、技术、书画、工艺、宗教信仰、民俗风情等许多领域。我们邀请了各地文史馆以及其

文章辉五色　心迹喜双清／

他方面的学者共约五百人参加。其中香港卷由饶宗颐先生担任名誉主编，王国华、邓聪先生都作了很大贡献。我不希望中国文化变得"千人一面"，中国文化是多元的，应当保持各地丰富多彩的特色，找出各地文化发展的优势。

取精用宏，守正出新：新编新注十三经

孟飞：您近年来主持的"新编新注十三经"项目也备受学界瞩目。"新编新注十三经"的一大亮点，就是对传统经典的格局进行了调整，请问先生是基于怎样的考虑？

袁行霈：2009 年我提出"新编新注十三经"的想法。"十三经"历来被视作中国传统文化的精髓，在当前复兴中国传统文化的社会思潮中，"十三经"也常被视作传统文化经典的代名词。但原来的"十三经"是儒家一门的经典，道家、法家、墨家、兵家等诸子的著作都未能涵括其中。我认为，所谓"国学"并不等于"儒学"，现在早已不是"罢黜百家，独尊儒术"的时代了。我们应当改变儒家独尊的局面，更广泛地吸取各家之精华，以更广阔的视野继承和弘扬中国优秀的传统文化。我希望编一部中华文明的"十三经"，不限于儒家。"新编新注十三经"保留了《周易》《尚书》《诗经》《礼记》《春秋左氏传》《论语》《孟子》，增加了《老子》《庄子》《墨子》《孙子》《荀子》《韩非子》，这些都是原生的、时代最早的、处于中国文化源头的、在当时或后代具

有广泛深远意义的典籍。

孟飞：除了"新编"之外，您还倡议要为这些经典作"新注"。请问"新注"的特点是什么？

袁行霈：学术是知识的创新，创新是学术的生命。学术研究不能重复别人，要不就不做，要做就要出新。或者有新的材料，或者有新的观点，或者有新的方法。但"出新"不能离开"守正"，基础要稳，走的路要平正通达。只要基础牢固，有充分的资料作为依据，可以大胆地提出新的结论。我把这种态度概括为"守正出新"，"新编新注十三经"秉持的正是这一理念。利用今天掌握的资料，在全球的视野下，对经典作出新的解释。我们今天可以看到更多的出土文献和传世善本，加上日益频繁深入的中外交流，应该利用这些优势对经书作新的解释，集中展现一个时代经学研究的成果。这个项目由北大十三位老师负责，我担任《诗经》的新注。我希望北大能够成为经学研究的重镇，重建国学研究新格局。

"大雅堂"：北大国学研究院、国际汉学家研修基地

孟飞：近些年来"国学"复兴，各地高校纷纷成立国学院。北大国学研究院建立至今已有二十四年，可谓得风气之先。可否

请您介绍一下北大国学研究院的传统和特色？

袁行霈：北大国学研究院的历史要追溯到 1992 年，当时曾得到金庸先生的慷慨资助，捐赠一百万人民币作为国学研究院的启动资金，推动了研究的顺利开展。我们策划出版了《国学研究》，至今已出版三十六卷；还计划出版《国学研究丛刊》，出版了几十种书。我们的口号可以概括为两句话："虚体办实事"和"龙虫并雕"。"虚体办实事"指我们国学院没有一位专职老师，都是兼职。"龙虫并雕"借用王力先生的斋号，指除了深入地研究，我们也做一些普及工作。我们所做的普及工作，影响最大的是与中央电视台合作拍了一百五十集大型电视系列片《中华文明之光》，后来出了一大套书。2002 年我们开始招收博士生，先后聘请北大文、史、哲、考古等方面的著名学者共同担任导师，设置有利于学科交叉的课程，至今已有十二届博士毕业。他们在不同的岗位承担中国传统文化的研究和教学工作，有的已成为其他高校的国学院院长。

孟飞：我们知道，您不仅致力于弘扬传统文化，还积极促进文化交流，您后来主持建立北大国际汉学家研修基地，数年之间誉闻远播，庶几与美国哈佛燕京学社、荷兰莱顿汉学院、日本京都大学人文科学研究院等著名汉学研究机构相当。先生可否为我们简单介绍一下研修基地的情况？

袁行霈：2009 年，北京大学与国家汉办合作，建立了国际汉学家研修基地。基地工作的重点并不是简单地介绍国外汉学家以及国外汉学的历史和现状，而是推动中国古代典籍和当代研究著作对外传播，促进中国文化走向世界。研修基地成立以后，我们建立了汉书图书馆，创办了两份刊物：一是《国际汉学研究通讯》，刘玉才教授主编，已经出版了十二期；一是与蔡宗齐先生合作，在美国杜克大学出版社出版的英文刊物《中国文学与文化》（*Journal of Chinese Literature & Culture*），已经出版了四期。我们还先后召开了"我的汉学之路""国际汉学翻译家大会"等国际学术研讨会，以及近百场国际汉学讲座。此外我们还有"马可波罗研究""域外汉籍文献丛编""中国文化入门丛书""国际汉学家信息数据库"等研究项目。基地还邀请了多位国际著名汉学家来客座研究，像剑桥大学的鲁惟一教授（Michael Loewe）、麦大维教授（David McMullen），法国远东学院的汪德迈教授（Léon Vandermeersch），华盛顿大学的康达维教授（David R. Knechtges），普林斯顿大学的浦安迪教授（Andrew H. Plaks），加州大学洛杉矶分校的罗泰教授（Lothar von Falkenhausen），京都大学的高田时雄教授等，都曾来基地研究，此外还有不少青年汉学家来进修。今年秋天开始，研修基地和国学院将在一起办公。一进北大西校门，面对校长办公楼，左边是外文楼，右边一栋就是我们的，国学与西学相对相应，这才是北大应有的气象。我将这栋楼命名为"大雅堂"，取班固《西都赋》"又有承明、金马，著作之庭，大雅宏达，于兹为群"之意。

教学的艺术，人格的魅力

孟飞： 您在北大一向受学生爱戴，您的课堂从来都是座无虚席，很多学生写回忆文章，对您的气质风度印象深刻、赞不绝口。此次您在中文大学演讲，与会师生现场反响也十分热烈。您认为作为一名教师，应该具备怎样的素养？

袁行霈： 我想作为一名老师，首先应当具备敬业的精神，对自己所从事的事业应当怀着虔诚的态度，决不敷衍。我们都尝过敷衍的苦头，一件很简单的事，拖延好久办不成，因为办事的人在敷衍我们。我们为此苦恼，为此气愤。如果我们以敷衍的态度对待学生，学生会怎么想？我上过王力先生的汉语史这门课，我注意到他的讲稿每个字都写得端端正正。我还上过李赋宁先生的西方文学史这门课，我注意到他是怎样在图书馆埋头备课。讲课不一定要念讲稿，但要充分准备，态度要认真，大到体系、观点，小到一些细节，都应该考虑周到，不是自己讲着痛快就行了，要对学生负责。另外，既然做了老师，就应当潜心学问，追求真理，不羡慕名利，不随波逐流。我们要的是内心的满足，至于外界的宠与辱都可以看得淡些。我常对同学讲，我只是北大中文系的一名老师，我的职责就是教书，如果有下辈子，我还愿意当老师。陶渊明有两句诗我很欣赏："虽未量岁功，即事多所欣"，就是讲他参加劳动的体会，不管收成多少，劳动这件事本身就有许多快乐。我想教书也是这样，教书这件事本身就有许多快乐。

还有什么比师生之间切磋学问更快乐的呢？每一堂课都是一次切磋的机会，都可以从中得到乐趣。我们平时读书做研究，有了心得总想找个人谈谈，课堂上那么多学生，就是专门来听你谈的，学生给我良性的反馈，使我有许多即兴的机智的发挥，学生的提问又启发我新的思路。教学相长，这有多好！

孟飞："文章辉五色，心迹喜双清"，是您常用来勉励学生的集句联，用来形容您的道德文章再恰切不过。衷心祝愿您身体健康，学术永葆青春！